História das Relações Internacionais do Brasil

COLEÇÃO RI

Análise de Política Externa • Haroldo Ramanzini Júnior e Rogério de Souza Farias
Cooperação internacional • Iara Leite
Direito das Relações Internacionais • Márcio P. P. Garcia
Direitos humanos e Relações Internacionais • Isabela Garbin
Economia Política Global • Niels Soendergaard
Europa: integração e fragmentação • Antônio Carlos Lessa e Angélica Szucko
História das Relações Internacionais • Antônio Carlos Lessa e Carlo Patti
História das Relações Internacionais do Brasil • Antônio Carlos Lessa e Francisco Doratioto
Introdução às Relações Internacionais • Danielly Ramos
Métodos de pesquisa em Relações Internacionais • Vânia Carvalho Pinto
Negócios internacionais • João Alfredo Nyegray
Organizações e Instituições Internacionais • Ana Flávia Barros-Platiau e Niels Soendergaard
Política Ambiental Global e o Brasil • Matilde de Souza
Política Internacional Contemporânea • Thiago Gehre Galvão
Segurança internacional • Alcides Costa Vaz e Augusto Teixeira Júnior
Teoria das Relações Internacionais • Feliciano de Sá Guimarães

História das Relações Internacionais do Brasil

Antônio Carlos Lessa
Francisco Doratioto

Coordenador da coleção
Antônio Carlos Lessa

editoracontexto

Foto de capa
Domínio público / Acervo do Instituto Moreira Salles

Montagem de capa e diagramação
Gustavo S. Vilas Boas

Preparação de textos
Ana Paula Luccisano

Revisão
Mariana Carvalho Teixeira

Dados Internacionais de Catalogação na Publicação (CIP)

Lessa, Antônio Carlos
História das Relações Internacionais do Brasil / Antônio Carlos
Lessa, Francisco Doratioto. – São Paulo: Contexto, 2025.
320 p. (Coleção Relações Internacionais)

Bibliografia
ISBN 978-65-5541-576-6

1. Relações Internacionais – Brasil – História
I. Título II. Doratioto, Francisco III. Série

25-3927 CDD 327.81

Angélica Ilacqua – Bibliotecária – CRB-8/7057

Índice para catálogo sistemático:
1. Relações Internacionais – Brasil – História

2025

EDITORA CONTEXTO
Diretor editorial: *Jaime Pinsky*

Rua Dr. José Elias, 520 – Alto da Lapa
05083-030 – São Paulo – SP
PABX: (11) 3832 5838
contato@editoracontexto.com.br
www.editoracontexto.com.br

Sumário

Introdução

A análise da inserção internacional do Brasil, compreendida em sua extensão temporal desde 1808 até o século XXI, constitui um desafio intelectual de primeira ordem. Investigar a complexa teia de fatores internos e externos que condicionaram a trajetória de um país de dimensões continentais, dotado de singularidades históricas e estruturais, exige uma abordagem que transcenda a mera descrição factual ou a aplicação de modelos teóricos a-históricos. Com efeito, desde seus primórdios como nação independente, o Brasil se apresenta, no contexto latino-americano, distinto por particularidades marcantes nos planos histórico e estrutural: notabilizou-se por manter, por mais de seis décadas, uma monarquia constitucional de matriz portuguesa, enquanto seus vizinhos rompiam precocemente com os laços coloniais em repúblicas muitas vezes efêmeras; demonstrou notável capacidade de herdar e adaptar a complexa burocracia e o regime jurídico lusitano, num processo de continuidade institucional quase inédito na região; e logrou conservar-se como uma massa territorial continental coesa, cuja própria vastidão, contudo, exacerbou desafios persistentes de integração interna, comunicação e governança, especialmente em suas remotas fronteiras interiores. Essas singularidades fundantes tiveram implicações diretas na forma como o país se relacionou com o mundo desde o início.

O propósito central desta obra é oferecer uma interpretação crítica e historicamente fundamentada da inserção do Brasil nas Relações

Internacionais, examinando não apenas os eventos e as decisões que pontuaram esse percurso, mas, fundamentalmente, os processos de longa duração, as continuidades e as inflexões que moldaram a capacidade de ação do Estado, as interações entre este e a sociedade brasileira – em suas múltiplas clivagens e interesses –, além de sua projeção no sistema internacional. Trata-se, portanto, de um esforço de compreensão de como o Brasil se constituiu como ator internacional, quais foram as lógicas e os interesses subjacentes às suas estratégias de inserção, como estas impactaram e foram impactadas pela sociedade, e como a evolução histórica nos trouxe para onde estamos, condicionando as possibilidades do presente.

O estudo da História, como disciplina, oferece ferramentas insubstituíveis para decifrar a complexidade do presente nas Relações Internacionais. Ele permite ir além das aparências conjunturais e identificar padrões de comportamento estatal, legados institucionais, dependências estruturais e narrativas identitárias que, muitas vezes de forma implícita, condicionam as escolhas e as percepções dos tomadores de decisão e da própria sociedade. Nesse sentido, a incorporação de uma sensibilidade histórica crítica revela-se indispensável para a interpretação das práticas diplomáticas e das opções estratégicas adotadas pelo país ao longo do tempo. Sem o devido entendimento das origens de alianças, rivalidades e desafios do século XXI, corre-se o risco de repetir analogias simplistas que podem conduzir a equívocos estratégicos de grande envergadura; ignorar essa dimensão histórica ou sucumbir ao seu uso superficial pode levar, portanto, a graves erros de avaliação. Por esse motivo, o resgate criterioso das experiências pretéritas não se confina a um exercício erudito; constitui ferramenta de reflexão indispensável à formulação e à avaliação de políticas externas contemporâneas. Cultivar essa sensibilidade histórica significa desenvolver a capacidade de ler o presente à luz das experiências acumuladas, de ponderar os múltiplos ritmos do tempo histórico e de avaliar com maior realismo os limites e as potencialidades da ação diplomática em cada contexto.

A pertinência desse olhar histórico aprofundado sobre as Relações Internacionais do Brasil se fundamenta, assim, não apenas na necessidade de compreender a natureza do fazer político e estratégico do Estado ou os desafios do desenvolvimento nacional, mas também em sua capacidade de revelar como a inserção internacional molda e é moldada pela própria sociedade brasileira – suas estruturas, seus diversos atores e suas desigualdades.

Adicionalmente, essa perspectiva histórica é crucial para discernir as limitações estruturais impostas ao país por sua posição no sistema internacional, incluindo as relações de dependência e a dinâmica dos sistemas de poder globais que historicamente condicionaram sua margem de autonomia e suas possibilidades de avanço socioeconômico. Para o Brasil, cuja trajetória foi marcada pela busca incessante por modernização econômica e pela superação de desafios estruturais, compreender como as diferentes estratégias de inserção internacional facilitaram ou dificultaram esses processos é de importância central. Este livro, portanto, repudia a perspectiva de uma crônica linear, buscando, ao contrário, decifrar os padrões e as causalidades que explicam a evolução da inserção internacional brasileira e seu impacto na sociedade.

Dotando a perspectiva da História das Relações Internacionais do Brasil (como poderíamos falar sobre a História das Relações Internacionais da Argentina, ou da França, ou dos Estados Unidos...) como um recorte disciplinar, podemos conceituá-la como uma área de especialização que se situa na interseção crucial entre a História e as Relações Internacionais (frequentemente vinculada à Ciência Política), nutrindo-se de ambas, mas desenvolvendo um enfoque próprio. Sua especificidade reside na análise diacrônica das interações de um Estado – e, crescentemente, de sua sociedade – com o ambiente externo, buscando compreender a gênese, a evolução e as transformações de sua inserção no sistema internacional. A natureza intrinsecamente interdisciplinar desse recorte é sua característica definidora e sua maior fortaleza analítica. Para investigar adequadamente os múltiplos vetores que conformam a trajetória internacional de um país como o Brasil, a História das Relações Internacionais mobiliza, necessariamente, ferramentas conceituais e metodológicas de diversas áreas do conhecimento: o diálogo com a Ciência Política é imprescindível para a compreensão das decisões de política externa (teorias de processo decisório, análise de poder); o estudo dos fluxos econômicos (comércio, investimentos, finanças) requer instrumentais da Economia e da História Econômica; o estudo dos movimentos humanos (migrações, diásporas) e dos intercâmbios culturais (circulação de ideias, arte, educação) beneficia-se de aportes da Sociologia e da Antropologia; e a interpretação de tratados e regimes normativos demanda conhecimento do Direito Internacional.

É precisamente essa capacidade de articular diferentes lentes que distingue a História das Relações Internacionais tanto do exame da política externa – que privilegia as diretrizes e as decisões estratégicas do Executivo (do governo do momento) – quanto do enfoque estrito da diplomacia, voltado às negociações formais e ao aparato profissional dos diplomatas. A ênfase da História das Relações Internacionais reside na articulação desses níveis (estratégico e técnico) com os fluxos mais amplos que constituem as relações internacionais: os fluxos econômicos, os movimentos humanos, os intercâmbios culturais e a circulação de ideias, tecnologias e normas que atravessam fronteiras. Essa abordagem permite apreender como pressões internas – sociais, econômicas, culturais – interagem com oportunidades e constrangimentos externos para definir padrões de cooperação, competição e autonomia, revelando continuidades estruturais e rupturas paradigmáticas na inserção global do país. Metodologicamente, isso se traduz na mobilização de fontes diversificadas: de tratados oficiais e arquivos diplomáticos, que documentam acordos formais, a estatísticas comerciais, relatos de viajantes, redes epistolares internacionais e, crucialmente, a vasta oferta de estudos monográficos de larguíssima envergadura que, utilizando técnicas historiográficas inovadoras sobre massas empíricas complexas, têm descortinado muitas dinâmicas subjacentes à inserção internacional e às relações entre nações. Com isso, torna-se possível construir uma compreensão histórica mais rica e multidimensional, integrando documentos oficiais, as visões dos formuladores de políticas e atores conhecidos, e desvelando os interesses de atores por vezes ocultos que influenciam os acontecimentos. Enfim, a disciplina oferece um quadro analítico capaz de explicar o "porquê" e "o quê" das diretrizes estatais, e o "como" de sua implementação real em múltiplos campos, superando a dicotomia entre política externa e diplomacia estrita, e incorporando, a partir de uma perspectiva integradora, a dinâmica multissetorial que molda as relações internacionais contemporâneas.

Estruturar analiticamente uma trajetória de mais de dois séculos, como a das Relações Internacionais do Brasil desde 1808, impõe a necessidade de recorrer à periodização como ferramenta de organização e inteligibilidade. É fundamental reconhecer, contudo, o caráter intrinsecamente construído e interpretativo de qualquer divisão do tempo histórico. A definição de marcos, a seleção de critérios e a identificação de fases de continuidade ou ruptura refletem inevitavelmente as escolhas analíticas do historiador e os fenômenos que elege como mais significativos. Nesse sentido, consideramos duas questões centrais sobre este recurso metodológico. A primeira é que a própria periodização constitui, em si, uma forma de explicação do objeto; ao ordenar os eventos e os processos, o historiador já está propondo uma interpretação sobre causalidades e hierarquias de relevância. A segunda é que, não obstante sua natureza interpretativa, a periodização oferece um inegável "conforto pedagógico", uma estrutura que facilita o entendimento e a apreensão do objeto de estudo, tornando a complexidade do passado mais acessível.

É importante ressalvar, entretanto, que ao adotar uma periodização específica para a História das Relações Internacionais do Brasil, rejeitamos formalmente a simples superposição desta às interpretações mais comuns da história social e política geral do país. A inserção internacional do Brasil possui dinâmicas, marcos temporais e lógicas próprias, ligadas às transformações do sistema internacional e às estratégias específicas de inserção externa. No entanto, concordamos que há, sim, profundas e inegáveis interpenetrações, uma vez que falamos do mesmo país, da mesma sociedade, das mesmas dinâmicas de modernização e, frequentemente, das mesmas causas estruturais de atraso relativo ou de desenvolvimento. A decisão de iniciar esta obra em 1808, por exemplo, ancora-se na interpretação da transferência da Corte portuguesa como um ponto de inflexão crítico para a formação do Estado e sua capacidade de ação externa, embora reconheçamos que outros marcos poderiam ser privilegiados em uma análise estritamente social ou política. Estamos cientes de que outras periodizações, baseadas em diferentes critérios, são igualmente possíveis e válidas. A estrutura adotada nos capítulos subsequentes busca, portanto, oferecer uma chave de leitura específica, fundamentada nas lógicas predominantes e nos dilemas centrais que marcaram a evolução da inserção internacional brasileira e sua relação com os projetos de desenvolvimento nacional em cada fase, utilizando a periodização como ferramenta para iluminar esses processos, sem ignorar suas conexões com a história mais ampla do Brasil.

Ao longo desta obra, percorreremos as seguintes grandes etapas: o período imperial (1808-89) - capítulo "O Império e a gênese contraditória da inserção internacional do Brasil (1808-89)" -, analisando a construção do Estado, os custos da independência, a definição territorial e a complexa gestão da hegemonia regional no Prata sob a influência britânica; a Primeira República (1889-1930) - capítulo "Os dilemas das relações exteriores sob a Primeira República: crises internas e a inserção internacional do Brasil (1889-1930)" -, período de consolidação do território, por meio da negociação das fronteiras com os vizinhos, sob a égide do Barão do Rio Branco, de redefinição das relações com os Estados Unidos e de primeiras experiências de engajamento global em um mundo convulsionado pela Grande Guerra; o período de 1930 a 1964 – capítulo "Nacionalismo, desenvolvimento e política externa (1930-64)" –, centrado na ascensão do nacionalismo desenvolvimentista, nas estratégias pragmáticas durante a Segunda Guerra Mundial e na busca por autonomia através da política externa independente; o regime militar (1964-90)" – capítulo "Apogeu e crise do desenvolvimentismo autoritário (1964-90) –, desde o realinhamento inicial ditado pela Doutrina de Segurança Nacional até a posterior adoção do "Pragmatismo Responsável", em um contexto de "milagre econômico", repressão política e crise do endividamento; e, finalmente, o período pós-Guerra Fria até o século XXI – capítulo "Inserção global do Brasil: crise de paradigma e busca por um novo modelo (1990-2025) –, examinando a busca por "Autonomia Estratégica" na globalização, as fases de ativismo e retração da atuação global do Brasil, bem como os desafios deste século impostos pela polarização política interna à inserção internacional do país.

Em cada um desses períodos, a análise buscará desvendar a interação dinâmica entre os projetos de poder e modernização formulados internamente (influenciados por diferentes grupos sociais e elites), as capacidades efetivas do Estado brasileiro, os constrangimentos e as oportunidades oferecidos pelo sistema internacional, e as estratégias diplomáticas empregadas para promover a inserção externa e superar os desafios estruturais ao avanço socioeconômico. O objetivo último desta obra é, portanto, oferecer uma reflexão crítica, densa e empiricamente fundamentada sobre a construção histórica das relações exteriores do Brasil. Nessa empreitada, reconhecemos imensamente o notável crescimento e o amadurecimento da pesquisa histórica sobre as diferentes dimensões da inserção internacional do Brasil ocorridas nas últimas décadas, bem como nos beneficiamos deles, com a oferta de trabalhos de fôlego que, em muitos casos, propuseram reinterpretações e mudaram visões consolidadas sobre nosso objeto de estudo. Ao investigar a interação complexa entre Estado, sociedade e sistema internacional, esperamos contribuir para um entendimento mais sofisticado dos fatores que moldaram a trajetória do país, os quais continuam a desafiar sua capacidade de atuação autônoma e projeção construtiva no século XXI.

O Império e a gênese contraditória da inserção internacional do Brasil (1808-89)

INTRODUÇÃO

A gênese das relações exteriores do Brasil, compreendida no extenso período imperial que se estende da transmigração da Corte portuguesa em 1808 à Proclamação da República em 1889, revela-se um processo intrinsecamente marcado por tensões e dilemas fundantes. Como um Estado nascente, de dimensões continentais e herdeiro de uma estrutura socioeconômica colonial, o Império do Brasil viu-se compelido a forjar sua inserção internacional em meio a desafios estruturais e conjunturais de grande magnitude.

Este capítulo investiga as problemáticas centrais que definiram a ação externa brasileira nesse período formativo: como conciliar a aspiração à soberania plena com os constrangimentos impostos pela dependência econômica e pela assimetria de poder em relação às potências hegemônicas, notadamente a Grã-Bretanha? De que forma o peculiar arranjo monárquico e a manutenção da escravidão influenciaram a percepção e a condução dos interesses nacionais na arena global e regional? E como o Brasil buscou equacionar as demandas por reconhecimento e estabilidade externa com as turbulências políticas internas e as complexas dinâmicas geopolíticas do Cone Sul?

A própria independência, embora singular em seu formato, não representou uma ruptura isenta de custos e ambiguidades. O processo de reconhecimento internacional, passo indispensável para a consolidação do novo Estado, implicou onerosas concessões financeiras e comerciais que limitaram a autonomia decisória do Império desde seus primórdios. Analisar essa fase inicial requer, portanto, ir além da celebração da emancipação e problematizar os termos dessa inserção inicial no sistema internacional, questionando em que medida os interesses dinásticos e as pressões externas moldaram as primeiras décadas da política externa, potencialmente em detrimento de um projeto nacional mais autônomo, como visionado, ainda que sem sucesso, por figuras como José Bonifácio. A instabilidade do Período Regencial (1831-40), ademais, expôs a fragilidade do Estado em construção e sua limitada capacidade de ação externa proativa, levantando questões sobre a própria viabilidade de uma estratégia internacional consistente em meio a disputas internas pelo poder.

A consolidação do Segundo Reinado (1840-89), frequentemente retratada como um período de estabilidade e projeção, também deve ser examinada criticamente. A política externa tornou-se, de fato, mais ativa e assertiva, especialmente na bacia do Prata. Contudo, essa assertividade regional, que culminou na Guerra do Paraguai, levanta questões cruciais: quais foram os reais custos e benefícios dessa projeção de poder para o desenvolvimento nacional e para a estabilidade regional em longo prazo? Como a diplomacia imperial gerenciou a complexa relação com a Argentina, oscilando entre contenção, rivalidade e cooperação tática? Em que medida a ação externa no Prata esteve vinculada à defesa de interesses econômicos específicos (como os dos estancieiros gaúchos) ou a uma concepção mais ampla de segurança e prestígio do Estado monárquico?

Paralelamente, a relação com as grandes potências continuou a apresentar dilemas. A gestão da pressão britânica pela abolição definitiva do tráfico negreiro e, posteriormente, os atritos, como a Questão Christie, evidenciaram a dificuldade constante em compatibilizar a dependência econômica e a necessidade de manter boas relações com a potência hegemônica com a afirmação da soberania nacional. A ascensão dos Estados Unidos como ator relevante no hemisfério introduziu novas variáveis nesse complexo jogo de poder. Este capítulo buscará, portanto, desvendar as contradições e os dilemas inerentes à política externa imperial, analisando criticamente como o Brasil oitocentista buscou construir seu lugar no mundo, enfrentando os desafios de um Estado periférico, monárquico e escravista em um sistema internacional em plena transformação.

SOBERANIA CONDICIONADA: EMANCIPAÇÃO, CUSTOS E LIMITES (1808-40)

Entre 1808 e 1840, o Brasil buscou consolidar sua emancipação política e econômica, mas enfrentou constrangimentos que limitaram sua soberania. A abertura dos portos em 1808, decretada por Dom João VI após a transferência da Corte portuguesa para o Rio de Janeiro devido às invasões napoleônicas, encerrou o monopólio comercial português. Contudo, o Tratado de Comércio e Navegação de 1810 concedeu privilégios tarifários à Grã-Bretanha, restringindo a autonomia econômica brasileira. Como poderia o Brasil exercer liberdade comercial sob acordos que favoreciam interesses externos?

Em 1815, a elevação do Brasil a Reino Unido a Portugal e Algarves marcou o fim formal do estatuto colonial. No entanto, a dependência da administração portuguesa, ainda sediada no Rio, comprometeu a independência política. A proclamação da Independência em 1822, liderada por Dom Pedro I, estabeleceu o Brasil como Estado soberano, mas o reconhecimento internacional, obtido entre 1824 e 1826, exigiu concessões onerosas. O Tratado de 1825 obrigou o Brasil a pagar indenizações a Portugal e manter vantagens comerciais britânicas, evidenciando uma soberania condicionada. De que forma um Estado recém-formado poderia afirmar autonomia sob tais imposições?

A abdicação de Pedro I em 1831, decorrente de crises políticas e revoltas, inaugurou o Período Regencial (1831-40), caracterizado por instabilidade. Revoltas regionais, como a Cabanagem e a Balaiada, expuseram as fraturas de uma sociedade estruturada pelo escravismo e por desigualdades. Externamente, as pressões britânicas pelo fim do tráfico negreiro intensificaram-se, culminando no Aberdeen Act (Lei Aberdeen, 1845), que autorizou a interceptação de navios brasileiros, desafiando a soberania marítima. Como sustentar a independência em meio à desordem interna e às interferências externas?

Esses eventos, moldados pelo contexto internacional pós-napoleônico e pelas tensões sociais internas, ilustram a soberania condicionada do Brasil. Apesar dos avanços rumo à emancipação, dependências econômicas e políticas, aliadas à fragilidade institucional, limitaram a capacidade do país de exercer plena autonomia.

A Independência possível: entre a Corte, a Grã-Bretanha e as elites regionais

Comemorada em 7 de setembro e associada ao Grito do Ipiranga, a independência brasileira de Portugal se tornou fato no mês anterior. Em 6 de agosto, no Manifesto às Nações Amigas, Dom Pedro comunicou aos representantes estrangeiros no Rio de Janeiro que o Brasil era independente e considerava-se tão livre quanto Portugal. Já a aclamação do imperador Pedro I e a proclamação do Brasil como um Império ocorreram em 12 de outubro de 1822.

A emancipação brasileira resultou de um processo no qual foi um marco a vinda, em 1808, de D. João, príncipe regente de Portugal, de seus familiares e de membros da Corte para a sua colônia na América. A Família Real portuguesa fugia da invasão francesa do território metropolitano e veio para o Brasil sob a proteção de navios de guerra do Reino Unido da Grã-Bretanha e Irlanda. Nesse ano, a abertura dos portos brasileiros às nações amigas, decretada por D. João, pôs fim ao regime colonial, cujo fundamento era o monopólio por Portugal do comércio externo brasileiro.

A abertura dos portos em 1808 é frequentemente celebrada pela historiografia como o passo inaugural rumo à independência brasileira, e o motivo para tal reside em seu impacto direto sobre a estrutura fundamental do sistema colonial: o fim do monopólio comercial exercido por Portugal. Ao decretar o fim dessa exclusividade, D. João efetivamente desmantelou a principal base econômica que sustentava a relação de subordinação colonial, permitindo ao Brasil, pela primeira vez, estabelecer relações comerciais diretas com outras nações. Contudo, essa visão celebratória necessita ser problematizada. Esse ato, impulsionado pelas contingências da transferência da Corte e pela pressão britânica, pode ser interpretado não como uma adesão plena aos princípios do livre-comércio, mas como um movimento estratégico complexo e, em última análise, como a substituição de uma dependência por outra. De fato, como o texto aponta, a abertura generalizada não atendia de maneira plena aos interesses britânicos, que almejavam primariamente o acesso privilegiado para *seus* produtos, e não necessariamente uma liberalização que beneficiasse outras nações concorrentes. Essa busca por exclusividade, e não por uma abertura irrestrita, materializou-se rapidamente na imposição do Tratado de Comércio e Navegação de 1810, pelo qual as manufaturas britânicas importadas tinham garantidos preços mais competitivos no mercado brasileiro, pois pagariam imposto aduaneiro inferior ao cobrado de outros países, inclusive de Portugal.

No plano político, o Brasil deixou de ser colônia em 1815, ao tornar-se parte, em condição de igualdade, do Reino Unido de Portugal e Algarves. Essa foi a alternativa encontrada por D. João para cumprir a exigência de que participariam do Congresso de Viena, onde tratar-se-ia da situação europeia após a derrota de Napoleão Bonaparte, somente os representantes de soberanos que estivessem efetivamente instalados no território do seu país, exercendo sua autoridade. Não era o caso de Portugal, que permanecia ocupado por tropas britânicas, mesmo após a derrota dos invasores franceses, enquanto no Brasil não havia ocupação estrangeira e era governado por D. João. Desse modo, o Rio de Janeiro se tornou o centro do Império Português.

Desde a época colonial, o comércio e as finanças de Portugal dependiam das riquezas do Brasil. A partir de 1815, essa dependência tornou-se também política, pois o centro administrativo do Reino Unido de Portugal, Brasil e Algarves era o Rio de Janeiro, onde estava instalada a Corte. Os prejuízos políticos e financeiros ajudam a explicar a motivação dos comerciantes portugueses em sustentarem a Revolução Liberal do Porto, de 1820. Eles tinham a expectativa de recuperarem a intermediação comercial portuguesa entre o Brasil e os países europeus, bem como de que Portugal voltasse a ser centro político do Império e, com essas preocupações e influenciados pelo liberalismo, instalaram a Assembleia Constituinte em Lisboa (1821). Para isso, contribuíam os interesses heterogêneos das elites das diferentes regiões que compunham o Reino do Brasil, onde as identidades regionais eram mais fortes do que a de ser brasileiro. Afinal, o Norte e Nordeste do Brasil estavam praticamente à mesma distância de

Lisboa do que do Rio de Janeiro e tinham vínculos mais estreitos com a capital lisboeta. A presença física do governo do Império Português no Sudeste beneficiou, com gastos públicos e a dinamização do comércio, Rio de Janeiro, São Paulo e Minas Gerais, mas o mesmo não ocorreu com as províncias do Norte e do Nordeste. Para as elites nortistas e nordestinas, a Corte na capital carioca tornou-se uma nova metrópole e, em 1817, a Revolução Pernambucana buscou a independência do Nordeste na forma de uma república, seguindo o exemplo dos movimentos independentistas republicanos da América hispânica.

Entre 1821 e 1822, as Cortes concederam autonomia às províncias brasileiras, desvinculando-as do Rio de Janeiro; ordenaram a obediência a si dos comandos militares instalados em território brasileiro e, já com D. João em Portugal, determinaram o retorno de D. Pedro a Lisboa. Interessadas nas autonomias política e comercial do Brasil, as elites das províncias de Rio de Janeiro, Minas Gerais e São Paulo, apoiadas pelas respectivas populações, particularmente as urbanas, fizeram a independência do Império Português. Elas agiram em harmonia com D. Pedro de Alcântara, que contava com o apoio da burocracia civil e de parte dos militares existentes no Rio de Janeiro. O Estado brasileiro independente surgiu como Monarquia, respaldada na tradição dinástica, pois o monarca, Pedro I, era herdeiro da Casa de Bragança. Além dessa legitimidade, Pedro I utilizou-se do aparato burocrático e militar, instalado no Rio de Janeiro, para impor-se como governante do Brasil e a fim de manter a unidade territorial brasileira. Esse núcleo estatal na capital carioca precedeu à Independência e foi ampliado a partir de 1822, com a contratação de mercenários para o Exército e a Marinha. O poder central do Império do Brasil, utilizando-se da força militar, impôs-se às províncias do Norte; derrotou a alternativa republicana da Confederação do Equador (1824), no Nordeste; e guerreou contra Buenos Aires pela posse da Banda Oriental.

Em 1822, o Brasil tinha em torno de 4,5 milhões de habitantes, enquanto Portugal, metropolitano e as ilhas no Atlântico, dispunha de uns 3,1 milhões. A população brasileira era composta por 1,5 milhão de pardos, caboclos e mestiços; 1,2 milhão de escravizados; 1 milhão de brancos e 800 mil indígenas. A Independência era uma oportunidade para reestruturar a sociedade brasileira, de modo a superar o modelo escravista colonial e organizar-se politicamente, de acordo com as ideias mais avançadas daquele tempo. Esses objetivos foram abraçados por José Bonifácio, que foi o responsável, em parte, pelo modelo brasileiro de monarquia constitucional, fundamentado no liberalismo moderado e tendo como base de sustentação política as províncias de Minas Gerais, São Paulo e Rio de Janeiro.

Após a Independência, Bonifácio acumulou os cargos de ministro do Império e dos Negócios Estrangeiros. Nesta última função, ele atuou tendo como premissa que o reconhecimento do Império do Brasil era de interesse de outros países, principalmente do Reino Unido, e que para obtê-lo não era necessário fazer-lhes concessões. Ademais, não havia urgência em ter o reconhecimento, pois a soberania do Império seria confirmada por medidas políticas e militares – as guerras no Norte –, voltadas para o interior do Brasil. Na perspectiva de Bonifácio, interessava mais ao Estado brasileiro estabelecer relações com os países vizinhos, o que o levou a propor ao governo das Províncias Unidas do Rio da Prata uma confederação com o Brasil, como forma de desenvolver relações comerciais; ou um tratado ofensivo e defensivo, para os dois países se garantirem contra ameaças de terceiros. No entanto, a evolução das políticas internas argentina e brasileira impediram que esses projetos chegassem a ser apresentados e negociados. Em julho de 1823, José Bonifácio foi afastado do governo por divergir da política interna de Pedro I e, ademais, por não contar com o apoio político das elites brasileiras. Estas eram avessas à inovação e estavam satisfeitas em estarem no ápice da estrutura econômica arcaica, fundamentada na escravidão, bem como contentavam-se com uma inserção internacional que garantisse a reprodução dessa ordem.

A CONSTRUÇÃO DA HEGEMONIA E SEUS DESAFIOS (1840-89)

As rebeliões regenciais repercutiam sobre a estabilidade social e tornavam-se risco à preservação da escravidão e da unidade territorial brasileira. Em 1840, um acordo intraelites pôs fim ao Período Regencial em favor de um Estado monárquico centralizado, que mantivesse seus privilégios econômicos e a ordem social interna. A definição do Estado monárquico brasileiro, a construção de um arcabouço institucional para a definição da política externa e as finanças imperiais robustecidas pelo crescimento da agroexportação permitiram ao Segundo Reinado exercitar uma atuação internacional ativa. Esta tendeu à racionalidade e à continuidade, em meio às mudanças de governos, por resultar, no geral, de um processo decisório que definia objetivos exequíveis, particularmente para o Rio da Prata.

Estavam envolvidos nesse processo o Conselho de Estado, órgão consultivo do Poder Moderador, o Parlamento e o Ministério de Governo, chefiado a partir de 1847 pelo "Presidente do Conselho de Ministros", caracterizando o Parlamentarismo que vigorou até 1889. Além dessas instituições, na condução da política externa também influenciavam as opiniões da imprensa carioca, em geral partidária e reproduzindo interesses e valores da elite agrária, mas que, em alguns casos, refletia igualmente o pensamento de parte da sociedade urbana. O imperador tinha a última palavra nos assuntos de Estado, pois podia destituir o Ministério, mas o fez somente em uma ocasião, em 1868. Quanto a temas de política externa, Pedro II costumava aceitar as conclusões do Conselho de Estado.

Estratégia no Prata, autonomia atlântica: a contenção de Rosas e o fim dos privilégios britânicos

Um importante fator explicativo para o Movimento Farroupilha no Rio Grande do Sul não ter sido sufocado militarmente, como as demais rebeliões regenciais, foi o fato de essa província ser fronteiriça ao Uruguai e à Argentina. Nesses países, os revolucionários obtinham armas e cavalos; faziam comércio e encontravam abrigo das perseguições de tropas legalistas. Os farroupilhas mantinham relações amistosas com o presidente uruguaio Fructuoso Rivera, o qual, por sua vez, travava uma guerra civil contra Manuel Oribe, que era estreitamente vinculado a Buenos Aires, a Juan Manuel de Rosas. A elite política brasileira acreditava ser objetivo desse ditador incorporar à Confederação Argentina o Uruguai e o Paraguai. Em contrapartida, ao impedir a livre navegação do rio Paraná, proibindo o trânsito de navios mercantes europeus, Rosas ganhou a hostilidade da França e do Reino Unido, mas obteve simpatias no Rio de Janeiro, onde era forte o sentimento antibritânico.

Em 1843, Rosas propôs uma aliança ao governo imperial, com a finalidade de pôr fim à guerra civil uruguaia. Era uma iniciativa surpreendente, pois desde a Guerra da Cisplatina não havia relação de confiança entre Rio de Janeiro e Buenos Aires. A proposta explica-se pelo contexto em que se encontrava Rosas, ameaçado de intervenção militar naval franco-britânica para obrigá-lo a abrir o rio Paraná à navegação mercante, o que permitiria o acesso de mercadorias europeias aos consumidores do interior argentino, e, ainda, enfrentava uma revolta na província de Corrientes. Para Rosas, a aliança com o Império e o fim da Revolução Farroupilha isolariam os *colorados* uruguaios de Rivera, seus adversários; anulariam o apoio a Corrientes, vindo do Uruguai e do Rio Grande do Sul; bem como eliminariam o risco de uma intervenção de forças brasileiras contra os *blancos* de Oribe, aliados rosistas.

Já para os governantes brasileiros, a proposta rosista foi avaliada como alternativa para pôr fim ao apoio no Uruguai ao Movimento Farroupilha e, ainda, para fortalecer a independência uruguaia ao terminar com a rebelião de Oribe, que deixaria de ter o apoio de Buenos Aires. O tratado foi negociado no Rio de Janeiro entre o governo ocupado pelo Partido Conservador e o representante argentino, Tomás Guido. Em 24 de março de 1843, Tomás Guido e os representantes brasileiros, Honório Hermeto Leão e Joaquim José Rodrigues Torres, assinaram protocolo para a implementação de um tratado de aliança ofensiva e defensiva com a Confederação Argentina, com a finalidade declarada de restabelecer a paz e a autoridade legal no Uruguai e para "terminar com a rebelião" no Rio Grande do Sul. O documento foi enviado para a apreciação de Rosas que, em 13 de abril, recusou-se a aceitá-lo sob o pretexto de que nenhum acordo podia ser negociado sem o consentimento de Manuel Oribe. Esse era um pretexto para justificar a mudança de postura do ditador argentino, que não necessitava mais da aliança com o Império do Brasil, pois tinha sido afastada a ameaça de intervenção anglo-francesa contra si, e Corrientes fora submetida à sua autoridade.

A recusa de Rosas foi recebida no Rio de Janeiro como uma afronta a Pedro II e interpretada como prova adicional de que o ditador da Confederação tinha planos expansionistas. Duas outras provas nesse sentido, na visão dos governantes do Império, eram a intervenção de Rosas na política interna uruguaia e sua recusa em reconhecer a independência paraguaia. O Paraguai era impedido de ter acesso ao mar, portanto, de manter comércio exterior, devido ao controle feito por Buenos Aires da navegação do rio Paraná. Os governantes brasileiros, do Partido Conservador, convenceram-se de que Rosas era um inimigo do Brasil e de que buscava construir, sob sua liderança e com o apoio da elite da província de Buenos Aires, uma república ocupando o espaço territorial do antigo Vice-Reino do Rio da Prata. Essa seria uma dupla ameaça, pelo raciocínio dessa elite, pois se o plano de Rosas fosse bem-sucedido, os rios Paraná e Paraguai seriam nacionalizados pela Confederação e sua navegação por navios brasileiros, rumo a Mato Grosso, ficaria dependente da autorização das autoridades argentinas para alcançarem essa distante província, de difícil acesso por terra do Rio de Janeiro, a qual dispunha de poucos recursos militares para se defender. Além disso, a existência de uma Confederação Argentina engrandecida pela incorporação de Paraguai e Uruguai poderia servir de estímulo a movimentos republicanos no Brasil.

Ao fracasso do tratado de aliança com Rosas, o governo imperial reagiu com uma estratégia de isolá-lo, explicitada no final da década de 1840 pelo ministro dos Negócios Estrangeiros, Paulino José Soares de Souza, futuro visconde do Uruguai. A diplomacia imperial estreitou relações com os inimigos do ditador, a saber, a oposição interna argentina, os *colorados* uruguaios e o governo paraguaio de Carlos Antonio López. A estratégia foi vitoriosa e, após a queda de Rosas em 1852, ela foi aplicada a Buenos Aires e, posteriormente, derivou para uma política de contenção da própria Argentina. Essa política tornou-se uma "força profunda" e predominou nas relações brasileiro-argentinas até a década de 1970, intercalada por momentos de aproximação bilateral.

Preparando-se para enfrentar uma ameaça externa por parte de Rosas, o governo imperial buscou pacificar o Brasil e obter a unidade política interna. O Rio de Janeiro fez concessões às lideranças farroupilhas, obtendo em 1845 o fim da revolução no Rio Grande do Sul. No ano anterior, o Império Brasileiro reconheceu a independência paraguaia, provocando protestos de Rosas, que considerava o Paraguai uma província argentina. No Uruguai, o Rio de Janeiro manteve o reconhecimento do governo *colorado* e desconheceu o de Oribe, que se proclamava chefe de governo.

Em fins de 1842, o Reino Unido enviou ao Brasil a Missão Henry Ellis para negociar novo tratado comercial que ratificasse as vantagens obtidas pelos britânicos com aquele de 1827, que estabelecera em 15 anos sua validade. Ellis fracassou, mas o governo imperial se viu constrangido a prorrogar a vigência do Tratado de 1827 por dois anos, frente ao argumento de que a intenção de não o renovar tinha de ser comunicada a Londres antecipadamente. Essa exigência aumentou a antipatia da elite brasileira e de alguns setores urbanos contra os britânicos, sentimento decorrente da ação dos navios de guerra do Reino Unido contra o tráfico de africanos escravizados. Ilustra essa situação o discurso do deputado Carneiro da Cunha, em 23 de março de 1843, que se declarou contra um novo acordo entre o Brasil e o Reino Unido, acusando os britânicos de hipócritas e de assinarem tratados que beneficiavam só a eles mesmos. O deputado usou argumento dos senhores escravocratas, acusando os britânicos de combaterem o tráfico de escravizados com o objetivo de destruir a economia brasileira. Os "ingleses", argumentou Carneiro da Cunha, "viram muito bem que nos tirando os braços [trabalhadores escravizados] não podia continuar a agricultura" brasileira; e que "um novo tratado nunca poderá ser bom para nós, porque os ingleses têm colônias onde há açúcar e café", os quais não conseguiriam competir com seus equivalentes brasileiros, que eram mais baratos no mercado internacional.

Apesar dessa falta de harmonia bilateral, em 1843 o governo imperial obteve na praça financeira londrina um empréstimo de 5.534:575$376, pois a arrecadação fiscal era insuficiente para cobrir os gastos públicos. Era o segundo empréstimo externo feito pelo Brasil e outros ocorreriam nos decênios seguintes, pois o país tinha crédito nos centros financeiros em virtude de pagar pontualmente os serviços – parcelas e juros – da dívida externa.

A orientação externa do Segundo Reinado alterou a política de comércio exterior em 1844. Nesse ano, foi implementada a Tarifa Alves Branco, que elevou as taxas aduaneiras brasileiras sobre a importação entre 15% e 30% para a maioria das mercadorias e até 60% para aquelas que tivessem produção no Brasil. O objetivo principal com essa majoração das taxas aduaneiras era o de aumentar a receita do governo brasileiro, cuja fonte maior eram os impostos sobre a importação. A Tarifa Alves Branco igualou a taxação de mercadorias importadas de diferentes origens, retirando o favorecimento das britânicas e, também, teve consequência protecionista para a manufatura nacional.

A perda dos privilégios comerciais do Reino Unido não diminuiu a presença dominante de produtos britânicos no mercado brasileiro, pois eles eram, no geral, mais competitivos. Em 1845, o governo imperial também decidiu que deixavam de vigorar as convenções sobre o tráfico de africanos escravizados assinadas com o Reino Unido em 1817 e 1826. Londres reagiu imediatamente com a "Lei Aberdeen", que igualou o tráfico à pirataria e permitia à Royal Navy confiscar os navios nele utilizados, independentemente de estarem ou não transportando africanos escravizados no momento da abordagem. No período entre 1845 e 1850, mais de 400 navios foram apreendidos pela Marinha britânica sob tal acusação, inclusive à vista de portos brasileiros, chegando a haver troca de tiros com fortalezas do Brasil. O peso da pressão diplomática e militar britânica e o fato de o Estado monárquico estar mais bem organizado, com maior capacidade de impor-se, levaram à execução da Lei Eusébio de Queirós, que pôs fim ao tráfico negreiro. Permaneceram, porém, outros motivos de tensão entre o Rio de Janeiro e Londres.

As relações do Império com a África não se restringiram ao tráfico negreiro. No período anterior a 1850, houve fluxo comercial do Brasil para a África, principalmente para as colônias portuguesas, de produtos primários e bebidas, mas também de manufaturados europeus que eram reexportados de portos brasileiros, e o Império instalou consulados na costa africana. No entanto, no início da década de 1850, houve decréscimo das vendas brasileiras para a África devido a mudanças na política colonial portuguesa; ao expansionismo imperialista da Europa, cujas mercadorias passavam a ingressar diretamente em mercados africanos; e como efeito colateral da Lei Eusébio de Queirós. Mesmo assim, ocorreu a ampliação da presença consular do Brasil na África atlântica, para reforçar a colaboração com a Marinha britânica na fiscalização contra aquele tráfico. Também foram abertos consulados no Norte da África – em Argel e Alexandria, por exemplo – como resposta ao potencial comercial dessa região, cuja economia modernizava-se, aumentando o consumo de café, e para despertar o interesse de emigração para o Brasil.

No que diz respeito às potências da época, além da permanente atenção às relações com o Reino Unido, a diplomacia do Estado monárquico esteve atenta aos Estados Unidos, havendo desconfiança mútua entre Rio de Janeiro e Washington. Para a diplomacia norte-americana, o Império do Brasil poderia ser uma espécie de vanguarda dos interesses monárquicos europeus na América. A diplomacia brasileira, por sua vez, preocupava-se com a falta de cordialidade nas relações bilaterais, situação que foi agravada pelo comportamento prepotente do representante norte-americano Henry Wise. Em outubro de 1846, três marinheiros bêbados do USS Saratoga atracado no porto do Rio de Janeiro brigaram perto do cais e foram presos pela polícia. Um oficial norte-americano ameaçou com uma espada soldados brasileiros, na tentativa de entrar na sala de guarda do Palácio Imperial onde aqueles marinheiros estavam detidos, e também acabou preso. Este logo foi libertado e os marinheiros foram rapidamente julgados, absolvidos e soltos. Havia tensões anteriores entre os governos imperial e norte-americano, como resultado da não renovação pelo Brasil do tratado comercial de 1828 com os Estados Unidos e de divergências em torno de exigências estadunidenses de indenizações por outros motivos.

Nesse ambiente diplomático já pouco cordial, Wise protestou de forma grosseira, exigindo a punição dos policiais brasileiros e a apresentação de um pedido de desculpas pelo governo imperial, caso contrário, navios estadunidenses bombardeariam o Rio de Janeiro. Como resultado, esse diplomata foi declarado *persona non grata* e as relações entre o Império e os EUA foram normalizadas apenas em 1849, em uma troca de concessões. O Brasil pagou aos Estados Unidos a quantia de cerca de 116 mil libras esterlinas à época, como indenização de prejuízos causados pela Marinha imperial a navios estadunidenses em Pernambuco, quando da Confederação do Equador, e no rio da Prata. O presidente James Polk, por sua vez, lamentou pelo incidente de Henry Wise, e reconheceu a autoridade do governo do Brasil para prender, processar e punir cidadãos norte-americanos que cometessem atos contrários às leis brasileiras.

Na década seguinte, a insistência dos Estados Unidos em obter a liberação do rio Amazonas para a navegação internacional causou desconfiança no governo imperial, por poder estar relacionada a um projeto expansionista, tendo em vista o que ocorrera com o Texas. Este foi colonizado por norte-americanos, cujos interesses os levaram a separar o território do México pela força e a ser mais uma unidade federativa dos Estados Unidos. Em novembro de 1849, Sérgio Teixeira de Macedo, representante brasileiro em Washington, escreveu para Paulino de Souza, ministro dos Negócios Estrangeiros, que a abertura do rio Amazonas à navegação internacional resultaria na imigração de norte-americanos para o Amazonas, correndo o risco de repetir-se "a manobra com que se verificou a usurpação do Texas". O diplomata via a possibilidade de os estadunidenses provocarem instabilidade no Norte do Brasil, de modo a levar à secessão das províncias da região, que se tornariam repúblicas fracas para, assim, "delas obterem quanto queiram".

No final da década de 1840, na gestão do conservador Paulino José Soares de Souza, visconde do Uruguai, como ministro dos Negócios Estrangeiros, consolidaram-se diretrizes de política externa quanto à definição de fronteiras e aos objetivos do Império no rio da Prata. No período colonial, as metrópoles espanhola e portuguesa não demarcaram os limites que separavam suas colônias na América do Sul e, para defini-los, o visconde de Uruguai recorreu ao critério do *uti possidetis*. Por este, um território pertence ao país que dele tenha posse efetiva, quer pela presença de seus cidadãos, quer por algum marco oficial, por exemplo, um forte ou um posto aduaneiro.

A atenção prioritária da diplomacia imperial era para os países vizinhos do Sul do Brasil. Ao Norte, a definição das fronteiras com as colônias europeias estava em suspenso por acordos mútuos, enquanto não era assunto que demandasse atenção imediata com os países hispânicos da região amazônica. A floresta dificultava contatos humanos regulares, privados e oficiais, entre brasileiros e cidadãos desses Estados vizinhos, não propiciando situações que resultassem em tensões e confrontos físicos. Ao Sul, porém, além de inexistirem obstáculos físicos, havia interação física e comercial dos rio-grandenses com uruguaios e argentinos, muitas vezes divergente, como era o caso da disputa pelo gado existente no Uruguai. No plano político, para o governo imperial, Rosas era uma ameaça, pois teria como projeto expandir territorialmente a Confederação, incorporando o Uruguai e o Paraguai e, em seguida, se tornaria polo perturbador em relação ao Rio Grande do Sul. Desde a gestão de Paulino de Souza à frente do Ministério dos Negócios Estrangeiros, tornou-se prioridade para a diplomacia do Segundo Reinado manter as independências do Paraguai e do Uruguai, para impedir que Buenos Aires dominasse o Rio da Prata.

Em 1850, Rosas encontrava-se no auge do seu poder. Ele impusera-se à oposição interna; no Uruguai, seu aliado Oribe estava próximo de vencer a guerra civil e contornara a hostilidade de Reino Unido e França, países que haviam suspendido o apoio financeiro que sustentava a posição de Rivera, sitiado em Montevidéu desde 1842. O governo imperial não se via em condições de apoiar diretamente o líder *colorado*, pois ainda não estava preparado militarmente para enfrentar uma reação de Rosas em favor de Oribe, e pediu a Irineu Evangelista de Sousa – futuro barão e, depois, visconde de Mauá – que emprestasse dinheiro para Rivera, o que foi feito. Enquanto isso, articulando para isolar Rosas, a diplomacia imperial apoiou o governador da província de Entre Ríos, Justo José de Urquiza, que rompeu com ele, deixando de reconhecê-lo como representante externo da Confederação. Em maio de 1851, foi assinado um tratado de aliança entre o Império, a província de Entre Ríos, o governador Urquiza e o governo da República Oriental do Uruguai, ou seja, Rivera, com os objetivos declarados de pôr fim à guerra civil e "manter a independência" uruguaia. Esse documento estabelecia que a aliança se voltaria contra Rosas, caso ele reagisse à ação aliada no Uruguai. O tratado era um golpe no ditador da Confederação o qual, se reagisse, teria a guerra contra si e, se não o fizesse, demonstraria fraqueza e em pouco tempo seus opositores internos se levantariam contra ele. Manuel Oribe rendeu-se a Urquiza e, em agosto de 1851, Rosas declarou guerra ao Império.

O representante diplomático brasileiro em Montevidéu, o político conservador Carneiro Leão (futuro marquês do Paraná), negociou com Urquiza sobre como seria travada a guerra contra Rosas e ressaltou que era fundamental a manutenção da independência uruguaia. Em novembro de 1851, o representante brasileiro assinou com os governadores das províncias de Entre Ríos e Corrientes um tratado de aliança militar para fazer a guerra ao ditador da Confederação. Ficou determinado que os gastos com o conflito seriam financiados com empréstimos concedidos pelo Tesouro brasileiro, caracterizando o início da chamada "diplomacia dos patacões", quer dizer, o uso pela diplomacia imperial de recursos financeiros para financiar aliados no Rio da Prata.

Foi constituído um exército aliado, comandado por Urquiza, ao qual estava subordinado um regimento brasileiro de cavalaria, e contava com o apoio da Marinha imperial. Em 3 de fevereiro de 1852, ocorreu a Batalha de Monte Caseros, a uns 30 quilômetros de Buenos Aires e com duração de 6 horas, na qual se enfrentaram o exército da Confederação, uns 24 mil homens, e o aliado, composto por pouco mais de 25 mil combatentes – 20 mil argentinos; 4.020 brasileiros e 1.800 uruguaios. O exército aliado venceu e Rosas asilou-se em um navio britânico que se encontrava no porto de Buenos Aires e foi viver na Inglaterra, onde morreu em 1877.

O paradoxo da potência emergente: domínio regional e fricções globais

Aliando-se a facções políticas no Uruguai e na Confederação, favoráveis à livre navegação dos rios internacionais e resistentes ao poder de Buenos Aires, o Império Brasileiro saiu vitorioso militarmente e alcançou objetivos importantes no Rio da Prata. A independência do Paraguai foi reconhecida pela Confederação Argentina em 1852, embora permanecessem indefinidas as fronteiras entre eles. O Império assinou um tratado que definiu a fronteira com o Uruguai nos termos do *uti possidetis*, além de outros acordos que favoreciam os interesses brasileiros, particularmente dos pecuaristas gaúchos. Porém, durante a década de 1850, não foram bem-sucedidas as tentativas de diplomacia imperial de negociação de fronteiras com a Confederação e o Paraguai tendo como critério o *uti possidetis*. O governo imperial foi cauteloso em relação aos dois Estados argentinos que coexistiram, o da Confederação, com sede na cidade de Paraná, e o de Buenos Aires. Esta província manteve-se autônoma da Confederação, pois dispunha de maiores recursos financeiros e de posição geográfica privilegiada, na foz do rio Paraná, o que lhe dava fácil acesso às redes de comércio internacional e, ao mesmo tempo, permitia-lhe dificultar o acesso a elas às províncias do interior argentino e ao Paraguai.

À elite governante do Império Brasileiro não interessava uma Argentina forte nem fraca e instável, mergulhada em lutas políticas violentas. Estas, pela experiência das décadas anteriores, poderiam transpor fronteiras, alcançando países vizinhos. Novos conflitos na Argentina poriam em risco a navegação dos rios internacionais e poderiam ter consequências desestabilizadoras nas correntes políticas do Rio Grande do Sul, bem além de desviar para seu financiamento recursos a serem utilizados no pagamento dos empréstimos contraídos por Urquiza junto ao Brasil, para montar o exército que derrubou Rosas.

O Império tornou-se hegemônico no Rio da Prata na década de 1850, o que não significou a ausência de tensões com os países da região. Em 1854, houve intervenção militar brasileira no Uruguai, para garantir o cumprimento dos tratados assinados em 1851 e apoiar o *colorado* Venâncio Flores. Quanto ao Paraguai, com o fim da ameaça de Rosas e do reconhecimento da sua independência pela Confederação, foi retomada a questão da definição da fronteira brasileiro-paraguaia. Com base em tratados da época colonial, o governo de Carlos Antonio López (1844-62) reivindicava o rio Branco como limite natural com o Brasil, enquanto para o governo imperial, recorrendo ao princípio do *uti possidetis*, a fronteira deveria ser no rio Apa. López utilizou-se do interesse brasileiro pela livre navegação do rio Paraguai para condicioná-la ao reconhecimento do rio Branco como limite fronteiriço. Negociações levaram à assinatura, em 1856, do Tratado de Amizade, Comércio e Navegação entre o Império e o Paraguai, que reconhecia o direito à livre navegação dos rios internacionais que passavam pelo território paraguaio para os navios brasileiros e suspendia, por seis anos, a disputa pelo território entre os rios Apa e Branco. Nesse mesmo ano, o governo paraguaio também assinou com o da Confederação Argentina idêntica moratória quanto a litígio territorial. Portanto, em 1862, o Paraguai teria de negociar simultaneamente as fronteiras com seus países vizinhos mais poderosos.

Contrariando o que aceitara no Tratado de 1856, no ano seguinte, o governo paraguaio criou dificuldades ao trânsito de navios brasileiros no rio Paraguai. O ministro dos Negócios Estrangeiros brasileiro, José Maria da Silva Paranhos, futuro visconde do Rio Branco, foi para Assunção com seu barco, fazendo escalas em Buenos Aires e Paraná, capital da Confederação Argentina. Com esta, ele assinou acordos de extradição de criminosos e escravos fugitivos, regulamentando a navegação fluvial e o comércio entre os dois países. Também assinou um tratado de limites, no qual a Confederação renunciava à região litigiosa a oeste dos rios Pepiri-guaçu e Santo Antônio, ou seja, as Missões. Simultaneamente, a Confederação que carecia de recursos financeiros e de crédito internacional recebeu empréstimo do governo imperial no valor de 300 mil patacões, que se somava à dívida de 100 mil, de outro concedido em 1851 a Urquiza. Posteriormente, o Congresso argentino rejeitou os tratados de limites e o de extradição. Essa concessão de empréstimos era a "diplomacia dos patacões", também aplicada no apoio aos *colorados* uruguaios e, graças a ela, Paranhos obteve que a Confederação e o Uruguai reivindicassem a Carlos Antonio López a abertura do rio Paraguai à livre navegação, simultaneamente à chegada do brasileiro a Assunção. Demonstrando a gravidade da situação, em protocolo reservado, o Brasil e a Confederação estabeleceram a possibilidade de cooperação militar dela com forças brasileiras, em caso de guerra entre o Império e o Paraguai. Outro desdobramento da passagem de Paranhos por Paraná foi que Irineu Evangelista de Sousa obteve a concessão para instalar na Confederação uma agência do seu banco. O barão de Mauá criou uma relação estreita com Urquiza, concedendo-lhe empréstimos para adquirir armamentos, munições e outras mercadorias.

Rumores desse entendimento militar entre o Império e a Confederação antecederam, propositadamente, a chegada de Paranhos a Assunção. Pragmático, Carlos Antonio López assinou acordo com o diplomata liberando os rios Paraguai e Paraná à navegação de navios brasileiros, de guerra e civis. O acordo definiu a Bahía Negra como limite ocidental entre os dois países, mas o território entre os rios Apa e Branco permaneceu litigioso e sob moratória. Em 1859, foi negociado um tratado de aliança militar entre o Império e a Confederação, cujo presidente era Urquiza, que não o ratificou devido à recusa brasileira de conceder novo empréstimo e de não aceitar agir contra Buenos Aires, que se mantinha como Estado autônomo. Urquiza aproximou-se, então, do Paraguai e propôs a Carlos Antonio López uma aliança que foi recusada.

No início da década de 1860, a situação da economia e das finanças do Império era francamente favorável. A balança comercial, que fora deficitária desde a Independência, tornou-se superavitária em 1861, graças principalmente à ampliação das vendas de café. O crédito para o Brasil em Londres, que estivera fechado em parte devido às tensões entre o Império e o Reino Unido, foi reaberto em meados dos anos 1850 e contribuiu para financiar a modernização da infraestrutura brasileira, como portos e a construção de ferrovias. Estas reduziram o tempo e o custo no transporte de mercadoria, estimulando a expansão econômica para o interior e o surgimento de novos núcleos urbanos ao lado dos trilhos. O uso da propulsão a vapor no transporte marítimo também reduziu custos e prazos no transporte de mercadorias, facilitando aos países da América do Sul com acesso ao mar inserirem-se nas redes internacionais de comércio e modernizarem-se.

A localização do Paraguai, no coração da América do Sul, contribuiu para o seu isolamento do resto do mundo, desde a Independência até 1840, quando morreu o ditador José Gaspar Rodríguez de Francia. Seu sucessor, Carlos Antonio López (1844-62), promoveu uma limitada modernização do país, basicamente no aspecto militar, sustentada no trabalho de técnicos estrangeiros – uns 250 europeus, dos quais 200 britânicos –, recrutados pela empresa inglesa J. and A. Blyth Co. Por intermédio dela, o Paraguai enviou vários jovens para estudarem na Europa e, ainda, comprou nesse continente armamentos, equipamentos ferroviários, telegráficos e outras mercadorias. Carlos Antonio López melhorou as condições de defesa do país, ampliou o seu comércio exterior e manteve uma relação pragmática, defensiva, em relação ao Império e à Confederação Argentina, recusando as demandas territoriais de ambos, mas sem confrontá-los.

O ano de 1862 foi marcante para a história do Rio da Prata e para a do Brasil. A Argentina foi reunificada, com a vitória do projeto de Estado centralizado e o governador de Buenos Aires, Bartolomé Mitre – historiador, político liberal e militar –, foi eleito o seu primeiro presidente. No Paraguai, morreu Carlos Antonio López e seu filho, Francisco Solano López, impôs-se como sucessor, com a cautelosa política externa praticada por seu pai sendo substituída por outra, ativa na região do Rio da Prata. No Brasil, por sua vez, após duas décadas de controle do poder pelos conservadores, a Liga Progressista – uma aliança entre liberais e conservadores dissidentes – foi chamada pelo imperador para o governo. As diretrizes da política externa brasileira haviam sido definidas pelos conservadores no final da década de 1840, que consistiam na contenção da influência de Buenos Aires no Rio da Prata; na utilização do critério do *uti possidetis* para definir fronteiras; e no exercício da soberania no que diz respeito às pressões das grandes potências, limitado pela relação assimétrica entre elas e o Império. Na década de 1850, políticos liberais criticaram a política conservadora para o Rio da Prata, classificando-a de intervencionista e, mesmo, contraproducente, pois geraria reações contrárias.

As mudanças políticas em 1862, na Argentina, no Brasil e no Paraguai, repercutiram na situação geopolítica regional e na definição do caráter dos Estados Nacionais no Rio da Prata. Elas ocorreram no ano em que venceram as moratórias sobre os litígios fronteiriços do Paraguai com a Argentina e o Brasil, que continuaram sem solução. Em abril de 1863, o caudilho uruguaio, *colorado*, Venancio Flores, vindo de Buenos Aires e com o apoio tácito do governo argentino, invadiu o Uruguai para derrubar o governo constitucional do *blanco* Bernardo Berro. Este assumiu o cargo de presidente da República em 1860, e agiu para que as leis e a soberania nacionais fossem respeitadas pelos estrangeiros residentes ou com interesses no Uruguai. Berro estabeleceu relações com Urquiza, expoente da oposição federal ao governo de Mitre, e também com o ditador paraguaio Solano López. Na guerra civil uruguaia, havia um eixo informal composto pelos governos uruguaio, paraguaio e Urquiza; e outro foi construído pelos governos argentino e brasileiro durante o ano de 1864. A inédita aproximação entre Brasil e Argentina resultava de seus governos serem, pela primeira vez, liderados por políticos adeptos de posições comuns, como a crítica liberal ao caudilhismo; o elogio às instituições e às normas jurídicas; a defesa da livre navegação dos rios platinos; e o interesse na vitória colorada na guerra civil uruguaia.

No Brasil, pecuaristas gaúchos que também tinham fazendas no Uruguai sentiam-se prejudicados pela proibição do governo uruguaio de nelas se manter o trabalho escravo. As autoridades uruguaias também passaram a cobrar impostos para o translado de gado dessas fazendas para o Rio Grande do Sul, onde abastecia a produção de charque. Esses pecuaristas reagiram apoiando os *colorados* na guerra civil e pressionaram para que o Império interviesse contra o governo Berro. Os novos governantes brasileiros estavam inseguros na condução da política externa e vulneráveis a essa pressão, pois perderam respeitabilidade ao terem sido humilhados na chamada Questão Christie.

Em 1859, William Dougal Christie assumiu como novo representante britânico no Rio de Janeiro e cobrou insistentemente do governo imperial a solução para assuntos pendentes. O principal deles era quanto ao destino de africanos escravizados trazidos para o Brasil após 1831, quanto o tráfico negreiro tornara-se ilegal pela legislação brasileira e, portanto, deveriam ser devolvidos a seus locais de origem e não o foram. Outro assunto a ser resolvido referia-se ao veleiro Prince of Wales, que partiu de Glasgow com destino a Buenos Aires, transportando passageiros e mercadorias e, em junho 1861, naufragou na costa do Rio Grande do Sul. A queixa britânica era de que o navio tinha sido saqueado por habitantes locais, o que as autoridades gaúchas negavam, e Christie exigiu o pagamento de indenização do governo imperial, que se recusou-se lhe atender.

Também não foi atendido em sua exigência de que as autoridades brasileiras se desculpassem pela prisão, em junho de 1862, de três oficiais do navio HMS Emerald que, em trajes civis e bêbados, tinham sido presos no Rio de Janeiro por desacato a autoridades policiais. Como retaliação, Christie ordenou em novembro desse ano o bloqueio do porto do Rio de Janeiro por navios de guerra britânicos que, inclusive, apreenderam cinco navios mercantes brasileiros. Sem condições militares para reagir, o governo imperial, presidido pelo marquês de Olinda da Liga Progressista, pagou a indenização exigida de 3,2 mil libras esterlinas e rompeu as relações diplomáticas com Londres em maio de 1863. O desacordo entre os dois países foi superado quando, em setembro de 1865, o diplomata britânico Edward Thornton apresentou-se a Pedro II em Uruguaiana, onde o monarca encontrava-se devido à invasão paraguaia do Rio Grande do Sul, e manifestou que "o governo de Sua Majestade [britânica] nega de maneira mais solene toda a intenção de ofender a dignidade do Império do Brasil".

À humilhação militar britânica sofrida em 1863 acrescentou-se outro fator de desgaste para o gabinete progressista, que foi a crise financeira no Rio de Janeiro, onde faliram bancos e casas comerciais. Nesse contexto, o governo imperial cedeu às pressões dos fazendeiros gaúchos e posicionou-se em favor dos *colorados* no Uruguai. A decisão encontrava respaldo no Rio de Janeiro, local em que a população fora influenciada contra o governo Berro por artigos publicados nos jornais com as exageradas acusações desses fazendeiros de que autoridades uruguaias perseguiam e, mesmo, usavam violência contra brasileiros residentes no país vizinho. Ademais, o apoio do governo imperial aos rebeldes *colorados* era uma forma de reforçar os laços com eles que, a partir de 1862, tinham relações mais estreitas com o governo argentino. Este, porém, planejava relações cordiais com o Brasil, quer pela citada afinidade política entre os dois governos, quer porque elas evitariam que se repetisse o apoio externo à oposição argentina e, para tanto, enviou em missão José Mármol ao Rio de Janeiro, em abril de 1864.

O governo uruguaio, por sua vez, tratou de articular-se com o caudilho Urquiza e com o ditador paraguaio Francisco Solano López. O porto de Montevidéu era uma possível alternativa ao de Buenos Aires, tanto para o Paraguai dar continuidade à ampliação de seu comércio internacional quanto para as províncias argentinas não se submeterem à alfândega de Buenos Aires, cujas rendas ficavam com essa província e não com o governo central. Para envolver Solano López na defesa do governo uruguaio, a diplomacia deste lhe afirmou que o objetivo de Brasil e Argentina era o de dividir o Uruguai entre si e, em seguida, atacariam o Paraguai. Não se sabe se o líder paraguaio se convenceu dessa versão ou se a utilizou como pretexto para implementar um plano para tornar o seu país relevante no Rio da Prata, mas o fato é que o governante paraguaio envolveu-se na guerra civil uruguaia. Solano López questionou o apoio de Mitre aos *colorados*, bem como a ameaça do Império do Brasil, feita em 4 de agosto de 1864, de intervir militarmente contra o governo uruguaio, caso não atendesse às exigências de punição de funcionários uruguaios que teriam perseguido cidadãos brasileiros.

Em nota à representação imperial em Assunção no dia 30 desse mês, o governo paraguaio alertou que reagiria se houvesse tal intervenção. Essa ameaça não foi levada a sério em Buenos Aires e no Rio de Janeiro, tendo em vista que as relações deles com Assunção não tinham, até então, tendência à hostilidade nem havia algum grau de prioridade. Na perspectiva dos governantes brasileiros, a tal ameaça parecia política e não militar, inclusive porque era desproporcional à superioridade demográfica, econômica e financeira do Brasil em relação ao Paraguai, o qual, ademais, dependia da livre navegação do rio Paraná para alcançar o oceano Atlântico e, portanto, para se abastecer de produtos manufaturados, armas e munições.

No entanto, o Brasil era fraco militarmente, e Solano López foi informado dessa situação por espiões que enviou a Mato Grosso em 1863 e por outras fontes do Rio Grande do Sul. Em meados de 1864, o efetivo do Exército imperial era de uns 18 mil homens, o normal para época de paz, enquanto o Paraguai contava com uns 77 mil soldados, como resultado da mobilização militar ordenada pelo governo já antes da intervenção do Império na guerra civil uruguaia. Contribuiu para Solano López adotar postura de enfrentamento com o Império e a Argentina o estímulo que recebeu de Justo José de Urquiza, que poderia mobilizar milhares de homens em Entre Ríos para o Paraguai intervir na guerra civil uruguaia. O ditador paraguaio tinha elementos para concluir que dispunha do respaldo militar da oposição federalista argentina e dos *blancos* uruguaios.

Tropas brasileiras entraram no Uruguai em 12 de outubro de 1864 e no mês seguinte, em novembro, o navio mercante brasileiro Marquês de Olinda, que navegava para o Mato Grosso, foi aprisionado próximo de Assunção por um navio de guerra paraguaio. A representação diplomática brasileira nessa capital pediu explicação para esse ato e recebeu a declaração, com data retroativa ao aprisionamento, de rompimento das relações diplomáticas, além da declaração de guerra do Paraguai ao Brasil. No mês seguinte, em dezembro, o Mato Grosso foi atacado por forças paraguaias e seguiram-se as invasões da província argentina de Corrientes, em abril de 1865, e do Rio Grande do Sul, em junho.

A Guerra do Paraguai: apogeu e ponto de inflexão da assertividade imperial

O plano estratégico de Solano López era o de sua tropa, após ser reforçada em Corrientes com oposicionistas argentinos, marchar até Buenos Aires e depor o presidente Mitre, criando uma nova ordem política na Argentina. Outra força invasora paraguaia marcharia pelo Rio Grande do Sul e chegaria ao Uruguai, onde receberia a adesão dos *blancos* e, assim, derrotaria as forças brasileiras e os *colorados*. A estratégia lopista fracassou, pois não houve a adesão dos federalistas argentinos à tropa invasora de Corrientes – Urquiza ficou do lado de Mitre –; os invasores do Rio Grande do Sul foram derrotados em Uruguaiana e o Paraguai, ao ter sua força naval derrotada na batalha fluvial do Riachuelo, foi bloqueado pela Marinha imperial e não mais pôde manter comércio exterior nem receber armamento e munição.

Ao invadir o Brasil e a Argentina, Solano López levou os dois países, aos quais se somou o Uruguai – onde Flores ocupou o poder em fevereiro de

1865 –, a assinarem o Tratado da Tríplice Aliança, em 1º de maio de 1865. Era uma ruptura de orientação da atuação internacional do Brasil imperial de duas décadas, de contenção de Buenos Aires. O Tratado da Tríplice Aliança determinou as diretrizes gerais para a ação militar contra o ditador paraguaio e definiu as condições para se estabelecer a paz. Esta seria assinada pelos países aliados em conjunto; Francisco Solano López deveria retirar-se do Paraguai, de modo a não influenciar o governo que viesse a substituí-lo e, ainda, foi estabelecida a fronteira do Paraguai com o Brasil e a Argentina após a guerra. A esses dois países caberia a posse dos territórios litigiosos com o Paraguai e, mais, a Argentina receberia o Chaco em sua totalidade, quando até então o pleiteara parcialmente. Essa concessão foi criticada pela oposição conservadora no Rio de Janeiro, sob o argumento de que sobraria pouco território para o Paraguai, o que ampliava o risco de sua anexação futura pela Argentina. Além disso, argumentavam os conservadores, essa anexação do Chaco estenderia a fronteira brasileiro-argentina até o Mato Grosso, aumentando a vulnerabilidade brasileira quanto a uma agressão militar argentina. Também em Buenos Aires e no interior argentino, houve forte oposição aos termos do Tratado, pois havia a percepção inversa à dos conservadores brasileiros e acusava-se a aliança de ampliar a vulnerabilidade argentina perante o Império. Sabia-se do conteúdo do Tratado da Tríplice Aliança, embora ele fosse secreto, porque o documento foi revelado pelo governo britânico ao seu Parlamento, pois as autoridades uruguaias permitiram que fosse copiado pelo representante do Reino Unido em Montevidéu.

Na América do Sul, os países da costa do Pacífico demonstraram simpatia à causa paraguaia com o desenrolar da guerra, quando eles mesmos estavam travando uma. Em abril de 1864, marinheiros espanhóis ocuparam as ilhas Chincha, pertencentes ao Peru, e foi feita uma série de exigências, não atendidas, para sua devolução. A situação agravou-se, o Chile posicionou-se em favor do lado peruano e em outubro de 1865 declarou guerra à Espanha, cuja esquadra bloqueou o porto de Valparaíso. O Peru, por sua vez, declarou guerra ao Império Espanhol no início de 1866, ato que foi seguido pelo Equador e pela Bolívia; as ações militares duraram até meados desse ano, mas o armistício foi assinado somente em 1871.

O Brasil se declarou neutro, o mesmo fazendo a Argentina, o que não contribuiu para melhorar a imagem da Tríplice Aliança nas repúblicas do

Pacífico. Elas se ofereceram como mediadoras de negociações que pusessem fim à Guerra do Paraguai, o que foi recusado pelos Aliados. Em agosto de 1866, o representante peruano em Buenos Aires chegou a propor que a Argentina rompesse a aliança com o Império Brasileiro. Em fevereiro do ano seguinte, o Brasil rompeu relações com o Peru, reagindo à leitura de mensagem ao Congresso peruano pelo presidente coronel Prado, favorável ao lado paraguaio. Prado foi deposto por motivos internos e as relações foram restabelecidas em setembro de 1869. As simpatias das repúblicas sul-americanas pelo Paraguai permaneceram no plano retórico, não se traduzindo em atos concretos de apoio a Solano López.

O governo britânico permaneceu neutro na Guerra do Paraguai, o mesmo ocorrendo com o da França. No entanto, o cônsul desta em Assunção a partir do final de 1867, Paul de Cuverville, permitia a Solano López utilizar-se da mala diplomática francesa para enviar e receber correspondência do exterior. O governo norte-americano, por sua vez, foi formalmente neutro no conflito, mas, na realidade, inclinou-se em favor do Paraguai, inclusive porque na guerra civil norte-americana, o Brasil tratara a Confederação como Estado beligerante, em pé de igualdade com a União. As relações brasileiro-estadunidenses tinham sido inconstantes desde a Independência brasileira e tiveram seu pior momento com o bloqueio do Paraguai imposto pela Marinha imperial. Este quase provocou um enfrentamento entre as belonaves brasileiras e as norte-americanas que estavam no Rio da Prata. Em 10 de maio 1869, o general Webb, representante dos EUA na capital carioca, suspendeu as relações do seu país com o Brasil, mas ele foi desautorizado por Washington e elas foram restabelecidas pelo governo recém-empossado de Ulysses Grant.

Em meados de 1868, mudaram os governos do Império e da Argentina. O Partido Conservador retornou ao poder, com Pedro II nomeando o visconde de Itaboraí como presidente do Conselho de Ministros, enquanto na Argentina o candidato de Mitre na eleição presidencial foi derrotado por Domingo Faustino Sarmiento. Os novos ocupantes do poder nos dois países não eram favoráveis a uma aliança de longo prazo entre o Brasil e a Argentina, que transcendesse a guerra, como tinham pensado parte daqueles que os antecederam no Rio de Janeiro e em Buenos Aires. Ao contrário, os novos governos brasileiro e argentino, embora continuassem formalmente aliados, viam-se mutuamente como ameaça; um projetava no outro a intenção de anexar o Paraguai ou torná-lo um protetorado. Para o Gabinete conservador, era prioritário terminar a guerra e garantir a continuidade da existência do Estado paraguaio soberano, livre da influência argentina, pois suspeitava de que Buenos Aires pretendia anexar o Paraguai. Para o governo de Sarmiento, o Império planejava ter o país guarani, no mínimo, como protetorado. Daí o chanceler argentino, Mariano Varela, declarar que a vitória militar não dava às nações aliadas o direito de impor as fronteiras ao Paraguai. Essa declaração foi habilmente utilizada pela diplomacia imperial para inviabilizar que o Chaco se tornasse argentino.

Em 1º de março de 1870, Francisco Solano López foi morto pelo Exército imperial em Cerro Corá. No entanto, desde agosto do ano anterior existia um governo provisório paraguaio em Assunção, criado pela diplomacia imperial para caracterizar a continuidade do Estado paraguaio independente, embora Solano López continuasse a combater no interior e fosse reconhecido como o governante legal do Paraguai por países europeus e pelos EUA. O objetivo da diplomacia, porém, era o de obter da Argentina a aceitação do governo provisório, o que significava a ratificação pelo governo Sarmiento da continuidade da existência do Estado paraguaio. Após a guerra, o Paraguai se tornou quase um protetorado brasileiro, pois seus governantes, durante a década de 1870, chegaram ao poder com a anuência da diplomacia imperial e dependiam do apoio, político e material, do Império para fazer valer sua autoridade. Até 1876, o governo imperial manteve em Assunção uma Divisão de Exército, com quase 4 mil homens, além de a Marinha brasileira dispor de embarcações em Mato Grosso que, em caso de necessidade, podiam chegar rapidamente à capital paraguaia. No imediato pós-guerra, a diplomacia imperial estimulou e apoiou os governantes paraguaios a não cederem à Argentina a soberania sobre o todo o Chaco. Ela também esteve atenta à influência da Argentina no Paraguai e interferiu nos assuntos internos paraguaios para contê-la.

Em 1872, o Brasil e o Paraguai assinaram o Tratado de Paz, Amizade, Limites e Navegação. A diplomacia imperial ignorou a determinação do Tratado da Tríplice Aliança de que a paz com o Paraguai somente seria assinada pelos três países aliados em conjunto, solidários entre si, e não individualmente. Pelo Tratado de Paz, a fronteira entre o Brasil e o Paraguai foi definida no rio Apa, conforme pleiteava o Império já antes da guerra, e garantida a livre navegação dos rios paraguaios por navios brasileiros. Em 1876, os governos argentino e paraguaio assinaram um tratado de paz e de limites, e nele foi determinado que a soberania sobre a parte do território do Chaco entre os rios Verde e Pilcomayo – já não todo o território chaquenho até a fronteira com o Brasil – seria definida por arbitragem do presidente dos Estados Unidos. Em 1878, o presidente Hayes decidiu que esse território era paraguaio e, portanto, o rio Pilcomayo se tornou a fronteira entre Paraguai e Argentina.

A vitória na Guerra do Paraguai e a contenção da demanda argentina sobre o Chaco significaram o ápice da política externa do Império do Brasil. No plano militar, demonstrou-se sua capacidade de organizar Exército de milhares de homens e Marinha com armamento moderno, além de aprovisionar numerosa tropa a mais de mil quilômetros de distância dos centros fornecedores brasileiros. No aspecto político, o Estado monárquico sustentou eficaz atividade diplomática, na América do Sul, nos EUA e na Europa, para defender a posição aliada na guerra e se contrapor a círculos simpáticos a Solano López. Com o fim do conflito, o Império foi bem-sucedido em alcançar os seus objetivos em relação ao Paraguai; em impedir que a Argentina realizasse os seus; e, ainda, em superar as tensões com os Estados Unidos e as repúblicas sul-americanas da costa do Pacífico.

Na Argentina, a guerra injetou ouro brasileiro na sua economia e enriqueceu comerciantes, fornecedores de víveres às tropas brasileiras e de carvão para as caldeiras dos navios da Marinha imperial. No plano político, a vitória foi um fator adicional para reduzir o poder político dos caudilhos do interior, submetendo-os às leis federais e à autoridade do governo central. A partir de então, a Argentina vivenciou uma ascendente prosperidade econômica, alicerçada na estabilidade política oligárquica. Para o Império, à vitória na Guerra do Paraguai seguiram-se as tensões sociais, com o incremento do movimento abolicionista e a resistência ativa dos escravizados; e políticas, com o fortalecimento do movimento republicano, associado à demanda dos cafeicultores paulistas por descentralização política e financeira das províncias. As finanças públicas também ficaram comprometidas, como consequência dos gastos com os cinco anos de guerra. A economia privada, porém, vivenciava surtos de prosperidade de diferentes produtos primários e o comércio exterior brasileiro era superavitário. O dinamismo econômico do Brasil o tornou receptor de imigrantes, principalmente para trabalhar na agricultura, os quais impactaram diferentes aspectos das regiões em que se instalaram.

O declínio da influência: a diplomacia imperial nos anos finais da Monarquia

A partir de 1876, o Rio da Prata deixou de ser visto como assunto vital, motivo de engajamento militar, para a estratégia de atuação internacional do Império Brasileiro, embora permanecesse relevante. Isso porque, por um lado, a crise do Estado monárquico limitava os recursos financeiros e a capacidade política necessários para a presença hegemônica, diplomática e militar. Esta, por outro lado, não era mais necessária, na medida em que tinham sido alcançados os objetivos do Império para o Rio da Prata: a existência de Paraguai e Uruguai como Estados soberanos; a livre navegação dos rios; e a definição das fronteiras com esses dois países, nos termos pleiteados pelo Império. Faltava definir a fronteira com a Argentina, mas isso não comprometia as relações bilaterais e elas não se tensionaram ao não chegarem a um acordo sobre a soberania da região de Palmas. Recorreu-se, em 1889, à solução da arbitragem internacional, do presidente dos Estados Unidos.

Contribuiu para essa cordialidade o fato de também para a Argentina ter o Rio da Prata deixado de ser espaço geopolítico vital. Ao tornar-se grande fornecedora de carnes e cereais para a Europa, os fundamentos para a prosperidade econômica e a estabilidade política oligárquica da Argentina estavam além-mar e não mais na bacia platina. Também contribuiu para essa realidade ter a diplomacia argentina se convencido de que o Império Brasileiro não tinha pretensões expansionistas em relação ao Paraguai e ao Uruguai. Por razões diferentes, Brasil e Argentina já não estavam dispostos a comprometer suas relações bilaterais, gerando instabilidade em seu comércio internacional e nos respectivos processos políticos, por conta da ascendência no Rio da Prata. No entanto, as Chancelarias brasileira e argentina permaneceram atentas às posturas uma da outra na região platina.

A partir da década de 1870, também a cordialidade predominou nas relações do Império Brasileiro com os Estados Unidos e o Reino Unido. Este último era fornecedor de produtos manufaturados e principal praça financeira para o Brasil, enquanto o mercado norte-americano era o maior comprador do café brasileiro. Essa nova fase das relações do Brasil com esses dois países tem como marco o convite, em 1871, feito pelos governos estadunidense e britânico ao Império para indicar um brasileiro para compor a comissão que arbitraria a disputa entre eles no caso do navio confederado Alabama. Em 1876, Pedro II visitou a Exposição Universal da Filadélfia, comemorativa ao centenário da Independência norte-americana. Ele acompanhou o presidente Grant na cerimônia de abertura desse evento e, em seguida, viajou para conhecer Nova York, São Francisco, Nova Orleans e Washington.

Por ser o primeiro monarca a visitar o país, ele foi recebido com curiosidade e desconfiança por parte da imprensa local, quando de sua chegada em abril. Nesse momento, o *Daily Tribune* de Nova York, por exemplo, foi crítico ao Brasil monárquico, mas três meses depois Pedro II partiu dos EUA sob os elogios desse e de outros jornais quanto a seu interesse por atividades culturais e pelos avanços tecnológicos e empresariais do país. O imperador fez duas outras viagens ao exterior, em 1871 e 1887, e nelas manteve contatos com políticos e intelectuais, contribuindo para construir a imagem externa de credibilidade do Brasil. Esta explica o governo imperial ter sido convidado por duas vezes, em 1880 e 1884, para arbitrar, respectivamente, questões referentes a indenizações financeiras entre a França e os Estados Unidos e de países europeus contra o Chile.

Na América do Sul, coube à diplomacia imperial posicionar-se quanto à Guerra do Pacífico (1879-83), pela posse de riquezas de guano e salitre entre Chile e Peru, este aliado da Bolívia. O Chile venceu a guerra, sendo que a Bolívia foi a que mais perdeu território, inclusive todo o litoral, tornando-se um país mediterrâneo. O governo imperial declarou-se neutro e ofereceu seus "bons ofícios" para pôr fim à guerra, mas foi refratário a ser um mediador formal ou árbitro. Isso se explica em parte pelo acirramento das disputas políticas internas brasileiras, que eventualmente poderiam contaminar a ação externa mediadora, com críticas da oposição. Ademais, era necessária uma postura diplomática cautelosa por parte do Rio de Janeiro, para evitar causar suspeitas na Argentina, que não tinha relações de confiança com o Chile, o qual, por sua vez, propagava uma proximidade inexistente com o Brasil.

Um dos assuntos políticos delicados para o governo imperial na década de 1870 foi a Questão Religiosa, que o obrigou a negociar com a Santa Sé. A Igreja Católica era pilar de sustentação ideológica do Estado monárquico, do qual recebia subsídio financeiro e cujo corpo sacerdotal subordinava-se administrativamente ao governo imperial, enquanto nos assuntos de dogma da fé submetia-se à Santa Sé. Obedecendo a esta, em 1872, os bispos de Olinda e de Belém vetaram a presença maçônica nas irmandades católicas e de sacerdotes integrarem a Maçonaria, sob pena de não poderem celebrar missas nem de participarem dos atos religiosos da Igreja. O governo imperial ordenou aos dois bispos o cancelamento dessas proibições, mas eles se recusaram a fazê-lo, o que resultou em serem julgados pela Justiça comum e condenados à prisão por desobediência. Houve forte reação contrária entre os católicos às prisões, e o agravamento da situação contribuiu para a substituição do visconde do Rio Branco pelo duque de Caxias na chefia do Ministério. Após gestões diplomáticas junto à Santa Sé, chegou-se à solução da concessão pelo governo brasileiro da anistia ao bispos em setembro de 1875, enquanto o papa cancelou os atos deles contrários às irmandades maçonizadas. De todo modo, esse atrito foi mais um desgaste político do Estado monárquico.

Em 1889 ficou demonstrada, uma vez mais, a política externa do Segundo Reinado, de manter autonomia do Brasil em relação às grandes potências, mas sem confrontá-las. Em outubro desse ano, iniciou-se em Washington a Conferência Pan-Americana, convocada pelo governo estadunidense e posteriormente classificada como a primeira, pois outras a ela se seguiram. Era um evento inédito, quer quanto à abrangência dos países nela representados, quer no que concerne aos temas a serem debatidos. O governo norte-americano os apresentou antecipadamente, destacando-se o de se criar uma união aduaneira continental, bem como uma moeda comum, e o de tornar obrigatório o arbitramento pelo governo estadunidense de divergências entre países das Américas, de modo a evitar guerras. Se aprovadas essas medidas, os Estados Unidos substituiriam o Reino Unido na liderança política, comercial e financeira da América Latina.

A diplomacia imperial era contrária à ideia de cooperação multilateral dos países americanos, por nela ver a possibilidade de desdobrar-se em uma articulação de repúblicas do continente contra a única monarquia, o

Brasil. No entanto, o governo imperial decidiu participar da Conferência de Washington, pois as propostas norte-americanas, se implementadas, teriam sérias repercussões econômicas e políticas para os países americanos. A diplomacia imperial adotou postura defensiva e Lafayette Rodrigues Pereira, chefe da delegação brasileira na Conferência, recebeu instruções para rejeitar o arbitramento obrigatório, bem como de manter "cautela" com as propostas de união aduaneira e de criação de uma moeda comum continental. A implementação dessas medidas criaria uma espécie de protetorado econômico e político norte-americano sobre as Américas, quando a orientação da política externa do Império era no sentido de aproximar-se dos Estados Unidos, mas sem distanciar-se da Europa. As instruções a Lafayette resultavam de uma diplomacia amadurecida pelas lições de quatro décadas de ação coerente na defesa da autonomia e da integridade nacionais, e experimentada em negociações internacionais.

O preço do reconhecimento: concessões, interesses dinásticos e fracassos no Prata

A preocupação principal de Pedro I era a de sustentar a Casa Real dos Bragança no trono, tanto no Brasil quanto em Portugal. Daí serem suas prioridades obter o reconhecimento do Estado monárquico brasileiro e garantir a manutenção, como espaço nacional brasileiro, do território obtido pelo expansionismo colonial português. Para tanto, Pedro I impôs-se pelas armas às províncias do Norte e do Nordeste e guerreou contra Buenos Aires pela posse da Banda Oriental, o atual Uruguai.

A presença internacional de um Estado, ou seja, sua interação com os demais membros do sistema internacional, está condicionada a ter reconhecida por eles sua existência, além de sua soberania sobre determinado território. Até há pouco tempo, a historiografia brasileira afirmava que os Estados Unidos foram pioneiros no reconhecimento da Independência do Brasil, em 26 de maio de 1824. A demora norte-americana em fazê-lo, de quase dois anos, explica-se pela preocupação de Washington em não se atritar com as potências europeias da Santa Aliança, que apoiavam a recusa portuguesa em aceitar a existência do Império do Brasil. Ainda assim, somente em março de 1825 chegou ao Rio de Janeiro um representante diplomático norte-americano, quando Portugal, impotente militarmente para recolonizar o Brasil e pressionado pela Grã-Bretanha, preparava-se para aceitar a Independência brasileira. Pesquisa recente, porém, demonstrou que já em 25 de junho de 1823 o ministro de Relações Exteriores de Buenos Aires, Bernardino Rivadavia, em nome das Províncias Unidas do Rio da Prata, fez o reconhecimento pioneiro do Império do Brasil.

A concordância portuguesa com a Independência brasileira era requisito para ocorrer o reconhecimento pelas demais Monarquias europeias, inclusive a Grã-Bretanha, maior potência mundial e importante mercado consumidor de produtos brasileiros. Além de contar com o apoio da Santa Aliança, Portugal mantinha com o Reino Unido o mais antigo pacto político entre Estados europeus, o que permitira a resistência portuguesa à Independência do Brasil. Esta impactava duramente a economia lusitana, prejudicando desde a produção de manufaturas e a construção naval até as rendas de notários, que faziam registros relativos ao comércio externo. Calcula-se que as perdas financeiras portuguesas com a Independência do Brasil equivaliam, em 1827, à quase totalidade das receitas do Estado português para esse ano. Daí a resistência de Lisboa em aceitar a Independência do nosso país.

A Grã-Bretanha e a Santa Aliança tinham posições diferentes nessa questão. Londres já reconhecera as independências dos países hispânicos e interessava-lhe uma solução negociada favorável ao caso brasileiro, pois o estado de guerra entre Portugal e Brasil prejudicava as atividades comerciais britânicas. Enquanto isso, a Áustria, a Prússia e a Rússia não tinham interesses comerciais significativos nos dois países, assim, encontravam-se à vontade para apoiarem a intransigência portuguesa. O respaldo político de membros da Santa Aliança não solucionava, porém, a falta de meios militares para usar contra a Independência brasileira por parte do governo português, nem este dispunha de condições políticas e financeiras para resistir à pressão britânica para aceitá-la. Para levar Portugal à mesa de negociações, o governo de Pedro I subornou com 500 libras esterlinas o conde de Porto Santo, ministro dos Negócios Estrangeiros lusitano, bem como outros funcionários desse ministério.

O reconhecimento foi obtido com dificuldade e graças às concessões do Brasil a Portugal no Tratado de Paz de agosto de 1825: o pagamento de 2 milhões de libras esterlinas, das quais 1,4 milhão era da dívida portuguesa contraída para fazer campanha militar contra a Independência brasileira; a aceitação da tarifa alfandegária de 15% para o comércio entre os dois países; e o compromisso de o Brasil não se unir às colônias portuguesas na costa do Atlântico. Nestas havia importante presença de brasileiros ligados ao tráfico de africanos escravizados, que envolvia grandes interesses financeiros. O pagamento a Portugal, bem como os gastos com a organização do Exército e da Marinha e suas ações militares para efetivar a independência, foi custeado por dois empréstimos feitos pelo governo de Pedro I em Londres, em agosto de 1824 e janeiro de 1825, no valor total de 3 milhões de libras esterlinas. Esse valor equivalia a 12.397:777$777 réis, quando a média da arrecadação anual de impostos no Brasil, entre 1822 e 1824, não ultrapassara 4.000:000$000.

Também contribuíram para Portugal aceitar esse acordo as derrotas militares sofridas por seus soldados contra tropas leais a Pedro I no Norte do Brasil e na Bahia. No entanto, pelo Tratado de 1825, a Independência foi apresentada como concessão a D. Pedro da soberania do território brasileiro por parte de D. João VI, que conservava o título simbólico de imperador do Brasil. Na realidade, a Independência foi uma conquista política e militar dos brasileiros, mas devido aos interesses dinásticos de Pedro I, não foi assim apresentada.

O Reino Unido pressionou para Portugal aceitar essas condições e, em seguida, impôs outras ao Brasil, para se efetivar o reconhecimento britânico. Este ocorreu em outubro de 1825 no Rio de Janeiro, onde foram assinados os tratados de comércio entre o Império do Brasil e o Reino Unido, que não foram ratificados por George Canning, responsável pela política externa britânica, por não manterem os privilégios comerciais britânicos obtidos de Portugal em 1810. Em 1827, pelo Tratado de Amizade, Comércio e Navegação, ratificaram-se aqueles privilégios comerciais, ao ser estabelecida a taxa aduaneira de 15% para os produtos britânicos importados pelo Brasil. Também se concedeu à Grã-Bretanha a condição de nação mais favorecida, o que significava que ela usufruiria automaticamente de qualquer vantagem comercial que o Império Brasileiro viesse a conceder a outros países. No final, após outras nações europeias obterem essa mesma taxa alfandegária nos tratados de reconhecimento, a Assembleia Geral do Império aprovou lei com imposto de importação de 15% para mercadorias de todas as origens. A arrecadação aduaneira era importante fonte de recursos financeiros dos países, e sua baixa taxação no Brasil impactou negativamente as finanças públicas, a organização e a operação do Estado monárquico. Em 1826, os governos brasileiro e britânico, por imposição deste último, assinaram acordo pelo qual o Império Brasileiro se comprometia a abolir o tráfico de escravizados até 1830.

A lógica da política externa de Pedro I era condicionada mais por seus interesses dinásticos do que pelos interesses nacionais, também esteve presente na guerra contra as Províncias Unidas do Rio da Prata, a Argentina, pela posse da Cisplatina, hoje Uruguai. Esse território, conhecido anteriormente como Banda Oriental, foi ocupado em 1816 por forças portuguesas; foi incorporado em 1821 ao Brasil como Província da Cisplatina. Em 1822, o Cabildo de Montevidéu – instituição semelhante às Câmaras Municipais brasileiras – aprovou sua incorporação ao Império do Brasil. No ano seguinte, em 1823, as Províncias Unidas solicitaram a retirada brasileira da Banda Oriental, mas Pedro I recusou-se a fazê-lo e manteve a lógica geopolítica portuguesa de estender a fronteira sul até o rio da Prata. Um grupo de revolucionários, liderados por Juan Antonio Lavalleja, proclamou em 1825 a independência da Banda Oriental e solicitou sua incorporação às Províncias Unidas, cujo Congresso aceitou o pedido. Como consequência, Pedro I declarou-lhes guerra.

O Império do Brasil estava despreparado militarmente e a guerra foi conduzida de forma desastrosa. A superioridade naval brasileira garantiu a manutenção da posse das cidades de Montevidéu e Sacramento, enquanto as forças das Províncias Unidas, basicamente tropas de Buenos Aires, controlaram o interior da Banda Oriental. Nenhuma das partes conseguia vitória militar definitiva sobre a outra, embora o lado argentino estivesse em crescente vantagem terrestre. As Províncias Unidas conseguiram, contudo, desestabilizar o comércio exterior do Império, devido à ação de corsários a seu serviço que atacavam navios mercantes brasileiros. Também o comércio inglês era prejudicado pelas ações bélicas na região, o que ocasionou a intervenção da diplomacia britânica e a imposição a Buenos Aires e ao Rio de Janeiro do fim da guerra e a independência oriental.

A Convenção Preliminar de Paz de 1828, assinada no Rio de Janeiro entre o Império do Brasil e as Províncias Unidas, criou a República

Oriental do Uruguai, cuja existência soberana passou a ser garantida, em caráter perpétuo, por Brasil, Províncias Unidas e Reino Unido. Escrevendo ao marquês de Barbacena em 26 de agosto, dia anterior à assinatura dessa Convenção, Pedro I reconheceu que, para ter condições de se posicionar na sucessão do trono português em favor de sua filha Maria da Glória contra o "usurpador" D. Miguel, fez "sacrifícios", concessões, a Buenos Aires.

Pedro I buscou, porém, reverter essa situação diplomaticamente ao enviar ao Reino Unido e à França, em junho de 1830, o marquês de Santo Amaro. Este tinha instruções secretas, datadas de abril desse ano, de conseguir o reconhecimento britânico e francês para Maria da Glória como rainha de Portugal. Também deveria obter que o Reino Unido e a França, com o apoio brasileiro, agissem para instalar Monarquias na América hispânica, e que essas potências europeias aceitassem a soberania de Pedro I sobre Montevidéu. As mudanças políticas na França, com a Revolução de Julho, e no Reino Unido, com a morte do rei Jorge IV, dificultaram a missão de Santo Amaro, que acabou cancelada após a queda do monarca brasileiro em abril de 1831.

A estratégia de Pedro I fracassou no Rio da Prata: não venceu a guerra contra as Províncias Unidas; sofreu a derrota diplomática da perda da Cisplatina; e não conseguiu estabelecer relações diplomáticas com o Paraguai. Em 1824, o governo imperial nomeou Manuel Correia da Câmara para o cargo de cônsul-geral e agente comercial do Brasil em Assunção, com instruções de estabelecer relações comerciais. O diplomata brasileiro chegou a ter uma audiência com o ditador José Gaspar Rodríguez de Francia em agosto de 1825, ocasião em que trataram da questão da definição da fronteira entre os dois países, sem chegarem a um acordo. Câmara retornou ao Rio de Janeiro e, em 1826, foi nomeado Encarregado de Negócios do Império no Paraguai, adquirindo *status* diplomático que não tinha antes. Ele viajou de volta para Assunção pela via marítimo-fluvial – navegação pelo oceano Atlântico e pelos rios Paraná e Paraguai –, mas não recebeu autorização para ingressar no país. Por diferentes motivos, demorou quase duas décadas a retomada de contato oficial entre os dois países, e o governo imperial reconheceu formalmente a independência paraguaia somente em 1844.

O autoritarismo de Pedro I, demonstrado na dissolução da Assembleia Constituinte e na repressão à Confederação do Equador; seu envolvimento na sucessão do trono português; o descontentamento dos setores escravocratas com o acordo com a Grã-Bretanha para abolir o tráfico de escravizados; a incompetência militar que demonstrou na Guerra da Cisplatina, além de seu custo financeiro levaram a elite brasileira a dele afastar-se e a população a sublevar-se contra sua autoridade. Isolado politicamente, Pedro I foi forçado a abdicar ao trono em 1831, em meio a uma revolta popular no Rio de Janeiro, a Revolução do Sete de Abril.

Em 1822, houve a Independência política brasileira, mas somente em 1831 o Brasil se desvinculou dos interesses dinásticos dos Bragança em Portugal. Não ocorreu, porém, a independência da ordem social colonial, pois se manteve o modelo já então atrasado de sociedade, carente de dinamismo e de produtividade, reprodutor da escravidão e da pobreza de boa parte da população. Daí a ausência do desenvolvimento de manufaturas no Brasil causada não pela inexistência de um protecionismo ou de incentivo estatal, mas pela falta de mercado consumidor – escravizados e pobres não têm capacidade de compra – e de disponibilidade de capital, já que este estava investido no infame e lucrativo tráfico de africanos. Essas elites discordaram do acordo entre o Brasil e o Reino Unido para pôr fim a esse tráfico, mas não se opuseram às penosas concessões feitas para se obter o reconhecimento da Independência, porque não lhes atingia o bolso.

Pedro I viu-se forçado a abdicar ao trono brasileiro em favor de seu filho, o príncipe Pedro, com apenas cinco anos de idade e que, portanto, não podia assumi-lo. Previa a Constituição que, enquanto Pedro de Alcântara não tivesse a idade para reinar, o Império do Brasil seria governado por uma Regência, e foi o que ocorreu até 1840. O Período Regencial vivenciou quatro regências: a Trina Provisória (1831), a Trina Permanente (1831-35), a Una do político moderado padre Antônio Feijó (1835-37) e a do político conservador Pedro de Araújo Lima (1837-40). As correntes políticas existentes na primeira metade da década de 1830 organizaram-se como partidos políticos na segunda parte desses anos: o Conservador, associado à centralização política e com preponderância de interesses agrários, e o Partido Liberal, favorável à descentralização e no qual havia, além de fazendeiros, membros de atividades urbanas.

Paralisia externa, turbulência interna: a diplomacia na Era Regencial

No Período Regencial (1831-40), a burocracia governamental do Rio de Janeiro, em harmonia com as elites agrária e mercantil da região Sudeste, agiu para impor o seu poder a todas as províncias da antiga América portuguesa. Houve reação contra o projeto de Estado centralizado, representada pelas chamadas revoltas provinciais, que eram rebeliões armadas, na busca de autonomia política por elites locais ou de mudanças sociais por setores populares. A falta de definição interna da configuração política e, mesmo, territorial do Estado Nacional comprometia a construção de uma projeção internacional com objetivos definidos e instrumentos para alcançá-los. Em 1838, o ministro dos Negócios Estrangeiros, Antônio Peregrino Maciel Monteiro, expunha essa realidade em prestação obrigatória de contas à Assembleia Geral do Império. Ele afirmou que as atenções do governo eram absorvidas no enfrentamento das "comoções" em diferentes regiões do Brasil, o que impedira o início de negociações importantes para o futuro do Império Brasileiro.

Os governos do Período Regencial adotaram posturas de expectativa ou defensivas quanto a temas externos, em lugar de exercitarem uma política ativa. Isso ocorreu no Rio da Prata, nas relações com o Reino Unido, e quanto à penetração europeia ao Norte, na Amazônia. Uma das raras iniciativas da diplomacia brasileira na época foi a de efetivar as relações com a Santa Sé. Esta reconheceu a Independência brasileira em janeiro de 1826 e, com anterioridade, a Constituição de 1824 estabelecera o Regalismo, a união entre o trono e a Igreja Católica, e o Padroado Régio. Por este, o catolicismo era a religião oficial de Estado, o qual lhe concedida uma série de regalias e, em troca, recebia suporte religioso. Havia o financiamento estatal do clero, cujos membros tinham também a condição de funcionários públicos, e cabia ao imperador escolher entre eles os ocupantes de cargos eclesiásticos importantes, o que restringia a interferência do papa no Brasil.

Durante o Primeiro Reinado e o Período Regencial, setores políticos brasileiros esforçaram-se por subordinar ao Estado a administração da Igreja e em limitar a autonomia dos sacerdotes regulares. Em meados da década de 1830, essas relações tornaram-se tensas, pois a Santa Sé reivindicava o direito de confirmar ou recusar os nomes indicados pelo governo imperial a postos eclesiásticos. Como consequência, ela recusou a indicação de Antônio de Moura para ser bispo do Rio de Janeiro, causando tensão entre Estado e Igreja. O regente Feijó, ele mesmo sacerdote, via essas nomeações como direito irrestrito do imperador e uma oportunidade para reafirmar a soberania do Estado brasileiro. Por esse motivo e por outras divergências, o governo brasileiro chegou a considerar o rompimento de relações com a Santa Sé, o que acabou não ocorrendo, pois Feijó deixou de ser regente e Moura renunciou à sua indicação para o bispado carioca.

No Rio da Prata, os governos regenciais mantiveram-se prudentes devido à conjunção das limitações políticas brasileiras e ao fortalecimento da Confederação Argentina. Esta tinha como líder o governador de Buenos Aires, Juan Manuel de Rosas, membro da elite rural produtora de charque que, em 1831, assinou o Pacto Federal com os governantes das províncias de Corrientes e Santa Fé, para apoiarem-se mutuamente de ataques internos e externos. Em 1835, Rosas esteve à frente do processo político que criou a Confederação Argentina, da qual se tornou ditador na prática. Formalmente, era mais um dos governadores do país e se diferenciava dos demais apenas por ser o representante de todas as províncias para as relações exteriores. Enquanto o Brasil regencial estava limitado em suas ações externas pelas disputas internas, a Confederação encontrava-se organizada debaixo do poder de Rosas e tinha política externa definida quanto aos países vizinhos e, mesmo, às grandes potências.

Poucos anos após sua independência, o Uruguai se caracterizava por escassa população e pela fragilidade do Estado. Seus dois primeiros presidentes foram Fructuoso Rivera (1830-4) e Manuel Oribe (1834-8), em torno dos quais se organizaram em 1836 os partidos políticos Colorado e Nacional, este também conhecido como Blanco, referência à cor branca de sua bandeira. Os *blancos* eram antiliberais, enquanto os *colorados* estavam mais próximos dos princípios liberais, e a disputa pelo poder entre ambos desembocou na guerra civil, iniciada em 1839 e terminada somente em 1851. Ela começou quando Rivera, apoiado pelos chamados unitários argentinos (liberais que faziam oposição a Rosas), sublevou-se contra Oribe. Este se asilou em Buenos Aires sob a proteção do ditador da Confederação e Rivera declarou guerra a Rosas. A situação regional tornou-se delicada, pois do lado brasileiro, desde 1835, ocorria a Revolução Farroupilha no Rio Grande do Sul e, em 1836, foi fundada a República Rio-Grandense.

À política externa regencial restava recorrer como respaldo nas relações com o Uruguai, ao que fora determinado na Convenção Preliminar de Paz. Era prioritário para a diplomacia brasileira assinar um tratado definitivo de paz com o Uruguai, de modo a definir as fronteiras com o novo país, mas isso não ocorreu nesses anos. A inexistência de obstáculos físicos na fronteira, bem como sua indefinição, facilitava o trânsito de pessoas sem controle oficial; permitia a existência de atividades econômicas, que se estendiam pelos territórios brasileiro e uruguaio muitas vezes sem respeito às leis nacionais; e, ainda, permitia a fuga de rebeldes políticos ou de bandidos comuns, de um país para o outro.

A fronteira no Sul era permeável, facilitando a prática de atos ilegais, e a fragilidade do Estado uruguaio dificultava que este respondesse adequadamente às reclamações da diplomacia imperial sobre violações do território do Rio Grande do Sul por gente vinda do Uruguai. Na primeira metade da década de 1830, o trabalho da representação brasileira em Montevidéu estava concentrado em obter o citado tratado definitivo de paz; em pressionar o governo uruguaio para combater o tráfico de africanos escravizados – o qual prejudicava os traficantes brasileiros –; e em conseguir a extradição de escravizados que fugiam do Rio Grande do Sul para o Uruguai. A partir de 1835, essa representação concentrou-se em acompanhar os vínculos políticos do Movimento Farroupilha na República Oriental e o uso do território uruguaio como refúgio para seus integrantes, bem como na própria situação interna uruguaia.

Grande parte da duração do Movimento Farroupilha (1835-45) coincidiu com a guerra civil uruguaia, conhecida como Guerra Grande (1839-51). Nesta a neutralidade do governo regencial não foi uma opção, mas se tratou de imobilidade compulsória, posto não ter o Rio de Janeiro condições de adotar outra postura. A imobilidade brasileira contrastava com o ativismo de Juan Manuel de Rosas, com Buenos Aires apoiando militarmente Oribe, enquanto Rivera mantinha vínculos com os farroupilhas. Internacionalizavam-se, portanto, as disputas políticas uruguaias e nelas intervieram, nas três décadas seguintes, Argentina, Brasil e potências europeias, no contexto das lutas em torno da definição dos Estados Nacionais na região. No caso do Brasil, as intervenções ocorreram por motivos geopolíticos e por demandas de fazendeiros sul-rio-grandenses, que possuíam propriedades em território uruguaio, onde criavam gado que servia de matéria-prima na elaboração de charque no Rio Grande do Sul.

A dificuldade dos governos regenciais de manter uma política externa ativa não se restringia ao Rio da Prata, ocorrendo também nas relações com as potências europeias. Foram marcantes as situações da pressão britânica para pôr fim ao tráfico de africanos escravizados e o expansionismo europeu no Norte da América do Sul, com vista a alcançar afluentes do rio Amazonas. Quanto a esse tráfico, o acordo assinado em 1826 entre o Império e o Reino Unido determinava que ele seria proibido a partir de março de 1830, mas essa interdição somente foi regulamentada por lei no Brasil em novembro de 1831. No entanto, a regulamentação não pôs fim ao tráfico, pois, comenta Pandiá Calógeras, apesar de as lideranças políticas nacionais serem, no geral, favoráveis à sua abolição, autoridades provinciais mantinham-se passivas quanto à sua aplicação. Para não perderem o apoio e os votos dos fazendeiros escravagistas, os chefes políticos locais não combatiam o tráfico e, ademais, muitas vezes também exploravam o trabalho de escravizados. Para a diplomacia britânica, a continuidade do tráfico resultava de má-fé do governo regencial.

Havia, ainda, o descontentamento no Brasil contra os tratados de comércio assinados com a Grã-Bretanha na década de 1820. Era opinião dominante que, devido às condições em que foram assinados, nesses acordos os interesses brasileiros haviam sido sacrificados. O governo britânico não aceitou renegociar o tratado de 1827 ou, mesmo, fazer alterações pontuais. Em agosto de 1836, a Câmara dos Deputados votou por não renovar os acordos comerciais assinados na década de 1820, cujos prazos de validade estavam por terminar, bem como não assinar outros com esse conteúdo, de modo a evitar prejuízos ao comércio brasileiro e ao Tesouro Imperial. Os governos regenciais foram cuidadosos e cumpriram os prazos de denúncia prévia da não renovação dos diferentes tratados comerciais, conforme exigências neles contidas.

Também perturbou as relações do Brasil Regencial com o Reino Unido a tentativa britânica de ampliar seu território amazônico, a Guiana Inglesa, à custa do brasileiro. Vindo desta, em 1838 um grupo liderado pelo missionário protestante Thomas Youd estabeleceu-se na região do Pirara, que já era habitada por brasileiros. Youd foi expulso por destacamento militar enviado pelo governo da província do Pará, mas essa força, por sua vez, foi obrigada a retirar-se devido à intimação de uma expedição militar britânica, mais poderosa, enviada pelo governador da Guiana. A região do Pirara ficou ocupada pelos britânicos até 1842.

O Norte amazônico também foi alvo do expansionismo francês, implementado desde 1832 pelo rei Luís Felipe I (1830-48). Em 1834, um membro da Sociedade de Geografia, sediada em Paris, elaborou um mapa em que, propositadamente, confundiu o rio Oiapoque com o Araguari, de modo a colocar o rio Amazonas como a fronteira entre a Guiana Francesa e o Brasil. Em 1836, tropas francesas ergueram um forte no rio Araguari, e o governador da Guiana comunicou o governador da província do Pará que tropas francesas tinham ocupado o território até essa via fluvial. O fato provocou forte reação pública no Rio de Janeiro e levou o governo regencial, utilizando-se da rivalidade entre as duas potências europeias, a solicitar ajuda do Reino Unido. Este não tinha interesse que a França ampliasse sua presença na região amazônica e a diplomacia britânica solicitou que o governo francês retirasse o posto militar instalado no Araguari. A interferência britânica e a recusa brasileira em aceitar essa ocupação levaram à evacuação francesa desse território em 1840 que, no ano seguinte, foi declarado neutro por Brasil e França.

CONCLUSÃO

O extenso período imperial brasileiro, iniciado sob a égide da transmigração da Corte portuguesa em 1808 e concluído com a Proclamação da República em 1889, revelou-se absolutamente fundacional para a política externa do país. Ao longo de oito décadas, o Brasil transitou da condição colonial para a de ator soberano, enfrentando o complexo desafio de construir um Estado Nacional de proporções continentais, definir suas fronteiras, obter reconhecimento internacional e projetar seus interesses em um cenário global dominado pela hegemonia britânica e, regionalmente, marcado por intensas disputas geopolíticas, em especial na bacia do Prata. A análise empreendida neste capítulo buscou evidenciar não apenas as conquistas diplomáticas e territoriais do Império, mas, sobretudo, as tensões inerentes, os custos associados e os dilemas estratégicos que moldaram essa trajetória, deixando um legado complexo para o regime republicano que o sucederia.

A própria conquista da Independência e seu subsequente reconhecimento, embora alcançados, impuseram ao nascente Império um pesado ônus financeiro e diplomático. As negociações com Portugal e, principalmente, com a Grã-Bretanha, resultaram em concessões significativas – desde a assunção de dívidas portuguesas até a aceitação de tarifas alfandegárias preferenciais e o compromisso de extinguir o tráfico negreiro –, que limitaram a autonomia econômica e a margem de manobra do Brasil por décadas. A tensão entre os interesses dinásticos da Casa de Bragança, que influenciaram decisões cruciais no Primeiro Reinado, e os interesses nacionais emergentes foram uma constante, evidenciando a dificuldade inicial em consolidar um projeto de Estado verdadeiramente autônomo. A Guerra da Cisplatina, por exemplo, além de custosa e militarmente frustrante, expôs os limites da capacidade de projeção imperial e resultou na perda de um território estratégico, demonstrando a complexidade do jogo de poder regional.

O Período Regencial, marcado pela instabilidade política interna, viu a política externa adotar uma postura predominantemente reativa e defensiva, incapaz de grandes iniciativas. Foi somente com a consolidação do Segundo Reinado que o Brasil imperial pôde exercitar uma projeção externa mais ativa e assertiva, particularmente na bacia do Prata. A estratégia de contenção da influência de Buenos Aires, a defesa da livre navegação e a garantia das independências do Uruguai e do Paraguai tornaram-se eixos centrais, culminando na intervenção contra Rosas e, posteriormente, na Guerra do Paraguai. Esse conflito, embora vitorioso para a Tríplice Aliança e decisivo para a configuração geopolítica regional, representou um esforço militar e financeiro gigantesco para o Império, cujas consequências em longo prazo, incluindo o fortalecimento do Exército como ator político e o agravamento do endividamento, seriam sentidas nas décadas seguintes.

Ao mesmo tempo, a gestão das relações com as potências hegemônicas continuou a ser um exercício delicado de equilíbrio entre a afirmação da soberania – como na implementação da Tarifa Alves Branco ou na resistência às pressões na Questão Christie – e a aceitação dos limites impostos pela assimetria de poder, visível nas contínuas tensões com a Grã-Bretanha sobre o fim efetivo do tráfico negreiro e nas primeiras interações com os Estados Unidos.

Não obstante esses desafios, o Império logrou êxitos notáveis, como a definição da maior parte de suas fronteiras terrestres através da aplicação consistente do princípio do *uti possidetis* e do recurso à negociação e à arbitragem, um legado fundamental para a estabilidade territorial do país. A construção de um serviço diplomático profissional e a manutenção de uma relativa estabilidade institucional interna conferiram ao Brasil uma capacidade de ação internacional que o distinguia de muitos de seus vizinhos. Contudo, a persistência da escravidão até 1888 e a própria natureza monárquica do regime continuaram a ser fatores de singularidade e, por vezes, de isolamento ou crítica externa.

Ao final do período, em 1889, o Brasil se apresentava como um ator internacional consolidado, com território definido, relações estabelecidas com as principais potências e uma posição de proeminência na América do Sul. Todavia, carregava também as marcas de uma independência custosa, de um endividamento externo significativo, de uma estrutura social arcaica recém-modificada pela Abolição e de uma rivalidade latente com a Argentina. A República herdaria não apenas as conquistas territoriais e institucionais do Império, mas, sobretudo, seus dilemas não resolvidos, e a complexa teia de relações e dependências externas forjada ao longo do século XIX, configurando o ponto de partida para os novos desafios que serão explorados no capítulo "Os dilemas das relações exteriores sob a Primeira República: crises internas e a inserção internacional do Brasil (1889-1930)".

CRONOLOGIA ESSENCIAL (1808-89)

A seguir, uma listagem expandida dos principais eventos com relevância para a política externa brasileira entre 1808 e 1889:

- **1808**: Chegada da Corte portuguesa a Salvador (janeiro); abertura dos portos às nações amigas (janeiro); chegada da Corte ao Rio de Janeiro (março); revogação da proibição de manufaturas no Brasil (abril). (Transferência do centro imperial; fim do monopólio colonial.)

- **1809**: Ocupação de Caiena pela Marinha brasileira (janeiro); Tratados de Aliança e de Comércio e Navegação com a Grã-Bretanha (fevereiro). (Retaliação à França; consolidação de vínculos atlânticos.)
- **1815**: Elevação do Brasil à condição de Reino Unido a Portugal e Algarves (dezembro). (Igualdade jurídica no Império; prestígio diplomático.)
- **1818**: Aclamação de D. João VI como rei no Rio de Janeiro (fevereiro). (Centro político europeu em solo americano.)
- **1820**: Revolução do Porto exige retorno da Corte e Constituição liberal (agosto). (Pressão constitucional; limitação do absolutismo.)
- **1821**: Cortes de Lisboa impõem Constituição sem delegados brasileiros (março); Tratado em Montevidéu incorpora a Banda Oriental (julho). (Tensões coloniais; expansão territorial.)
- **1822**: "Dia do Fico" (janeiro); Proclamação da Independência no Ipiranga (setembro); aclamação de D. Pedro I como imperador (outubro). (Ruptura com Portugal; nascimento do Império.)
- **1823**: Evacuação de tropas portuguesas do Rio da Prata (novembro). (Consolidação da Independência.)
- **1824**: Outorga da Constituição imperial (março) (Fundação do Estado constitucional.);
  Reconhecimento dos Estados Unidos ao Brasil (maio). (Validação externa da soberania.)
- **1825**: Reconhecimento da Independência por Portugal (agosto); declaração de guerra às Províncias Unidas (dezembro). (Custo diplomático; disputa pela Cisplatina.)
- **1826**: Convenção de Abolição do Tráfico com o Reino Unido (novembro). (Pressão humanitária; diplomacia antiescravista.)
- **1827**: Tratado de Amizade, Comércio e Navegação com o Reino Unido (agosto). (Manutenção dos privilégios britânicos.)
- **1828**: Convenção de Paz da Cisplatina, criando o Uruguai (agosto); Tarifa Pereira de Vasconcelos uniformiza tarifas (setembro); tratado com os Estados Unidos (dezembro). (Criação do Uruguai; diversificação de parcerias.)
- **1830**: Missão diplomática de Santo Amaro a Londres e Paris (abril). (Reforço das relações europeias.)

- **1831**: Abdicação de D. Pedro I e início do Período Regencial (abril); legislação contra o tráfico negreiro (novembro). (Instabilidade interna; avanços abolicionistas.)
- **1835**: Início da Revolução Farroupilha no Rio Grande do Sul (setembro). (Contestação federalista; tensão interna.)
- **1836**: Proclamação da República Rio-Grandense (novembro). (Insurreição separatista.)
- **1839**: Conflito entre *colorados* e Rosas na Argentina (fevereiro); Proclamação da República Juliana em Santa Catarina (julho). (Tensões platinas; movimentos regionais.)
- **1840**: Declaração da maioridade de D. Pedro II (julho). (Restabelecimento da estabilidade monárquica.)
- **1841**: Coroação de Pedro II como imperador (julho). (Consolidação dinástica.)
- **1842**: Neutralização do território do Pirara (agosto). (Diplomacia fronteiriça.)
- **1843**: Protocolo de aliança ofensiva com a Confederação Argentina (março). (Tentativa de aliança platina.)
- **1844**: Tarifa Alves Branco eleva tarifas (agosto); reconhecimento da Independência paraguaia (setembro); não renovação dos tratados de tráfico de 1826 (novembro). (Proteção fiscal; contenção regional.)
- **1845**: Paz de Poncho Verde encerra a Farroupilha (março); Lei Aberdeen no Parlamento britânico contra o tráfico (agosto). (Encerramento de conflitos internos; ápice da diplomacia antiescravista.)
- **1846**: Declaração de *persona non grata* do ministro Wise (novembro). (Tensão com os EUA.)
- **1850**: Lei Eusébio de Queirós extingue o tráfico de escravos (setembro); Missão Bellegarde ao Paraguai negocia fronteiras (dezembro). (Fim do tráfico; definição de limites.)
- **1851**: Aliança ofensiva contra Rosas (maio); guerra declarada por Rosas ao Brasil (agosto); rendição de Oribe (outubro); tratados com o Uruguai (outubro). (Isolamento de Rosas; consolidação platina.)
- **1852**: Batalha de Monte Caseros derrota Rosas (fevereiro). (Queda do ditador; novo equilíbrio regional.)

- **1853**: Credenciais de novo representante dos EUA (outubro). (Relações renovadas com Washington.)
- **1854**: Intervenção no Uruguai em apoio aos *colorados* (maio); expulsão de encarregado de negócios no Paraguai (agosto). (Engajamento platino; tensões fluviais.)
- **1855**: Tratado de navegação com o Paraguai (abril); os Rothschild são nomeados agentes financeiros (junho); pedido de navegação no Amazonas pelos EUA (julho). (Internacionalização amazônica; finanças imperiais.)
- **1856**: Tratado de Amizade e Navegação com a Argentina (março); acordo similar com o Paraguai (abril). (Cooperação regional.)
- **1857**: Adoção da Declaração de Paris sobre o corso (março); tratado provisório com o Uruguai (setembro); convenção fluvial com a Argentina (novembro); tratado de limites com a Argentina (dezembro). (Direito marítimo; ajustes fronteiriços.)
- **1858**: Missão Paranhos a Assunção (janeiro). (Diálogo fluvial.)
- **1859**: Tratado de Limites e Navegação com a Venezuela (maio). (Integração amazônica.)
- **1861**: Neutralidade brasileira na Guerra de Secessão (abril).
- **1862**: Gabinete progressista forma novas diretrizes (maio); Questão Christie provoca crise com o Reino Unido (dezembro). (Mudanças internas; conflito diplomático.)
- **1863**: Invasão uruguaia de Flores (março); rompimento com o Reino Unido (abril); empréstimo dos Rothschild (outubro). (Intervenções platinas; finanças de guerra.)
- **1864**: Missões diplomáticas recíprocas com a Argentina (abril); ultimato de Saraiva ao Uruguai (agosto); declaração de guerra do Paraguai (novembro). (Tensões rioplatinas; início da Guerra do Paraguai.)
- **1865**: Tratado da Tríplice Aliança contra o Paraguai (abril); invasão paraguaia do Rio Grande do Sul (junho); rendição em Uruguaiana (agosto); regresso a Corrientes (novembro). (Guerra total; alianças militares.)
- **1866**: Neutralidade na Guerra Hispano-Pacífica (março); abertura do Amazonas à navegação internacional (dezembro). (Boa vizinhança; integração fluvial.)

- **1867**: Ruptura diplomática com o Peru (fevereiro); tratado com a Bolívia (março); recusa de cessar-fogo na Guerra do Paraguai (abril). (Construção de eixos pacíficos; conflito contínuo.)
- **1869**: Ocupação de Assunção pelas tropas brasileiras (janeiro); governo provisório no Paraguai (agosto). (Colapso paraguaio; redefinição platina.)
- **1870**: Morte de Solano López em Cerro Corá (março). (Fim da Guerra do Paraguai.)
- **1871**: Acordo prévio de paz com o Paraguai (janeiro); arbitragem do caso Alabama por árbitro brasileiro (agosto). (Restauração diplomática; sucesso no Direito Internacional.)
- **1872**: Tratado de Paz, Amizade e Navegação com o Paraguai (janeiro). (Consolidação pós-guerra.)
- **1877**: Protocolo de Montevidéu garante independência paraguaia (julho). (Segurança coletiva.)
- **1889**: Tratado de Arbitragem de Palmas com a Argentina (setembro); Conferência Internacional Americana em Washington (outubro); Proclamação da República (novembro). (Resolução fronteiriça; fim do Império.)

Os dilemas das relações exteriores sob a Primeira República: crises internas e a inserção internacional do Brasil (1889-1930)

INTRODUÇÃO

A Proclamação da República em 1889 inaugurou um novo capítulo na história política do Brasil, mas lançou a política externa do país em um terreno de incertezas e redefinições. Findo o longo ciclo imperial, com sua estrutura centralizada e sua diplomacia relativamente estável, como a nascente República – marcada por instabilidade política inicial, crises financeiras e necessidade de consolidar sua própria legitimidade interna e externa – se posicionaria no cenário internacional? É inegável que a República recebeu como herança do Estado monárquico objetivos definidos de política externa, uma significativa rede de representações diplomáticas, chefiadas por experientes diplomatas, além de consulados. Na América do Sul, os objetivos eram manter sob observação a presença da Argentina no Rio da Prata; proteger a Amazônia contra as ambições das grandes potências, particularmente as territoriais da França e do Reino Unido; e definir as fronteiras com os países vizinhos, tendo como critério o *uti possidetis*. Quanto às grandes potências, a orientação da diplomacia imperial, notadamente na fase final do Segundo Reinado, era de fortalecer os vínculos do Brasil com os Estados Unidos sem esquecer aquelas.

A Primeira República atualizou os objetivos da diplomacia imperial e introduziu novos, mantendo sua lógica geral, exceto durante a República da Espada (1889-94). Nesse período, a tentativa de criar uma política externa republicana, distinta da imperial, foi marcada por um romantismo ingênuo, pelo voluntarismo, pela improvisação e por um americanismo urgente. Essa política externa, subordinada aos esforços dos governos militares para sobreviver e consolidar o novo regime, buscava alinhar o Brasil aos ideais republicanos das Américas, especialmente dos Estados Unidos.

Este capítulo investiga as complexas e, por vezes, contraditórias respostas a essa questão fundamental, explorando os dilemas que permearam a inserção internacional brasileira durante a Primeira República (1889-1930). Mais do que uma simples adaptação às novas vestes republicanas, tratou-se de um período em que o Brasil se viu confrontado com a tarefa de conciliar heranças diplomáticas do Império; com novas pressões ideológicas; e com as transformações de uma ordem mundial em rápida mutação, culminando na Primeira Guerra Mundial e na criação da Liga das Nações. A problemática central reside em compreender como o Brasil navegou nessa transição: seria a política externa republicana uma mera continuação das linhas mestras imperiais, ou buscaria romper com o passado?

A tensão entre essa herança pragmática e as novas inclinações ideológicas é particularmente visível nos primeiros anos. O "americanismo" inicial da República da Espada e a busca por um alinhamento mais estreito com Washington colidiram com interesses tradicionais e geraram controvérsias, como a do Tratado de Reciprocidade Comercial. Isso levanta a questão: essa aproximação foi uma escolha estratégica calculada ou uma reação circunstancial à necessidade de legitimação e estabilização do novo regime, e quais foram seus reais custos e benefícios?

Outro desafio monumental herdado e enfrentado foi a definição das vastas fronteiras terrestres. A atuação de José Maria da Silva Paranhos Júnior, o Barão do Rio Branco, foi decisiva, mas sua diplomacia suscita debates: representou a conclusão do projeto imperial ou uma nova abordagem republicana? Como o Brasil conseguiu solucionar litígios críticos como o do Acre, que envolveram múltiplos atores e interesses, e quais as implicações dessas soluções para as relações regionais e a projeção de poder?

Ademais, a Primeira República coincidiu com transformações globais sísmicas. A Primeira Guerra Mundial e a criação da Liga das Nações apresentaram novas encruzilhadas. A participação brasileira no conflito e sua subsequente presença (e retirada) na Liga foram oportunidades de afirmação ou respostas condicionadas? O engajamento global do Brasil refletiu uma ambição genuína ou os limites de uma potência periférica?

Finalmente, este capítulo problematizará a constante interação entre a política externa e os constrangimentos domésticos. De que forma a instabilidade política, a vulnerabilidade econômica e os interesses das oligarquias moldaram as escolhas diplomáticas? Ao investigar essas tensões, buscamos compreender como a Primeira República tentou forjar seu lugar no mundo, equilibrando continuidades, rupturas e as convulsões de um cenário internacional em transformação.

IDEALISMO REPUBLICANO E CAOS INTERNO: O CUSTO DO AMERICANISMO NA REPÚBLICA DA ESPADA

A Proclamação da República em 1889 inaugurou um período de profunda instabilidade e incerteza para o Brasil. Os primeiros anos do novo regime, conhecidos como a República da Espada (1889-94) e liderados pelos marechais Deodoro da Fonseca e Floriano Peixoto, foram marcados por crises financeiras agudas, como o Encilhamento, conflitos civis sangrentos e um exercício autoritário do poder. Paradoxalmente, foi em meio a esse cenário doméstico caótico que os novos governantes buscaram implementar uma reorientação radical na política externa, movidos por um desejo de ruptura com o passado imperial. Vamos procurar investigar a complexa interação entre essa fragilidade interna e as ambições externas, questionando como um regime em luta pela própria sobrevivência pôde conceber e tentar executar uma política internacional baseada em princípios idealistas.

O motor dessa reorientação foi um deliberado esforço de Republicanização da política externa, uma tentativa de forjar uma identidade internacional e um conjunto de práticas que se diferenciassem fundamentalmente da diplomacia pragmática e percebida como europeizada do Império. O principal vetor dessa Republicanização foi a chamada Americanização: uma adesão entusiástica, quase doutrinária, à ideia de uma fraternidade natural entre as repúblicas do continente americano, tendo os Estados Unidos como farol e principal aliado. Analisaremos como essa visão, influenciada pelo positivismo e pela necessidade de legitimar o novo regime, levou ao abandono da tradicional cautela brasileira em relação aos vizinhos e, notadamente, a uma aproximação sem precedentes com Washington.

Contudo, vamos problematizar o caráter profundamente romântico e ingênuo dessa perspectiva americanista. Argumentaremos que a crença em uma harmonia automática entre repúblicas, desconsiderando os legados históricos, as rivalidades geopolíticas (como a recente Guerra do Pacífico) e os interesses nacionais divergentes, representou uma leitura idealizada e pouco realista do cenário internacional. Exploraremos, assim, como essa visão utópica colidiu com as duras realidades da política de poder; com as dificuldades práticas na obtenção do reconhecimento internacional, na gestão de contenciosos herdados (como a questão de Palmas com a Argentina); e, sobretudo, com a própria subordinação da política externa às urgências da consolidação do poder e da sobrevivência do regime durante os governos Deodoro e Floriano.

A política externa da República da Espada: entre a instabilidade doméstica e o idealismo americanista (1889-94)

Os primeiros anos da República brasileira, compreendendo os governos dos marechais Deodoro da Fonseca (1889-91) e Floriano Peixoto (1891-4), ficaram conhecidos como a República da Espada. Foi um período politicamente conturbado, caracterizado por acentuada instabilidade institucional, especulação financeira descontrolada (o Encilhamento), conflagrações civis e, sob Floriano, um exercício ditatorial do poder. Nesse cenário interno caótico e de autoafirmação do novo regime, a ação externa da República nascente esteve profundamente condicionada não apenas por essa turbulência, mas também por um deliberado esforço de Republicanização da política externa – uma tentativa, por vezes improvisada e voluntarista, de forjar uma identidade internacional e um conjunto de práticas marcadamente distintas do legado diplomático do Estado monárquico.

Um componente central dessa Republicanização foi a chamada Americanização, uma adesão entusiástica, de caráter romântico e, em retrospecto, consideravelmente ingênuo, à ideia de uma solidariedade pan-americana intrínseca, fundada na forma republicana de governo compartilhada pela maioria das nações do continente. Essa adesão implicava uma rejeição explícita ao pragmatismo cauteloso e à percebida orientação europeia da diplomacia imperial, incluindo, de forma notável, um abandono da tradicional reserva e desconfiança que o Império mantivera em relação à crescente influência dos Estados Unidos. Influenciada por ideais positivistas, essa perspectiva acreditava que a adoção da República pelo Brasil o inseriria automaticamente em uma comunidade de interesses convergentes, superando as tensões que a Monarquia "europeizada" teria, supostamente, gerado com os vizinhos. Contudo, essa ênfase idealista ignorava as complexas realidades geopolíticas e as persistentes rivalidades que marcavam as relações interamericanas no século XIX – como a recente Guerra do Pacífico (conflito entre Chile, Peru e Bolívia pela posse de territórios ricos em recursos no deserto de Atacama entre 1879 e 1884), que recém terminara, atestava de modo eloquente.

A crença em uma harmonia natural entre repúblicas subestimava o peso dos interesses nacionais concretos, das disputas territoriais, das diferentes trajetórias históricas e da própria dinâmica de poder hemisférica. Na prática, esse discurso de fraternidade republicana funcionou mais como instrumento retórico de combate político à memória do Império e de legitimação interna do novo regime do que como base para uma análise acurada das dinâmicas internacionais, orientando os passos iniciais de uma política externa que, em sua ânsia por ruptura, por vezes negligenciou uma avaliação mais realista de constrangimentos e oportunidades do cenário global.

Política externa de Deodoro: Americanismo e reconhecimento internacional

A política externa do governo Deodoro da Fonseca transitou da diplomacia realista, pragmática e de manutenção de autonomia do Segundo Reinado, para a idealista em relação aos países vizinhos e de alinhamento aos Estados Unidos. O jornalista e político Quintino Bocaiúva, novo ministro das Relações Exteriores, teve como tarefa imediata obter o reconhecimento dos outros países para a República brasileira. Para tanto, comunicou-lhes de que seriam respeitados todos os compromissos internacionais assumidos pelo Império do Brasil. A imagem externa positiva de Pedro II e as relações cordiais do Estado monárquico com os Estados Unidos e os países europeus os levaram a aguardar a confirmação de ser a República brasileira uma realidade irreversível, antes de reconhecerem o governo Deodoro da Fonseca. O reconhecimento estadunidense ocorreu em 29 de janeiro de 1890 e, em junho, seguiu-se o da França, enquanto os demais países europeus o fizeram após o estabelecimento da Assembleia Nacional Constituinte. O Reino Unido, porém, só fez o reconhecimento em maio de 1891, após a promulgação da Constituição brasileira, enquanto o da Rússia foi em maio de 1892, posterior à morte de Pedro II no exílio. O primeiro reconhecimento foi o da Argentina, em 3 de dezembro de 1889, enquanto os demais países americanos o fizeram nesse mês ou em janeiro de 1890.

Entre as primeiras medidas do Governo Provisório de Deodoro da Fonseca, teve repercussão externa a "grande naturalização" promovida por decreto de 14 de dezembro de 1889. Por este, os estrangeiros residentes no Brasil se tornaram compulsoriamente brasileiros, sem serem consultados. Conforme o decreto, aqueles que não desejassem a nacionalidade brasileira deveriam manifestar por escrito sua recusa. Tratava-se de uma formalidade praticamente inócua, pois grande parte dos imigrantes era analfabeta mesmo em seu idioma materno ou, então, não sabiam ler e escrever em português nem tinham condições de exercer esse direito de escolha. Vários países europeus protestaram infrutiferamente contra essa nacionalização forçada, porque seus cidadãos aqui instalados perderiam os direitos concedidos a estrangeiros, como o da proteção consular.

Outra medida do início da República com repercussão externa foi o fim do Padroado, por decreto de 7 de janeiro de 1890, que atendeu à bandeira laicista do positivismo. Uma semana depois, outro ato legal do Governo Provisório criou o calendário republicano, eliminando todos os feriados religiosos. Apesar de alguma incerteza inicial dos bispos brasileiros quanto a essas mudanças, eles não se manifestaram contra a República nem defenderam a Monarquia. Não houve tensão significativa entre o Estado republicano e a Igreja, a qual, desde a Questão Religiosa, estava ciente das desvantagens de estar subordinada administrativamente ao poder político; além disso, a Santa Sé não reagiu contra o fim do Padroado e reconheceu a

República brasileira em outubro de 1890. Esta, afinal, não poderia mudar por decreto a influência política da Igreja junto à população, esmagadoramente católica, que escutava as pregações dos sacerdotes nos púlpitos e cujos temas não se restringiam à espiritualidade.

A política externa republicana, logo no início do Governo Provisório, aderiu ao princípio do Americanismo. Novas instruções foram enviadas à delegação brasileira na Conferência de Washington, determinando aceitar a proposta estadunidense de arbitramento obrigatório e, ainda, com a orientação genérica para se adotar um "espírito americano" quanto aos demais temas. Discordando da nova orientação, Lafayette Rodrigues Pereira demitiu-se e foi substituído na chefia da delegação brasileira pelo cônsul brasileiro em Nova York, o republicano histórico Salvador de Mendonça. Seguiu-se o alinhamento brasileiro com as propostas dos EUA, em contraste com a resistência a elas por parte da delegação argentina, inviabilizando-as. O resultado concreto da Conferência foi a criação da União Internacional das Repúblicas Americanas que, apesar da pomposa designação, restringia-se a uma agência burocrática, mas útil em uma época carente de estatísticas, com a finalidade de coletar e distribuir informações comerciais dos países do continente.

Em outro contraste com a política externa do Segundo Reinado, que se recusara a renovar ou assinar acordos comerciais com outros países, Salvador de Mendonça firmou o Tratado de Reciprocidade Comercial com o governo norte-americano em 1891. A balança comercial bilateral era favorável ao Brasil e, por esse acordo, grande parte dos produtos estadunidenses exportados para o mercado brasileiro ficou isenta de pagar taxas de importação. Eram basicamente manufaturados que, com essa isenção, passaram a ter preço mais vantajoso no mercado brasileiro sobre aqueles de origem europeia, o que provocou reações de descontentamento por parte dos exportadores europeus. A contrapartida dos Estados Unidos a essas concessões foi a isenção alfandegária apenas para três produtos brasileiros: melado, açúcar e couros. Essa isenção já existia para o café, mas ela era indiferente para o Brasil, tendo em vista não haver outro fornecedor com produção suficiente para ocupar o lugar do produto brasileiro.

A isenção alfandegária para o café brasileiro atendia ao interesse do governo de Washington, que buscava baratear o produto para o consumo do cidadão norte-americano, grande consumidor da bebida. A eliminação da taxa alfandegária para o açúcar beneficiava a empobrecida economia açucareira do Nordeste, ao dar-lhe vantagem sobre os fornecedores caribenhos do produto. Esse benefício tinha uma repercussão na política interna brasileira, pois vincularia os interesses da elite nordestina ao governo Deodoro, quando este começava a ser visto com restrição pelos republicanos históricos paulistas.

Essa desproporção de benefício alfandegário entre produtos brasileiros e norte-americanos foi mais um tema polêmico no Rio de Janeiro, no ambiente conturbado por disputas entre intelectuais positivistas e defensores da Monarquia. Houve duras críticas, no Brasil, ao Tratado de Reciprocidade, as quais se tornaram mais ácidas quando, logo após assinar esse acordo, os Estados Unidos assinaram tratado com a Espanha liberando as taxas de importação do açúcar produzido nas colônias de Cuba e Porto Rico. Essa isenção reforçou o argumento dos críticos de que, afinal, esse Tratado beneficiava unicamente os EUA, conclusão que foi repetida desde então por vários estudiosos. Contudo, as estatísticas comerciais demonstram que o Brasil manteve uma balança comercial favorável com os Estados Unidos na vigência desse acordo comercial. Entre 1890 e 1893, as exportações brasileiras para esse destino aumentaram em US$ 17 milhões, enquanto as importações de produtos norte-americanos cresceram apenas US$ 500 mil. Ademais, o Tratado de Reciprocidade beneficiou o consumidor brasileiro, pois a isenção de taxas de importação dos produtos estadunidenses conteve o preço das manufaturas quando o Brasil vivenciava inflação ascendente.

A liberação da importação de açúcar cubano pelos Estados Unidos não comprometeu as exportações brasileiras desse produto para esse mercado; em 1891, elas eram de 71.261 toneladas, que aumentaram para 115.185 em 1892. Os países europeus com colônias no Caribe e no norte da América do Sul, exportadoras de produtos agrícolas, foram os mais prejudicados no acesso ao mercado norte-americano, pela concorrência de produtos que nele ingressavam com isenções alfandegárias, e retaliaram dificultando a importação de mercadorias dos Estados Unidos. Em 1894, a nova lei aduaneira norte-americana taxou o açúcar brasileiro em 40% sobre seu valor de importação, o que levou o governo do Brasil a denunciar o Tratado de Reciprocidade, que terminou em 31 de dezembro desse ano.

Centralização e sobrevivência: a política externa de Floriano Peixoto

O Americanismo da diplomacia do governo Deodoro da Fonseca também se manifestou em relação à Argentina. Quando o regime monárquico foi derrubado, aguardava-se a implementação do Tratado de 7 de setembro de 1889, pelo qual os dois países concordaram em submeter o litígio fronteiriço à arbitragem do presidente norte-americano Grover Cleveland. Com a República no Brasil, o chanceler argentino Estanislao Zeballos viu a oportunidade de contornar a falta de documentação consistente para embasar sua reivindicação territorial e de fazer proposta ao Brasil que resultasse em obter, pelos menos, parte do território pleiteado. Ele propôs ao novo governo brasileiro a divisão equitativa do território em disputa, sob o argumento da irmandade americana para resolver divergências. A proposta foi aceita por Deodoro da Fonseca e, em 25 de janeiro de 1890, Quintino Bocaiúva e Estanislao Zeballos assinaram em Montevidéu o tratado determinando a divisão do território de Palmas, "em nome dos sentimentos de fraternidade que devem subsistir entre todos os povos deste continente". Houve forte reação contrária no Brasil e a Câmara dos Deputados brasileira o rejeitou em agosto de 1891, por ser contrário aos interesses nacionais, e o litígio seguiu para a arbitragem do presidente Cleveland.

Em março de 1892, quando preparava a documentação a ser apresentada ao árbitro, faleceu o chefe da delegação brasileira, barão Aguiar de Andrada, e Floriano Peixoto, que assumira a presidência brasileira, nomeou José Maria da Silva Paranhos Júnior, o Barão do Rio Branco, para essa função. A delegação brasileira era composta por competentes técnicos e diplomatas que o auxiliaram na redação do relatório – a "memória" – com a defesa da posição brasileira quanto a Palmas. Apresentados os relatórios brasileiro e argentino, em 5 de fevereiro de 1895, o presidente deu ganho de causa ao Brasil, e Paranhos Júnior, que até então era conhecido por ser filho do visconde do Rio Branco, ganhou luz própria. Devido a essa vitória diplomática e a outra desse tipo, a Questão do Amapá, passou Paranhos Júnior a ser visto quase como um herói, quando aqueles do período monárquico eram desconstruídos por intelectuais republicanos que, em contrapartida, não conseguiam criá-los entre os fundadores da

República e seus expoentes da primeira década republicana. O Barão do Rio Branco, monarquista por convicção e servidor público, ironicamente ocupou esse vácuo e tornou-se figura de projeção nacional.

Em fevereiro de 1891, foi promulgada a Constituição dos Estados Unidos do Brasil. Ela determinou, em disposição transitória, a eleição pelo Congresso e não por voto popular do presidente da República e do vice-presidente, sendo que eles não formavam chapa, sendo candidaturas desvinculadas entre si. O resultado foi a eleição dos marechais Deodoro da Fonseca para presidente e Floriano Peixoto como vice-presidente. A presidência constitucional de Deodoro foi curta, pois em resposta à iniciativa do Congresso Nacional de reduzir os poderes presidenciais, ele tentou dar um golpe de Estado. Houve resistência à tentativa de fechar o Congresso Nacional, obrigando-o a renunciar à presidência e Floriano assumiu o cargo.

Contrastando com o governo Deodoro, em que os ministros atuaram com autonomia, Floriano Peixoto concentrou em si as decisões sobre política interna e externa. Essa centralização resultava de características de sua personalidade, mas também o exercício duro da sua autoridade respondia ao questionamento da legalidade de sua permanência no poder. Argumentava a oposição que como Deodoro não concluíra mais de metade do mandato presidencial, devia-se obedecer à Constituição que determinava a convocação de novas eleições presidenciais. No entanto, Floriano Peixoto refutava essa necessidade sob o argumento de que o primeiro governo republicano fora eleito de forma excepcional, indiretamente, e a ele não se aplicava essa norma constitucional. Houve contestação armada a seu governo e ele reprimiu não só a sublevação dos rebeldes, mas também aqueles que considerava opositores políticos, inclusive executando-os. A política externa de Floriano Peixoto esteve essencialmente vinculada a seu esforço de manter-se no poder.

À elite de São Paulo, estado que já se tornara polo dinâmico da economia nacional, interessava a paz interna, necessária à manutenção de suas ascendentes atividades produtivas e da continuidade do ingresso de imigrantes, para atender à demanda de mão de obra. Como consequência, o governo despótico de Floriano Peixoto contou com a tolerância da oligarquia paulista, embora ele e esses cafeicultores não construíssem relações de empatia e confiança política. Essa oligarquia apoiou o governo federal contra a Revolta da Armada, iniciada na baía de Guanabara em setembro de

1893 pelo almirante Custódio de Melo e à qual aderiu, dois meses depois, o almirante Saldanha da Gama, de convicções monarquistas. A Revolta durou até março do ano seguinte, colocando em risco a sobrevivência do governo Floriano e, especula-se, da própria República.

Floriano não dispunha de forças militares capazes de derrotar a esquadra rebelde e pôr fim ao bloqueio imposto por ela do porto do Rio de Janeiro. Para tanto, recorreu, então, ao apoio militar dos Estados Unidos. O representante brasileiro em Washington, Salvador de Mendonça, comprou navios mercantes, armou-os e contratou mercenários para tripulá-los, para criar uma esquadra legalista que enfrentasse a Marinha rebelde. Mendonça convenceu o governo norte-americano a utilizar navios de guerra no Rio de Janeiro, para liberar a baía de Guanabara à navegação.

O governo estadunidense não reconheceu os revoltosos da Marinha como parte legítima em uma guerra civil. Portanto, os Estados Unidos não eram obrigados a manterem-se neutros e forneceram apoio ativo a Floriano. A esquadra norte-americana, fundeada no Rio de Janeiro, rompeu o bloqueio do seu porto pelas belonaves brasileiras rebeladas, enquanto, no plano diplomático, o representante estadunidense articulou-se com seus colegas da França, do Reino Unido, de Itália e de Portugal, países que tinham navios na baía de Guanabara. Esses diplomatas divulgaram um comunicado aos rebeldes, intimando-os a não atacarem indiscriminadamente a cidade, pois poderiam ferir cidadãos estrangeiros que nela residiam. A proibição de os navios rebeldes de agirem contra a capital brasileira isolou os participantes da Revolta, imobilizando-os nas águas da baía, e garantiu a sobrevivência de Floriano no poder.

Além da ameaça da esquadra rebelada, o debilitado governo Floriano enfrentou a Revolução Federalista contrária à continuidade do vice-presidente no poder. Iniciada em junho de 1892, no Rio Grande do Sul, por Gaspar da Silveira Martins, a Revolução alcançou a Ilha do Desterro, atual Florianópolis, e Curitiba. A situação inclinou-se favoravelmente a Floriano com a aproximação da precária esquadra legalista, vinda dos Estados Unidos, e a incapacidade de as belonaves rebeldes no Rio de Janeiro manobrarem para enfrentá-la, pois parte delas era velha, com má manutenção e não tinha condições técnicas para navegar. Os revoltosos desistiram do movimento, asilaram-se nos navios de guerra estrangeiros fundeados na baía, sendo que quase 500 marinheiros brasileiros se refugiaram em duas corvetas portuguesas que, superlotadas, não podiam navegar até Lisboa. Autorizadas pelo governo brasileiro, elas navegaram para Montevidéu, onde desembarcariam os asilados, mas duas centenas de marinheiros brasileiros fugiram delas no litoral uruguaio, cruzaram a fronteira com o Rio Grande do Sul e juntaram-se aos revolucionários federalistas. No Rio de Janeiro, essa fuga reforçou o ambiente xenófobo antilusitano na cidade, decorrente da forte presença de comerciantes portugueses no mercado varejista, que eram responsabilizados pela população pelo custo dos produtos alimentícios, cuja inflação foi de cerca de 103% entre 1890 e 1894. O sentimento antiportuguês entre os cariocas facilitou a decisão do governo Floriano de romper relações diplomáticas com Portugal por conta daquela fuga.

Floriano Peixoto fez carreira no Exército imperial, impregnando-se dos valores do Estado monárquico e aderiu à República somente quando ficou claro que não haveria resistência de Pedro II à sua deposição. Uma das convicções da elite política e militar do Segundo Reinado era da inevitabilidade, em algum momento, de guerra com a Argentina. A solidariedade americanista do governo Deodoro não impediu Floriano de retomar a política de conter a influência de Buenos Aires no Paraguai. Em 1894, a diplomacia florianista agiu para evitar a eleição à presidência paraguaia de José Segundo Decoud, tido como aliado da Argentina e, equivocadamente, favorável à anexação a ela do seu país. O representante brasileiro em Assunção, Amaro Cavalcante, incentivou e apoiou financeiramente a realização de um golpe de Estado preventivo, que impediu a apresentação da candidatura de Decoud.

CONSOLIDANDO A REPÚBLICA AMEAÇADA: DEFESA TERRITORIAL E SANEAMENTO FINANCEIRO (1894-1902)

Em março de 1894, realizou-se a sucessão presidencial brasileira, com as eleições ocorrendo quando boa parte do país se encontrava em estado de sítio e com os revolucionários federalistas controlando regiões no Sul do país. O fazendeiro paulista Prudente de Morais, que presidira o Congresso Constituinte, foi eleito presidente tendo como prioridade de governo estabilizar a situação política interna. Ele pacificou a Marinha e o Sul do Brasil, derrotando os revolucionários federalistas em 24 de junho de 1895 na batalha de Campo Osório, na qual Saldanha da Gama, seu líder, foi morto. Representantes do governo federal e dos rebeldes assinaram um acordo de paz em Pelotas e, em outubro desse ano, o Congresso aprovou a anistia geral aos participantes da guerra civil. Porém, logo outro tema interno ocupou as atenções do governo Prudente de Morais, que foi a comunidade baiana de Canudos, na qual 25 mil pessoas em condições miseráveis colocaram-se sob a liderança messiânica de Antônio Conselheiro, concentração que foi vista pelo governo federal como uma ameaça à República. Foram enviadas quatro expedições militares, entre 1896 e 1897, até os seguidores de Antônio Conselheiro serem derrotados, com grande mortandade. A dificuldade de o Exército vencer uma multidão de homens e mulheres sem instrução militar e desprovidos de armas modernas desgastou Prudente de Morais perante a população, e estimulou a oposição de civis e militares nostálgicos da ditadura de Floriano Peixoto.

No plano externo, a ação diplomática do governo foi bem-sucedida em evitar perdas territoriais para o Reino Unido e a França. No início de 1895, o Brasil se encontrava em posição vulnerável quanto a suas fronteiras, por tê-las delimitadas apenas com o Uruguai, o Paraguai e, desde fevereiro, com a Argentina. As duas potências europeias tinham ambições expansionistas sobre a Amazônia brasileira, a França sobre o Amapá e o Reino Unido sobre a região do Pirara. Nesse contexto externo delicado, de enfrentar pretensões territoriais de duas potências imperialistas, acrescido da situação interna instável, pois a revolta federalista ainda não terminara, Prudente de Morais foi confrontado com a ocupação da ilha de Trindade em fevereiro de 1895 por marinheiros do navio de guerra britânico HMS Barracouta. A ilha estava a 1.140 quilômetros do litoral brasileiro e soube-se da ocupação pela imprensa londrina, com o *Financial News* noticiando sua incorporação ao Império Britânico e o Brasil reagiu, ratificando sua soberania sobre ela. O governo do Reino Unido propôs a arbitragem sobre a questão, que foi recusada pelo governo Prudente de Morais por não reconhecer haver um litígio, posto que a comunidade internacional reconhecia a soberania brasileira sobre a ilha e sobre a qual nunca houvera questionamento. No final, graças à mediação de Portugal, com que o

Brasil restabelecera relações no ano anterior, os britânicos retiraram-se de Trindade em 1896, aceitando que a ilha era brasileira.

No Norte do país, havia a pretensão francesa sobre o Amapá, mas que, como foi visto no capítulo "O Império e a gênese contraditória da inserção internacional do Brasil (1808-89)", recuou em 1840 e, desde então, não se avançou na solução do assunto. Este se tornou novamente presença importante nas relações bilaterais com a descoberta de ouro, nas cabeceiras do rio Calçoene, em 1894. A pretensão territorial francesa pelo Amapá foi reforçada e, dois anos depois, os governos brasileiro e francês decidiram submeter o litígio à arbitragem internacional. O governo Prudente de Morais convocou o Barão do Rio Branco para chefiar, uma vez mais, a delegação que defenderia a posição brasileira em arbitragem internacional.

Essa decisão pela arbitragem não desanuviou o ambiente entre Brasil e França, pois esta demorou em tratar com a diplomacia brasileira das condições em que ela ocorreria. O chanceler francês comentou com Rio Branco que o Ministério das Colônias de seu país tinha um plano de ocupação militar do Amapá, e o Barão respondeu-lhe que o Brasil reagiria militarmente e insinuou que contaria com o apoio de um terceiro país, o que não era verdade. A ameaça francesa levou Rio Branco a sugerir ao chanceler brasileiro, Carlos de Carvalho, que obtivesse dos Estados Unidos e do Reino Unido manifestações contrárias ao uso da força na solução da questão da Guiana. A ampliação territorial da colônia francesa no Norte da América do Sul não interessava ao imperialismo britânico, que era hegemônico nessa parte do continente, nem ao expansionismo político e econômico norte-americano, que procurava desbancar em seu favor a presença britânica e não ver esta substituída pela francesa. Do imperialismo no início do século XX, a maior ameaça para o Brasil vinha da França e do Reino Unido, enquanto os Estados Unidos constituíam-se em aliados contra as pressões das potências europeias.

A ameaça da ação militar francesa não se concretizou. Em abril de 1897, Brasil e França assinaram o Compromisso Arbitral, pelo qual o presidente do Conselho Federal da Confederação Suíça foi designado árbitro. Ficou determinado que o objeto da sentença arbitral era o de declarar se o rio "Japoc ou Vicente Pizón", citado no Tratado de Utrecht, era o Oiapoque, conforme defendia o Brasil, ou o Araguari, como pleiteava a

França. Também caberia ao árbitro definir a fronteira entre a Guiana e o território brasileiro.

A missão brasileira instalou-se em Berna e, durante quase três anos, pesquisou documentos e fez contatos políticos que poderiam, de algum modo, favorecer o pleito brasileiro. Rio Branco apresentou dois relatórios brasileiros, as "Memórias", ao governo suíço nesse período, defendendo os direitos territoriais brasileiros e contestando os argumentos franceses. A sentença do presidente da Confederação Suíça, Walter Hauser, de 1º de dezembro de 1900, deu ganho de causa ao Brasil. O resultado fortaleceu ainda mais a popularidade de Rio Branco no país, e chama a atenção o profissionalismo da chancelaria brasileira na defesa desses litígios fronteiriços, apesar de ser carente de pessoal e de recursos financeiros e, ainda, sofrer com a instabilidade política interna.

Durante o governo de Prudente de Morais, em 1898, eclodiu a Guerra Hispano-Americana. O expansionismo externo estadunidense deparou-se com o decrépito Império Espanhol, com suas colônias de Cuba e Porto Rico, no Caribe, e das Filipinas, na Ásia. Em Cuba, havia fazendeiros norte-americanos atingidos pela luta armada entre membros de movimento independentista, iniciada em 1895, e as tropas espanholas. Essa luta pela independência recebeu cobertura sensacionalista da imprensa de Nova York, cujos leitores tornaram-se simpáticos ao independentismo. Construiu-se um clima de tensão entre os Estados Unidos, potência emergente, e a decadente Espanha. Em fins de 1897, o governo do presidente William McKinley fazia preparativos para, eventualmente, a Marinha norte-americana atuar em Cuba. Em 15 de fevereiro de 1898, o encouraçado norte-americano Maine, que se encontrava no porto de Havana em visita, explodiu e morreram 266 marinheiros. Jornais norte-americanos acusaram a Espanha de sabotar o Maine e o governo estadunidense exigiu que funcionários seus tivessem liberdade para investigar as causas da explosão. Essa exigência foi aceita pelo governo espanhol, mas não a de conceder a independência de Cuba. Essa recusa e o ambiente belicista existente nos Estados Unidos resultaram na declaração por McKinley de guerra ao Império Espanhol.

A Espanha e os Estados Unidos buscavam, já antes de 1898, reforçar suas Marinhas de Guerra e procuraram comprar navios de guerra já prontos ou em vias de serem entregues pelos estaleiros. Após a Revolta da Esquadra, o Brasil havia encomendado três cruzadores em estaleiros britânicos e, em 1898, eles estavam no mar, em fase de testes e acabamento, quando os governos espanhol e estadunidense fizeram oferta para comprá-los. Prudente de Morais havia declarado a neutralidade brasileira na guerra, mas impôs-se a necessidade de recursos para reduzir o déficit público às considerações de ordem diplomática. Foi aceita a melhor oferta de compra, a dos Estados Unidos, e os três cruzadores foram vendidos em julho desse ano; na US Navy, receberam os nomes de USS New Orleans, USS Albany e USS Buffalo.

Em março de 1898, foi eleito Manuel Ferraz de Campos Sales à presidência brasileira, tomando posse do cargo em 15 de novembro. O paulista Campos Sales utilizou o tempo entre eleição e posse para tratar da precária situação das finanças do governo federal. Embora com origem no período monárquico, essas dificuldades financeiras agravaram-se com o Encilhamento e seu resultado inflacionário, com a consequente desvalorização da moeda nacional, bem como com os gastos extraordinários decorrentes das guerras civis e, ainda, devido à queda em 41% do preço da saca do café no mercado internacional, comparado ao valor pago em 1889. Em contrapartida, a Constituição de 1891 autorizava os estados a contraírem empréstimos no exterior, sem controle do governo federal, o qual, porém, era avalista obrigatório da dívida. Como consequência, o déficit do governo federal tornou-se crescente: em 1890 ele era de 25,3 milhões de contos de réis e, em 1898, alcançou 344 milhões.

Diante de um quadro financeiro herdado da República da Espada extremamente grave – marcado pela desvalorização acentuada do mil-réis; pela inflação galopante, decorrente das emissões descontroladas do Encilhamento; e pela iminente ameaça de moratória da dívida externa –, a recuperação da credibilidade e das finanças públicas tornou-se a prioridade absoluta para o governo de Campos Sales. Ciente da urgência, ainda antes de tomar posse, ele estabeleceu contatos com os representantes dos credores britânicos, e empreendeu uma missão crucial a Londres para negociar diretamente com o principal agente financeiro do Brasil na época, a casa bancária Rothschild. O resultado dessa negociação foi o acordo conhecido como Funding Loan de 1898, uma complexa operação de engenharia financeira destinada a evitar o colapso fiscal iminente.

Coordenada pelos Rothschild, a operação envolveu a consolidação da dívida externa brasileira existente (cujo valor exato era, à época, incerto para o próprio governo) e a concessão de um novo empréstimo de até 10 milhões de libras esterlinas. Esse "financiamento" (*funding*) visava, essencialmente, conceder ao Brasil uma moratória de 13 anos no pagamento do principal da dívida consolidada e de 3 anos nos juros, dando tempo para o ajuste fiscal interno. Contudo, a concessão desse fôlego financeiro veio atrelada a duras condicionalidades impostas pelos credores, que exigiam garantias robustas para o futuro pagamento da dívida: o governo brasileiro comprometeu-se a implementar uma severa política de austeridade fiscal e de contração monetária, incluindo a retirada de circulação de papel-moeda em valor correspondente ao novo empréstimo (para conter a desvalorização cambial); a elevação de impostos para aumentar a arrecadação; e um corte drástico nos gastos públicos. Como garantia adicional, as rendas da alfândega do Rio de Janeiro e de outros portos, se necessário, seriam hipotecadas aos credores.

A implementação dessa política de saneamento financeiro, embora bem-sucedida em seus objetivos macroeconômicos – restaurando o crédito externo do Brasil, estabilizando e valorizando modestamente o mil-réis, e equilibrando as contas públicas –, teve custos sociais e econômicos imediatos muito elevados. A drástica redução do papel-moeda em circulação (cerca de 13% no governo Campos Sales) provocou uma forte contração do crédito e da demanda agregada, resultando em uma onda de falências de bancos, indústrias nascentes e casas comerciais. O desemprego e a carestia, agravada pela inflação de produtos importados e pelo aumento de impostos, geraram compreensível descontentamento popular. Todavia, do ponto de vista da credibilidade internacional e da estabilidade macroeconômica em longo prazo, a política de Campos Sales alcançou seus objetivos, evitando a bancarrota e restabelecendo as bases para a retomada futura do crescimento.

Na política externa, o governo Campos Sales manteve relações cordiais com os países americanos, particularmente com a Argentina. Não se buscou projeção internacional, como demonstra a recusa ao convite para participar da Conferência de Paz da Haia, realizada de maio a julho de 1899 na Holanda, uma iniciativa do czar Nicolau II. Ela tinha como objetivo prevenir as guerras, mediante o controle da corrida armamentista, e chegar a normas de Direito de caráter humanitário, aplicáveis aos combatentes e aos civis durante um conflito. Da América Latina foram convidados somente o México e o Brasil, mas Campos Sales recusou o convite para não criar arestas com os países sul-americanos. O Brasil ser o único país da América do Sul a participar dava-lhe uma aparência de representatividade e de maior relevância, financeira e política, do que os países vizinhos, quando isso não correspondia à realidade.

Nesse mesmo ano de 1899, pela primeira vez em sua história, o Brasil recebeu a visita de um chefe de Estado estrangeiro, a do presidente argentino Julio Roca. Esse tipo de visita, comum desde meados do século XX, era rara à época e tinha grande significado político. O presidente argentino foi recebido com pompa oficial e simpatia popular no Rio de Janeiro, onde fez pronunciamentos defendendo não haver divergências entre o Brasil e a Argentina, e propôs uma "aliança moral" entre ambos. De fato, a questão de fronteira havia sido eliminada, enquanto a rivalidade no rio da Prata deixara de ser dramática, e as desconfianças mútuas entre militares e diplomatas dos dois países tinham se debilitado desde a década de 1880. A aproximação com o Brasil era um contrapeso para a Argentina às relações tensas com o Chile, isolando-o na América Meridional, pois esse país também sofria a animosidade da Bolívia e do Peru, os quais há pouco derrotara em guerra. Pouco antes, em maio, os governos brasileiro e chileno haviam assinado um Tratado de Arbitramento, com validade de 10 anos, que embora não tivesse um significado maior do que o seu próprio conteúdo, demonstrava a cordialidade das relações entre Rio de Janeiro e Santiago naquele momento. Em 1900, Campos Sales fez visita oficial a Buenos Aires, onde também foi cordialmente recebido, demonstrando que as relações bilaterais tinham alcançado um inédito patamar de entendimento. As visitas de Roca e Sales não apresentaram resultados comerciais, e o Brasil, por exemplo, continuou abastecendo-se principalmente de trigo norte-americano, em lugar do argentino. Contudo, elas reforçaram um ambiente político amistoso que contribuiu para reduzir a competição entre ambos no rio da Prata, para o que colaborou a assimetria econômica e militar em favor da Argentina. Em 1899, a renda *per capita* brasileira era de 700 dólares, enquanto a argentina era de 2.700 dólares.

Em dezembro de 1900, foi divulgada a decisão da arbitragem iniciada ainda no governo de Prudente de Morais para resolver o contencioso entre Brasil e França sobre a posse do território do Amapá. A disputa remontava à imprecisão dos marcos coloniais definidos pelo Tratado de Utrecht (1713) e à crescente presença de exploradores franceses a partir de 1895, atraídos, sobretudo, pelas jazidas de ouro e pela perspectiva de expansão econômica. Diante do impasse nas negociações diretas, o Brasil se ofereceu para submeter a controvérsia a um árbitro neutro – o presidente da Confederação Suíça –, cujas diligências, baseadas em mapas históricos, documentos de arquivo e inspeções de campo, confirmaram a linha divisória original estabelecida no artigo 8º do Tratado, no leito do rio Oiapoque.

A sentença arbitral, favorável ao Brasil, não apenas consolidou a fronteira norte sob jurisdição brasileira, mas também representou um marco de prestígio diplomático para a recém-instaurada República, demonstrando capacidade de resolver disputas territoriais por via civilizada e legal. Ainda em 1901, iniciou-se a demarcação oficial, com a instalação de marcos geodésicos ao longo de todo o curso do Oiapoque, ação que contou com a colaboração de técnicos suíços e brasileiros.

O êxito na Questão do Amapá reforçou a confiança interna na política externa republicana; serviu de precedente para outras controvérsias fronteiriças na bacia Amazônica; e contribuiu para a estabilização do território nacional em um momento em que a consolidação das fronteiras era condição essencial para a atração de investimentos e para a integração das regiões mais remotas ao projeto de desenvolvimento emergente.

O governo de Campos Sales também esteve à volta com o surgimento de questão territorial, originada da ocupação do Acre por milhares de brasileiros, motivados pela lucrativa exploração do látex, para atender à crescente demanda internacional por borracha. Pelo Tratado de 1867, assinado entre o Brasil e a Bolívia, o Acre era boliviano, e a linha de fronteira entre os dois países seguia desde o rio Beni, na confluência com o Madeira, até as nascentes do Javari. O território carecia, então, de relevância econômica e nem sequer era habitado por povos originais, que não se identificavam como bolivianos ou brasileiros e que foram ignorados nessa negociação. A fronteira não foi demarcada com marcos físicos, que determinassem com exatidão onde terminava o território de um país e começava o do outro. Isso porque a comissão mista encarregada, que, entre 1895 e 1898, fez os trabalhos de demarcação, não definiu quais eram as nascentes do rio Javari. A falta de exatidão da linha fronteiriça facilitou a ocupação da região por brasileiros, que nela exploravam seringais e não se submetiam às leis da Bolívia, cujo governo não dispunha de meios para submetê-los à sua autoridade.

Recusando-se a pagar imposto de 30% sobre o valor do látex extraído, em aduana instalada pelo governo boliviano em Puerto Alonso, os seringueiros brasileiros se revoltaram e Luis Gálvez, um espanhol, proclamou a independência do Acre em 14 de junho de 1899. Em seguida, solicitou o ingresso do Acre como estado na federação brasileira, o que foi recusado pelo governo de Campos Sales, o qual ratificou a validade do Tratado de 1867. Incapaz de exercer soberania sobre o território, a Bolívia o alugou em 11 de julho de 1901, pelo prazo de 30 anos, a The Bolivian Syndicate of New York City. Esta era uma sociedade constituída especificamente para esse fim, com sócios ingleses e norte-americanos, sendo estes últimos majoritários na composição do capital, e um deles era o banqueiro William Emlen Roosevelt, primo do presidente Theodore Roosevelt.

Pelo contrato de aluguel, a Bolívia deixava de ser soberana sobre o Acre que adquiria uma condição peculiar, a de tornar-se quase um "Estado-empresa", pois, em troca de 40% dos lucros que o Bolivian Syndicate obtivesse em sua exploração, essa sociedade tinha autonomia para administrar o território, arrecadar impostos e ter Força Armada própria, com exercício de poder de polícia. Esse contrato foi aprovado pelo Congresso boliviano em 20 de dezembro de 1901, e os sócios do Bolivian Syndicate insinuaram a autoridades bolivianas que o governo norte-americano os defenderia na concessão. De fato, em julho de 1902, o representante diplomático estadunidense no Brasil comunicou à chancelaria brasileira que os norte-americanos do Bolivian Syndicate tinham obtido em "boa-fé" da Bolívia as concessões no Acre, sem o apoio do governo de Washington. Informou o diplomata que os Estados Unidos eram neutros nas divergências entre a Bolívia e o Brasil, desejavam "simplesmente proteger os direitos inocentes de nossos cidadãos", e esperavam que a "boa-fé" deles na questão fosse respeitada pelas autoridades brasileiras.

Para desestimular a consolidação desse "Estado empresarial" na fronteira brasileira, Campos Sales suspendeu para o comércio exterior boliviano, em agosto de 1902, a navegação do rio Amazonas. Era uma forma de inviabilizar a exploração econômica do Acre e induzir o Bolivian Syndicate a abandoná-lo. Este foi o último ato de Campos Sales nessa questão, pois seu mandato presidencial terminou em novembro de 1902.

A ERA RIO BRANCO: PRAGMATISMO ESTRATÉGICO E CONSOLIDAÇÃO DAS FRONTEIRAS

Como resultado da chamada Política dos Governadores - um acordo político oligárquico articulado por Campos Sales para garantir a estabilidade institucional da Primeira República -, este foi sucedido na presidência da República, em novembro de 1902, por Francisco de Paula Rodrigues Alves, experiente político paulista e fazendeiro de café. Rodrigues Alves chegou ao poder com o país estabilizado politicamente e recuperado financeiramente, o que lhe permitiu adotar uma gestão austera e racional das finanças públicas. Esse cenário favorável abriu espaço para a implementação de um conjunto de reformas de modernização urbana e sanitária, que marcaram profundamente o início do século XX no Brasil.

Do ponto de vista cultural e simbólico, o período representou uma inflexão importante na forma como o Estado brasileiro passou a conceber a imagem da capital federal - o Rio de Janeiro - como vitrine da civilização e da modernidade republicana. A reforma urbana promovida pelo prefeito Pereira Passos, com pleno respaldo do governo federal, foi inspirada nos modelos europeus, em especial a reforma de Paris, que foi totalmente remodelada, em um ambicioso programa de renovação urbana conduzido pelo barão Georges-Eugène Haussmann, entre 1853 e 1870, que implantou largas avenidas, parques, sistemas modernos de esgoto e edifícios padronizados, transformando profundamente a estrutura e a infraestrutura da cidade. O Rio de Janeiro, por seu turno, foi submetido a um vasto programa de demolições, alargamento de avenidas, construção de bulevares e edificações imponentes. Seu objetivo era sanar epidemias, descongestionar zonas populares e conferir ao Brasil uma capital contemporânea e higienizada. Mas, ao mesmo tempo, provocou o deslocamento de populações de baixa renda e alterou profundamente a fisionomia social e arquitetônica do antigo núcleo colonial da cidade, numa tentativa de emular os centros urbanos da Europa e projetar internacionalmente uma imagem de progresso e ordem.

Paralelamente, a administração do médico Oswaldo Cruz à frente da Diretoria-Geral de Saúde Pública liderou uma ofensiva sanitária sem precedentes, voltada ao combate de doenças endêmicas, como a febre amarela, a varíola e a peste bubônica. A chamada reforma sanitária visava não apenas à proteção da população urbana, mas também à criação de condições mínimas de salubridade para a expansão das atividades comerciais e portuárias. Essa ação estatal encontrou resistência popular expressiva, culminando na eclosão da Revolta da Vacina em 1904, revelando as tensões entre a imposição autoritária da modernidade e as realidades sociais do Brasil urbano.

A modernização promovida nesse período teve ainda implicações culturais de longo alcance: ao mesmo tempo que pretendia romper com o passado colonial e escravista, reafirmava padrões de exclusão social, com a expulsão das camadas populares do centro da cidade e a negação simbólica de suas formas de sociabilidade. Assim, a era Rodrigues Alves foi não só um marco no desenvolvimento infraestrutural e institucional da Primeira República, mas, sobretudo, um momento definidor na construção do imaginário republicano, centrado na ideia de civilização, ordem e progresso, ainda que assentado sobre bases sociais profundamente excludentes.

No plano externo, duas questões se apresentavam de imediato ao governo Rodrigues Alves, que eram uma resposta à delicada situação do Acre e o desfecho da arbitragem internacional do litígio territorial do Pirara, com a Guiana Inglesa. O ministro das Relações Exteriores do novo governo era o Barão do Rio Branco que, com alguma resistência devido a perdas financeiras que sofreria, trocou a chefia da representação diplomática brasileira em Berlim para assumir esse cargo. Após três décadas de ausência do Brasil, ele foi recebido efusivamente ao chegar ao Rio de Janeiro em dezembro de 1902.

Rio Branco permaneceu no cargo de chanceler por 10 anos consecutivos, longevidade possível graças à sua competência em harmonizar a política externa com os interesses agroexportadores; por ser aceito pelos diferentes setores da sociedade; e por manter-se distante das disputas políticas internas. Ademais, embora fosse orgulhoso herdeiro intelectual da política externa implementada pelos conservadores no Segundo Reinado, um deles, o seu pai José Maria da Silva Paranhos, o Barão do Rio Branco estava cônscio de que ele deveria adaptá-la às novas realidades: internamente à liderança econômica de São Paulo; no plano mundial, às disputas interimperialistas e à ascensão dos Estados Unidos; enquanto na dimensão regional, o Brasil devia consolidar relações cordiais com os Estados da América do Sul, dos quais a Argentina, estreitamente vinculada ao Reino Unido, era o país mais próspero economicamente e poderoso militarmente, o que inviabilizava a antiga política de hegemonia brasileira no Rio da Prata.

A Questão do Acre: diplomacia e solução pragmática

A questão externa mais premente era, porém, a situação do Acre. Ela era complexa, na medida em que a soberania boliviana sobre o território foi ratificada pelo governo Campos Sales e delicada pelos interesses envolvidos, desde os de comerciantes e produtores brasileiros até os de especuladores internacionais. A produção da borracha desse território organizada por brasileiros alcançava valores importantes, e era vendida para casas comerciais em Belém e Manaus. Estas forneciam aos produtores créditos e tinham barcos a vapor para transportar a borracha do Acre aos portos dessas capitais, de onde era exportada. Os seringueiros brasileiros e esses comerciantes não estavam dispostos a abandonar suas lucrativas atividades, nem a elite política do estado do Amazonas, que considerava o Acre seu território e tinha ganhos nele. Estes abrangiam a cobrança de taxas alfandegárias, pois a Constituição de 1891 concedeu aos estados federativos o direito de cobrar imposto de exportação. Havia, portanto, uma conjunção de interesses favoráveis ao controle do Acre por brasileiros e contrários a seu arrendamento ao Bolivian Syndicate.

O Barão do Rio Branco tinha familiaridade com a Questão do Acre. Quando ele era ministro plenipotenciário em Berlim, convenceu o governo da Alemanha a frustrar a tentativa do Bolivian Syndicate de incorporar banqueiros alemães entre os seus sócios, evitando que esse país europeu, com histórico imperialista, criasse interesses na região amazônica. Ao assumir o cargo de chanceler, o Barão encontrou forte mobilização de jornais, políticos e populares no Rio de Janeiro, em favor dos cerca de 60 mil seringueiros brasileiros no Acre. Em 1902, o governo boliviano aumentou a pressão, inclusive fiscal, sobre esses brasileiros, o que os levou a sublevarem-se sob a liderança de Plácido de Castro. Foi declarada a independência do território e, em janeiro de 1903, ele foi aclamado governador do Estado Independente do Acre.

Ocorreu, então, mudança radical da posição brasileira nessa questão. O governo Rodrigues Alves declarou litigioso o território setentrional do Acre. Rio Branco alterou a interpretação dada ao Tratado de 1867, e passou a pleitear como fronteira a linha desde o rio Madeira até a nascente do Javari, seguindo a linha paralela de 10º20', em lugar da oblíqua, pela paralela 7º11', como tinha sido até então. Era ao sul da paralela 10º20' onde se encontrava grande parte dos seringueiros brasileiros, mas sobre essa área não havia reinterpretação possível do Tratado de 1867 e ela continuava sendo reconhecida pelo Brasil como boliviana. Rio Branco optou, então, por negociar a compra do Acre meridional, respaldado no argumento central do governo Rodrigues Alves na questão acreana, na qual atuava para proteger os brasileiros lá instalados.

Para alcançar o objetivo de tornar o Acre brasileiro, Rio Branco agiu para afastar dois outros interessados, o Bolivian Syndicate e o Peru, que também pleiteava parte do território, e assim poder tratar o assunto bilateralmente com a Bolívia. A diplomacia brasileira comunicou ao Peru reconhecer sua demanda sobre parte do Acre e que a negociaria posteriormente. Quanto ao Bolivian Syndicate, seus dirigentes se deram conta de dependerem de o Brasil manter aberto os rios amazônicos à navegação comercial, para exportarem o látex. Reconhecendo essa realidade e recebendo uma indenização de 110 mil libras esterlinas do Brasil, em 27 de fevereiro de 1903, o Bolivian Syndicate assinou acordo com o governo renunciando a qualquer direito, presumido ou concreto, sobre o território acreano. Dessa forma, a diplomacia brasileira contornou o risco de que esses especuladores recorressem a governos dos seus países na defesa de pretensos direitos no Acre. Em meados de fevereiro de 1903, o primo do presidente Roosevelt, William Emlen, escreveu-lhe haver se livrado do "assunto boliviano" e que estava "satisfeito com o resultado".

O presidente boliviano, general Pando, comandou uma expedição militar para impor aos brasileiros no Acre a obediência às leis e aos impostos da Bolívia. Em resposta, o governo brasileiro fez uma intervenção direta no Acre, enviando duas brigadas do Exército – em uma delas estava o sargento

Getúlio Vargas – e, em meados de março de 1903, a vanguarda da tropa brasileira encontrava-se no território declarado litigioso. Nesse e em outros assuntos, Rio Branco não atuou com fórmulas jurídicas abstratas, mas foi pragmático e, mesmo, recorreu à força militar no limite de poder de que o Brasil dispunha para alcançar seu objetivo. Durante a arbitragem da Questão do Amapá, ele escreveu ao chanceler Carlos de Carvalho que o país Brasil se utilizava na defesa de seus interesses somente de meios persuasivos com a França, porque "são, a meu ver, os únicos de que lança mão para sair bem das negociações delicadas uma nação como o Brasil, que ainda não dispõe de força suficiente para impor sua vontade a uma grande potência militar". Não era esse o caso com a Bolívia e, a partir de posição de força, Paranhos Júnior encaminhou a solução diplomática para a questão. Para criar um clima favorável e, em resposta a reclamações de países europeus e dos EUA, pôs fim ao bloqueio do trânsito fluvial comercial para a Bolívia, mas manteve o veto da passagem de barcos com material bélico.

Na negociação subsequente com o governo boliviano, Rio Branco utilizou-se da argumentação do *uti possidetis* e ofereceu vantagens materiais para obter a parte do Acre que não era litigiosa, mas onde havia grande número de brasileiros. Pelo Tratado de Petrópolis, de 17 de novembro de 1903, a Bolívia aceitou a soberania brasileira sobre 191 mil quilômetros quadrados, sendo 142.900 da área declarada litigiosa pelo governo brasileiro; 48.110 que eram reconhecidamente bolivianos, mas habitados basicamente por brasileiros; e 39 mil na parte sul do alto do rio Purus e no alto do Juruá, povoado por peruanos e que, em negociação posterior, o Brasil transferiu para o Peru. Por esse Tratado, a Bolívia recebeu 2 milhões de libras esterlinas que, em valores atualizados em abril de 2024, corresponde a 224 milhões de libras (algo próximo a R$ 1,3 bilhão); uma saída para o oceano Atlântico pela bacia do Amazonas, com a cessão brasileira de 2.200 quilômetros quadrados entre os rios Abunã e Madeira; e com a construção pelo Brasil da ferrovia Madeira-Mamoré. O Brasil também cedeu à Bolívia outros 860 quilômetros quadrados em Mato Grosso, de modo a viabilizar o acesso boliviano à bacia hidrográfica do rio da Prata e, assim, outra saída para o oceano Atlântico.

Enquanto o Brasil e a Bolívia negociavam, tropas peruanas avançaram no alto rio Purus e alto rio Juruá, em áreas habitadas principalmente por brasileiros. O governo brasileiro recusou-se a iniciar, nessas condições, qualquer negociação sobre parcela de território do Acre que o Peru reivindicava como seu e proibiu a passagem pelo rio Amazonas de armamento destinado a esse país. Rio Branco solicitou ao presidente Rodrigues Alves o envio de uma força naval e de pelo menos 6 mil soldados para a região, argumentando que se o Brasil desejasse a paz, deveria mostrar-se forte e pronto para a ação contra o Peru. No entanto, o Exército comunicou não ser possível enviar esse número e o Barão demonstrou seu espanto sobre esse fato ao presidente Rodrigues Alves, pois, afirmou, o Brasil gastava com a força terrestre mais do que o Chile ou a Argentina, nem assim tinha disponibilidade de militares em momento crítico. Somente em 1906 houve uma solução para esse problema territorial, quando o Peru aceitou a proposta brasileira de receber uma área entre os rios Santa Rosa e Purus, e retirou-se da região ocupada anos antes. Essa solução foi incorporada no Tratado de Limites entre os dois países, assinado em 8 de setembro de 1909.

Disputas territoriais secundárias e diplomacia regional

Outra questão territorial resolvida no governo Rodrigues Alves, mas com resultado decepcionante, foi a do Pirara com a Guiana Inglesa. Em 1899, os governos brasileiro e britânico concordaram em submeter o território litigioso – uns 30 mil quilômetros quadrados – à arbitragem internacional do rei Vitor Emanuel III da Itália. Para chefiar a missão em Roma, encarregada de elaborar a defesa da posição brasileira, foi nomeado Joaquim Nabuco. Entre fevereiro de 1903 e março de 1904, Nabuco entregou três relatórios – "Memórias" – ao árbitro, com argumentos e documentação defendendo os direitos históricos brasileiros. A argumentação britânica era de que o Reino Unido tinha posse efetiva e exercia a soberania do território pretendido desde o início do litígio. Em curta sentença arbitral, de 14 de julho de 1904, Vitor Emanuel III concluiu que Portugal e Brasil não tiveram posse efetiva do território litigioso nem eram suficientes as informações geográficas disponíveis para embasar uma partilha igualitária. Fundamentando-se na jurisprudência do princípio da ocupação efetiva, o rei italiano decidiu que o território litigioso tivesse como limite a divisão das águas até as fronteiras já existentes "de fato", o que foi uma derrota para o Brasil. Este perdeu o acesso ao Atlântico pelo rio Essequibo, enquanto os britânicos ganharam território e o acesso ao Amazonas pelo rio Branco.

No mesmo mês em que assumiu o Itamaraty, o Barão do Rio Branco foi confrontado com a ação militar naval de Alemanha, Reino Unido e Itália bloqueando o litoral da Venezuela, exigindo o pagamento de parcelas de dívidas com eles e outras indenizações. A ação contou com a anuência dos Estados Unidos, sob o argumento de que não ia contra a Doutrina Monroe, pois não implicava ocupação de território continental. A Argentina se posicionou contra esse bloqueio naval, e o chanceler José Maria Drago enviou nota ao governo norte-americano recordando a Doutrina Monroe, defendendo que na cobrança de pagamento de dívida de países americanos não podia ser utilizada a força militar ou a ocupação territorial, de portos, por potências europeias.

O Brasil, porém, não apoiou a manifestação argentina, quer para não destoar dos Estados Unidos, quer porque, segundo o país, era bom pagador. Desde o governo Campos Sales, foram realizados sacrifícios para regularizar as finanças nacionais, para pagar dívidas externas de estados da federação e garantir o crédito externo. Condenar a intervenção contra a Venezuela não se harmonizava com esses sacrifícios, na medida em que pareceria relativizar a gravidade da inadimplência externa. No ano seguinte, em 1903, o governo de Rodrigues Alves também não fez ressalvas à independência do território colombiano do istmo do Panamá, ocorrida graças ao ostensivo apoio do governo estadunidense. Em 1904, Rio de Janeiro e Washington assinaram um convênio de redução de tarifas de importação que vigorou até 1922.

Na dimensão continental, a continuidade nas estreitas relações com os Estados Unidos correspondia não só aos interesses dos agroexportadores, principalmente de café, mas também à necessidade geopolítica, para servirem de contrapeso aos vínculos econômicos e políticos entre a Argentina e o Reino Unido. Desde o final da Guerra do Paraguai, não havia divergências entre o Brasil e os Estados Unidos, pois, ao contrário do que ocorria em países hispano-americanos, aqui os estadunidenses não eram percebidos como uma ameaça. Afinal, a ameaça externa para o Brasil era europeia, com ingleses e franceses buscando expandir os territórios das suas colônias na região amazônica. Tal percepção, porém, não impedia Rio Branco de ser cauteloso quanto a ações imperialistas futuras. Ele pensava que quando as potências europeias tivessem concluído a colonização da África e da Austrália, voltar-se-iam para a América Latina, com a finalidade de conquistar territórios para colocarem seu excesso de população.

Os países latino-americanos estariam enfraquecidos devido a guerras e instabilidade política, características de sua história segundo o Barão, e não teriam condições de resistir à ação imperialista europeia. Seguindo nesse raciocínio, Rio Branco que não via uma reação contrária dos Estados Unidos, porque neles também haveria superpopulação e a necessidade de novos territórios para colocá-la, "bem como continuará a política imperialista" norte-americana. Independentemente desse equívoco histórico, o certo é que, no início do século XX, os Estados Unidos constituíam parceiro internacional fundamental para o Brasil, enquanto os vínculos com este eram úteis para os interesses comerciais e políticos estadunidenses deslocarem o predomínio britânico na América do Sul.

Tanto para o Brasil quanto para os Estados Unidos as relações bilaterais constituíam-se em instrumento na defesa de interesses comerciais e políticos, embora nem sempre tenham sido coincidentes as respectivas posições. A importância dessas relações levou os governos Rodrigues Alves e Theodore Roosevelt a elevarem suas representações diplomáticas em Washington e no Rio de Janeiro do nível de Legação para o de Embaixada. Na sociedade internacional da época, eram raras as embaixadas e essa foi a primeira da diplomacia brasileira.

Era objetivo estratégico de Rio Branco fazer do Brasil uma ponte entre os Estados Unidos e os governos sul-americanos, um mediador que facilitasse a compreensão dos interesses das Américas anglo-saxã e hispânica. Nesta foi corroída a imagem dos Estados Unidos devido à guerra que esse país promoveu contra a Espanha em 1898, com a consequente incorporação de Porto Rico pelos estadunidenses e a tutela sobre Cuba. Para exercer o papel de mediador, o Brasil necessitava ter uma relação privilegiada com a Argentina e, em 1904, Rio Branco propôs ao representante argentino no Rio de Janeiro uma aliança entre os dois países para manter a paz na América do Sul. Esse seria um instrumento diplomático em favor das estabilidades políticas nacionais, desestimulando golpes de Estado e guerras que, além de trazerem paz e prosperidade, não dariam pretextos para ações imperialistas europeias na região e, mesmo, ações diretas norte-americanas, como as realizadas na América Central. A proposta não chegou a ser considerada em Buenos Aires em razão da mudança do governo argentino, mas ela demonstra a substituição da política do Segundo Reinado de contenção da Argentina pela de apaziguamento e entendimento promovida por Rio Branco. O vizinho argentino tinha se tornado uma potência econômica e militar, e o Brasil ter atuação diplomática mediadora, o que implicaria certa ascendência política pelo menos na América do Sul, dependia de a Argentina e os Estados Unidos terem-no como parceiro confiável.

As relações brasileiro-argentinas foram bastante cordiais desde o início da República e até 1904, quando teve fim o mandato do presidente Julio Roca. Tanto que, nesse ano, a diplomacia brasileira não reagiu à Revolução Liberal no Paraguai, apoiada por setores militares argentinos. A situação de cordialidade começou a alterar-se com o início do mandato de Manuel Quintana na presidência argentina e degradou-se após a morte deste e de sua substituição, em 1906, pelo vice-presidente José Figueroa Alcorta. O ministro das Relações Exteriores argentino, Estanislao Zeballos, interpretou o programa de reaparelhamento da Marinha brasileira como demonstração de que o Brasil se preparava para fazer a guerra ao seu país; e o ativismo diplomático brasileiro, por sua vez, foi encarado como um movimento para isolar a Argentina na América do Sul. Por essa perspectiva também foi vista pelo governo Alcorta a realização da III Conferência Pan-Americana, em julho de 1906, no Rio de Janeiro, com participação de Elihu Root, na primeira viagem ao exterior de um secretário de Estado norte-americano. O governo argentino tinha sido contrário a que essa Conferência se realizasse na capital.

A III Conferência Pan-Americana foi um sucesso da política externa brasileira, e demonstrou a convergência de interesses entre os Estados Unidos e o Brasil. Habilmente, Rio Branco defendeu o multilateralismo por meio de uma política pan-americana negociada e visando ao entendimento multilateral, em lugar do unilateralismo impositivo por Washington da Doutrina Monroe. Em discurso feito na ocasião, Rio Branco lembrou a participação da Europa na formação da América, e ressaltou a manutenção dos laços políticos e econômicos entre os dois continentes. Era uma forma de demonstrar que o Americanismo da política externa brasileira não era excludente de manter boas relações com a Europa, mas cumpria o papel de servir de anteparo a ações imperialistas europeias.

Essa Conferência ocorreu nos últimos meses do governo Rodrigues Alves, pois em novembro de 1906 o mineiro Afonso Pena assumiu o cargo de presidente da República. No governo deste, ocorreu um dos mais importantes eventos da política internacional do início do século passado, a II Conferência de Paz, realizada em Haia em 1907. Nela houve divergência nas posições brasileira e norte-americana, pois os Estados Unidos não apoiaram a reivindicação do Brasil de ocupar uma cadeira permanente na Corte Internacional de Justiça, que estava sendo criada. Houve alinhamento entre a diplomacia estadunidense e a das potências europeias contra a cadeira ser ocupada por um país periférico. A reação de Ruy Barbosa, chefe da delegação brasileira à III Conferência, foi a de questionar a postura monopolista das grandes potências e de defender a igualdade jurídica entre os Estados, independentemente de serem diversos entre si em outros aspectos.

Logo em seguida a essa frustração, a diplomacia brasileira enfrentou grave crise com a Argentina. O governo do presidente Alcorta convenceu-se de haver um plano brasileiro de agressão ao país, devido ao programa de modernização militar executado pelo Brasil, particularmente o naval. Na realidade, a Marinha brasileira estava defasada tecnologicamente, com navios em más condições de navegação, sem condições de defender o litoral brasileiro, como ficou demonstrado em novembro 1905, quando o cruzador alemão Panther atracou no litoral catarinense, em Itajaí, e um marinheiro desertou. Além de comunicar as autoridades locais para que tomassem as providências, o capitão da belonave enviou um grupo de seus oficiais, em trajes civis, para capturar o desertor e trazê-lo para bordo. Ele não foi encontrado, contudo, no dia da partida do Panther, ele retornou ao navio por vontade própria, mas foi outra a versão que chegou ao Rio de Janeiro. Noticiou-se que os oficiais alemães haviam praticado violências contra brasileiros de origem alemã e prenderam em terra o desertor, o que causou protestos populares e na imprensa carioca.

Exigia-se de Rio Branco resposta à suposta agressão do Panther que, nessa ocasião, navegava para o Sul, e o governo brasileiro enviou uma Divisão Naval para interceptar a belonave alemã e obter a devolução do desertor supostamente preso. Ficou patente, então, a situação precária da

Marinha brasileira, que teve dificuldade de obter navios para compor essa Divisão e dela, no final, somente o cruzador Barroso conseguiu chegar a seu destino no Sul, porém sem combustível para bloquear o porto do Rio Grande, onde se encontrava-se o Panther. A essa altura, porém, houve a solução diplomática, após blefe de Rio Branco ao representante alemão no Rio de Janeiro, ameaçando com uma ação naval contra a canhoneira alemã no Sul do Brasil. Acreditando ou não na ameaça que o chanceler brasileiro não teria condições de cumprir, o fato é que não interessava à Alemanha tensionar as relações com o país, quando já estava envolvida em disputas com outras potências, e sua Legação apresentou ao Itamaraty, no início de 1906, nota de desculpas pelo comportamento do comandante do Panther.

O resultado do caso do Panther trouxe prestígio externo para o Brasil e interno para Rio Branco. No entanto, com esse incidente, ficou nítido para a elite política e militar brasileira que o país carecia de Marinha e, demonstrado no caso da ocupação peruana de território no Acre, de Exército moderno, capaz de responder assertivamente a uma ação hostil externa ou de respaldar a diplomacia brasileira em situações delicadas. Desde o início de sua gestão à frente do Itamaraty, solicitou Rio Branco a modernização das Forças Armadas. Ele apoiou o programa naval de 1906 de compras de navios de combate, que começariam a ser entregues em 1910, e de reaparelhamento do Exército. Foram essas compras que criaram preocupações no governo argentino, a ponto de o chanceler Estanislao Zeballos crer que entregues esses navios e o armamento para o Brasil, este atacaria a Argentina, que as interpretou como parte de um plano brasileiro de agressão a seu país, propondo um ataque preventivo da Argentina ao Brasil. Em reunião secreta do ministério de Alcorta, em junho de 1908, esse chanceler defendeu que seu país exigisse do Brasil a entrega de um dos encouraçados pesados encomendados em estaleiros britânicos, de modo a evitar que a Marinha argentina ficasse em situação desvantajosa. Caso o governo Afonso Pena não aceitasse fazer essa entrega, Zeballos propunha um ataque ao Rio de Janeiro, com a esquadra argentina desembarcando tropas para ocupar a capital brasileira.

O plano do diplomata argentino não permaneceu secreto. Ele foi publicado na imprensa oposicionista de Buenos Aires e causou fortes críticas de personalidades argentinas, que defendiam a retomada da cordialidade nas relações com o Brasil. Zeballos viu-se obrigado a renunciar ao cargo de chanceler e retirou-se do governo, mas persistiu em acusar o Brasil de ter intenções hostis com relação à Argentina. Para comprovar essa acusação, ele divulgou o suposto conteúdo do telegrama em código de número 9, de 17 de junho de 1908, que o Itamaraty enviou à Legação brasileira em Santiago, o qual havia sido copiado quando ele foi retransmitido pelas estações do serviço telegráfico argentino. Na versão divulgada por Zeballos, demonstrava Rio Branco intenções bélicas do Brasil contra a Argentina. O chanceler brasileiro reagiu divulgando o conteúdo correto do telegrama, no qual afirmava que considerava positiva a cooperação política entre o Brasil, o Chile e a Argentina, mas que Zeballos era um obstáculo a ela. Foi um ato surpreendente de Rio Branco, pois ao divulgar o verdadeiro conteúdo do telegrama, facilitava-se a outros governos decifrarem as comunicações secretas do Itamaraty com seus postos no exterior, pois elas transitavam pelos serviços telegráficos nacionais. No entanto, era mais importante para a diplomacia brasileira evitar a escalada de hostilidade promovida por setores antibrasileiros na Argentina.

Apesar de o próprio presidente Alcorta não ser um defensor do estreitamento de relações com o Brasil, Rio Branco aceitou, em 1909, a proposta chilena de criar uma coordenação política entre Argentina, Brasil e Chile, o chamado ABC. Essa proposta não se concretizou, embora a partir de outubro de 1910 o novo presidente argentino Sáenz Peña ser favorável a relações cordiais e de cooperação entre o seu país e o nosso. No mês seguinte, em novembro, Hermes da Fonseca assumiu a presidência do Brasil, permanecendo Rio Branco à frente do Itamaraty e, portanto, havendo continuidade da política externa brasileira. Assim, Brasil e Argentina permaneceram neutros, no final desse ano, na rebelião dos *blancos* uruguaios contra o presidente Claudio Williman, apesar de haver interesses privados argentinos e brasileiros no Uruguai, simpáticos a rebelados e ao governo *colorado*. No ano seguinte, em 1911, os governos brasileiro e argentino trocaram informações e coordenaram posições para manter a neutralidade na guerra civil paraguaia, entre as correntes "radical" e "cívicos" do Partido Liberal. A guerra civil terminou somente em 1912, e essa cooperação entre os governos de Brasil e Argentina enfrentou resistências de oficiais dos seus navios de guerra fundeados na baía de Assunção, que fizeram atos de provocação entre si, os quais foram contornados pela atuação dos representantes diplomáticos dos dois países no Paraguai.

Legado de Rio Branco e continuidade da política externa

Rio Branco faleceu no início de 1912. Sua importância para a política externa brasileira não se restringe ao decênio em que a conduziu. Neste, ele ampliou a presença internacional do Brasil, gravemente comprometida no início da República; concluiu o trabalho de definição das fronteiras brasileiras; estreitou relações com os países vizinhos e aprofundou-as com os EUA, sem descuidar daquelas com a Europa. Ele desenvolveu a ideia de multilateralização das relações regionais com Americanismo e contornou o unilateralismo do monroísmo dos Estados Unidos.

Rio Branco inovou ao estabelecer o princípio de não intervenção nos assuntos internos de outros países, de modo a deixar que os problemas nacionais encontrassem solução própria e chegassem à estabilidade política. Essa postura contribuiu para alcançar um delicado equilíbrio entre Brasil e Argentina no Rio da Prata, onde o Paraguai era mais próximo de Buenos Aires e o Uruguai do Rio de Janeiro. Esperava o Barão que esse *modus vivendi* com a Argentina, a paciência estratégica em relação a esse vizinho, permitiria ao Brasil buscar a liderança na América do Sul, e tornar-se um intérprete e mediador junto aos Estados Unidos dos interesses dos países sul-americanos e para estes daqueles de Washington. Foram diretrizes da gestão Rio Branco à frente do Itamaraty e que pautaram a ação internacional do Brasil nas décadas seguintes: o pragmatismo; a não intervenção nos assuntos internos de outros países; a cooperação pragmática e cautelosa com os Estados Unidos; a não promoção de apoios automáticos ou confrontações sistemáticas; e o recurso – quando possível e necessário – ao Direito Internacional.

O legado inaugurado por Rio Branco transcendeu os limites da Primeira República e cristalizou-se num modelo de inserção internacional que norteou a diplomacia brasileira até a década de 1960. No centro desse paradigma estava a relação com os Estados Unidos, elevada ao estatuto de aliança especial, cujo grau de alinhamento era ajustado de modo flexível conforme as oportunidades de obtenção de ganhos concretos – desde o acesso a mercados consumidores até o reforço do prestígio diplomático –, oscilando entre uma postura pragmática e um alinhamento quase automático.

Com o advento da política externa independente nos primeiros anos da década de 1960, esse padrão começou a ser reexaminado. A nova orientação criticou a excessiva priorização do eixo hemisférico e defendeu a diversificação de parcerias, ampliando o escopo de atuação brasileira para além da aliança privilegiada com Washington. Ainda assim, a lógica pragmática de avaliar cada iniciativa externa em função de seus benefícios tangíveis permaneceu como legado indelével do modelo rio-branquiano, continuando a moldar a compreensão de inserção internacional do Brasil nas décadas subsequentes.

O BRASIL NA ARENA MUNDIAL: GUERRA, DIPLOMACIA E BUSCA POR RELEVÂNCIA (1912-22)

O presidente Hermes da Fonseca escolheu o político catarinense Lauro Müller para ocupar o cargo de ministro das Relações Exteriores. Era um formidável desafio para Müller, não só devido à popularidade de Rio Branco, como também pelas características pessoais de controle que este imprimira ao Itamaraty, cuja organização ele ampliou e modernizou. O novo chanceler encontrou duas questões urgentes para resolver: a guerra civil no Paraguai e a questão do café nos Estados Unidos.

A guerra civil no Paraguai testou os limites da política de não intervenção de Rio Branco, que Müller manteve, assim como deu continuidade à de colaboração e apaziguamento com a Argentina. Esta se tornou política de Estado do lado brasileiro, transcendendo, não sem dificuldades em alguns governos, no tempo a titulares do Itamaraty e presidentes da República durante o resto do século XX. Em 1912, ela foi um sucesso diplomático, ao viabilizar a Brasil e Argentina manterem-se neutros nessa guerra civil; garantir a navegação do rio Paraguai para seus navios; e salvaguardarem a integridade e os interesses de seus cidadãos em Assunção. A guerra civil paraguaia foi vencida pelos liberais radicais nesse mesmo ano.

Quanto ao café nos Estados Unidos, o problema não foi desencadeado por seu governo, mas por um procurador distrital de Nova York. O governo do estado de São Paulo havia feito uma manobra no mercado local para promover a alta do preço do produto, que foi denunciada pelo procurador como ato monopolista, o que constituía crime pela legislação estadunidense. Não interessava ao governo norte-americano desdobramentos judiciais para essa questão, o que levou a uma bem-sucedida ação coordenada entre o Departamento de Estado e a diplomacia brasileira para pôr fim ao entrave. Mediante o compromisso brasileiro de colocar fim a esse tipo de operação, foi retirada a denúncia.

No ano seguinte, em junho de 1913, Lauro Müller foi o primeiro chanceler brasileiro a visitar os Estados Unidos. A visita foi um sucesso político e ratificou as boas relações bilaterais, as quais levaram o governo estadunidense a solicitar ao Brasil representá-lo junto ao governo de Victoriano Huerta, no México. Huerta chegou ao poder mediante um golpe de Estado, e os Estados Unidos e outros países americanos não o reconheceram como governo do México, enquanto o Brasil deu continuidade às suas relações com ele. Em abril de 1914, pretextando um insulto mexicano aos EUA e a recusa de Huerta em repará-lo, militares norte-americanos ocuparam Vera Cruz e o México rompeu relações com o seu vizinho do Norte. Argentina, Brasil e Chile – o ABC – atuaram como mediadores para evitar a guerra entre os dois países e viabilizar as negociações entre ambos no Canadá, entre maio e julho de 1914. Elas fracassaram e, no ano seguinte, Washington reconheceu Venustiano Carranza, um dos líderes da Revolução Mexicana, como governo de fato do México. Os outros países americanos também fizeram esse reconhecimento.

A ação coordenada entre Argentina, Brasil e Chile na questão mexicana viabilizou a retomada do projeto de um pacto entre os três países. Em 25 de maio de 1915, os chanceleres desses três Estados assinaram o Tratado para Facilitar a Solução Pacífica de Controvérsias Internacionais, o qual era uma retomada modesta da proposta da década anterior. Por esta, constituir-se-ia o eixo Buenos Aires-Rio de Janeiro-Santiago como instrumento de manutenção da harmonia entre os países da América do Sul, enquanto o Tratado de 1915 tinha como objetivo evitar conflitos apenas entre os três países signatários. Naquele momento, essa iniciativa parecia ter significado real mais para as relações entre a Argentina e o Chile, pois elas eram cordiais entre eles e o Brasil. Em julho de 1916, nas comemorações argentinas do Centenário do Congresso de Tucumán, o governo brasileiro enviou Ruy Barbosa para Buenos Aires como embaixador especial, acompanhado de três cruzadores da Marinha, para homenagearem a Argentina.

No entanto, em 1916, a presidência argentina foi assumida por Hipólito Yrigoyen que era contrário àquele tratado, sob o argumento de que discriminava os demais países sul-americanos, obtendo que o Congresso argentino não o aprovasse.

A partir daí, as relações brasileiro-argentinas tornaram-se corretas, termo utilizado por diplomatas e estudiosos para caracterizar a falta nelas de iniciativas significativas ou de cordialidade. As políticas externas de Brasil e Argentina deixaram de ser convergentes, o que foi demonstrado nas posturas de ambos quanto à Primeira Guerra Mundial. Os dois países declararam neutralidade no início desse conflito, mas no seu desenrolar adotaram medidas contrastantes quanto às partes em luta. A Argentina se manteve neutra durante a guerra e respaldou-se nessa condição para beneficiar-se do comércio com as duas partes em luta, o que foi aceito por grande parte da sociedade argentina. Já no Brasil, houve dura polêmica entre "aliadófilos", "neutralistas" e "germanófilos", quanto a qual deveria ser a posição do país frente à guerra. O chanceler brasileiro Lauro Müller era um "neutralista", mas sua ascendência alemã foi usada pelos "aliadófilos" para criticarem a política de neutralidade do Itamaraty, que supostamente beneficiaria o Império Alemão. Em 1917, a Alemanha decretou o bloqueio marítimo dos países inimigos, inclusive para os navios de países neutros, o que prejudicou o comércio externo brasileiro.

O Brasil protestou contra o bloqueio e, no anoitecer de 5 de abril desse ano, um submarino alemão afundou o navio mercante brasileiro Paraná. Este transportava café e navegava próximo da costa da França, obedecendo a normas internacionais de neutralidade, o que incluía manter as luzes acesas. Houve indignação no Brasil e duras críticas a Müller, por ter reagido apenas com o rompimento de relações diplomáticas com Berlim e não de forma mais enérgica. Dias antes, os Estados Unidos haviam declarado guerra ao Império Alemão e a seus aliados, e o governo Roosevelt exortou os países neutros a fazerem o mesmo. Atacado pelos "aliadófilos", Müller renunciou ao cargo de ministro das Relações Exteriores e afirmou, em declaração posterior à imprensa, que o Brasil não devia sempre assumir as posições dos Estados Unidos, pois "um país independente governa-se por si".

Na realidade, o rompimento de relações do Brasil com a Alemanha e seus aliados não era uma reação insignificante. A Argentina tivera navio mercante seu torpedeado por submarino alemão e, ainda assim, deu continuidade às relações diplomáticas e econômicas com Berlim. O rompimento brasileiro era resposta a uma agressão militar e, ao mesmo tempo, um movimento em direção aos Estados Unidos, em harmonia com o longo movimento de estreitamento das relações entre ambos. Em 1916, os Estados Unidos haviam deslocado o Reino Unido da posição de maior parceiro comercial do Brasil e, nesse mesmo ano, a prefeitura de São Paulo fez o primeiro empréstimo externo público brasileiro em dólares.

O "aliadófilo" Nilo Peçanha assumiu o Itamaraty no lugar de Müller. Em junho de 1917, foram torpedeados três navios brasileiros por submarinos alemães e, em outubro, mais um. Como resultado, o governo brasileiro declarou guerra à Alemanha e o Brasil participou militarmente, em caráter quase simbólico, na Primeira Guerra Mundial. O país enviou aviadores ao Reino Unido; um hospital militar, com o respectivo pessoal médico, à França; e uma divisão naval para o Mediterrâneo, que não chegou a atuar, pois chegou a seu destino quando havia sido declarado o cessar-fogo que pôs fim às ações militares. Embora simbólica, foi essa atuação que garantiu a participação do Brasil na Conferência Interaliada de Paris e nas negociações de Versalhes, nas quais obteve importantes indenizações de guerra por conta das perdas materiais e humanas resultantes de ataques alemães. E também foi graças à participação militar que o Brasil pôde ser um dos Estados fundadores da Liga das Nações e tornar-se membro provisório do seu Conselho, órgão máximo da organização. Essa posição foi obtida com o apoio dos Estados Unidos, cujo Congresso retomou a postura internacional isolacionista e não aprovou o ingresso do país na Liga. Ao deparar-se com essa Liga controlada pelas potências europeias, o Brasil pragmaticamente a aceitou como um instrumento dos países vencedores na defesa de seus interesses, diferentemente da proposta de seu idealizador Woodrow Wilson, de que fosse um instrumento de manutenção da paz. A diplomacia brasileira conformou-se com a distribuição interna de poder desigual, favorável às potências da Europa.

O senador Epitácio Pessoa chefiou a missão brasileira nas negociações de paz na França e, quando ali estava, elegeu-se presidente da República, concorrendo com Ruy Barbosa. Na presidência, Pessoa manteve uma ativa política externa e governou já com os Estados Unidos como o centro financeiro internacional, tanto que contraiu o primeiro empréstimo do governo federal em Nova York, no valor de US$ 50 milhões. O governo brasileiro também substituiu a libra esterlina pelo dólar norte-americano como padrão de conversão da moeda brasileira, o mil-réis. No Rio da Prata, o governo Pessoa manteve a postura conciliadora com a Argentina, enquanto se reaproximou, discretamente, do Paraguai que, desde 1904, era dependente política e economicamente de Buenos Aires. Na Liga das Nações, o Brasil foi reconduzido ao Conselho e, na ausência dos Estados Unidos e da Argentina na organização, era o membro mais importante das Américas, o que o fazia ver-se, de forma equivocada, como uma espécie de representante informal do continente.

Em 1922, transcorreu o centenário da Independência brasileira. Em comemoração, realizou-se no Rio de Janeiro a Exposição Internacional Comemorativa do Centenário da Independência do Brasil (de 7 de setembro de 1922 a 24 de julho de 1923), na qual pavilhões de 13 países – seu número na época era entre 40 e 50, variando conforme o critério adotado - apresentaram as respectivas riquezas e realizações nacionais. A Exposição foi um sucesso, contando com a presença, entre outros, do presidente de Portugal, Antônio José de Almeida, e do secretário de Estado norte-americano Charles E. Hughes. O evento pode ser visto como o ápice de um período iniciado com o governo Campos Sales, caracterizado pela estabilidade política oligárquica; por modernização econômica; pela associação com a nova potência mundial, os Estados Unidos; e pela presença brasileira na Liga das Nações em posição de destaque, como membro provisório do seu Conselho. O ápice foi, porém, efêmero e em julho do mesmo ano do centenário da Independência ocorreu o levante militar do Forte de Copacabana. Ele foi sufocado com facilidade, mas significou o marco do processo de questionamento do sistema de dominação oligárquico, o que levou Epitácio Pessoa a declarar o estado de sítio.

Ambição frustrada: o voluntarismo na Liga das Nações e o isolamento na crise

Arthur Bernardes assumiu a presidência da República em novembro de 1922. Chegou ao poder em um ambiente de acentuada tensão política, ainda sob a vigência do estado de sítio decretado por seu antecessor, medida que ele próprio optou por manter diante da instabilidade reinante. O cenário não era desafiador apenas no campo político; Bernardes herdou também severas dificuldades econômicas, reflexo tanto das complexas reconfigurações financeiras internacionais no pós-Primeira Guerra Mundial quanto de vulnerabilidades estruturais brasileiras. O país se ressentia da escassez de financiamento externo e via esgotar-se a capacidade de sustentar artificialmente os preços do café, política crucial para os interesses dos produtores, um dos pilares de sustentação do regime oligárquico. A centralidade do café era inegável: naquele ano, representava quase 80% das exportações e cerca de 12% do Produto Interno Bruto. Embora as exportações cafeeiras ainda gerassem superávits na balança comercial, estes se mostraram insuficientes, já em 1923, para cobrir o crescente déficit na balança de pagamentos, expondo a fragilidade do modelo econômico e pressionando o novo governo a buscar soluções urgentes.

O governo Bernardes recorreu aos Rothschild em Londres, para coordenarem um empréstimo de 25 milhões de libras esterlinas, com a finalidade, conforme consta no documento com a solicitação, de "liquidar a dívida flutuante e colocar as finanças brasileiras em ordem". Os banqueiros condicionaram a concessão do empréstimo ao envio de uma missão de especialistas para inspecionarem as finanças públicas brasileiras. A missão, chefiada por Edwin S. Montagu, também teria a prerrogativa de propor modificações nas políticas fiscal e monetária brasileiras, de modo a garantir o pagamento pelo Brasil da amortização da dívida externa. As exigências foram aceitas por Arthur Bernardes, mas para o público brasileiro, o governo apresentou a missão Montagu sendo de estudos sobre a economia nacional, que poderiam resultar em um maior investimento de capital inglês no país.

Montagu chegou ao Rio de Janeiro no final de dezembro de 1923 e partiu no início de março do ano seguinte. A missão britânica às finanças públicas entregou ao governo brasileiro um relatório, que foi publicado no *Diário Oficial* em junho desse ano. Suas conclusões eram favoráveis à ortodoxia financeira e monetária, a qual já era defendida com anterioridade por autoridades nacionais. No final de 1924, Arthur Bernardes adotou uma política monetária restritiva e transferiu a responsabilidade pela gestão da defesa do preço do café para o estado de São Paulo, o qual criou então o Instituto de Defesa do Café.

A política externa do governo Bernardes careceu, no geral, de pragmatismo e, em relação aos países vizinhos, manteve-se por inércia, necessitando de iniciativas significativas. Em 1923, ocorreu a V Conferência Internacional Americana no Chile e, frente à corrida armamentista, particularmente naval, que ocorria entre chilenos e argentinos, esse foi o tema dominante de discussão do encontro. Foi proposta a redução de armamento por todos os países do continente, mas a delegação brasileira discordou sob o argumento de que a Marinha de Guerra do Brasil era pequena para atender às necessidades do extenso litoral e não cabia reduzi-la ainda mais. Na realidade, naquele momento a Marinha brasileira era inferior à do Chile e à da Argentina, e o congelamento da situação militar naval no continente resultaria que não teria condições de patrulhar o litoral e, principalmente, de cumprir a função dissuasória no que diz respeito a uma ameaça externa. A diplomacia argentina aproveitou-se da discordância da delegação brasileira para construir, na imprensa e na Conferência, a imagem de ser o Brasil belicista e responsável pela falta de um acordo. O impasse foi contornado graças à aprovação unânime da proposta alternativa do representante paraguaio, Manuel Gondra, pela qual a disputa entre países que não pudesse ser resolvida diplomaticamente ou por arbitragem internacional deveria ser analisada por uma comissão. Durante suas atividades, não poderia haver operações bélicas nem nos seis meses posteriores ao final dos trabalhos da comissão. Apesar do voto do Brasil favorável ao chamado Pacto Gondra, o fato é que a resistência brasileira ao desarmamento naval criou para o país, segundo o represente brasileiro na Conferência, Afrânio de Mello Franco, a "fama de nação prussianizada, imperialista, com ambições de hegemonia na América Latina".

A partir de então, a diplomacia de Arthur Bernardes concentrou-se na busca de projeção brasileira na Liga das Nações. A Liga convocou, para março de 1926, uma Assembleia Extraordinária para tratar do pedido de ingresso da Alemanha que, derrotada na Primeira Guerra Mundial, não fez parte de sua fundação. A Liga foi consultada por Berlim em 1924, se poderia pleitear seu ingresso, e o Conselho respondeu positivamente, inclusive com a aquiescência do Brasil. Em outubro de 1925, a Alemanha e outros países europeus assinaram os Tratados de Locarno, renunciando à guerra, aceitando a arbitragem obrigatória para divergências internacionais e ratificando as fronteiras estabelecidas no Tratado de Versalhes. A Alemanha reconhecia, portanto, a perda de territórios para países vizinhos e aceitava a ordem europeia resultante da Primeira Guerra e, assim, preenchia as condições para ingressar na Liga das Nações.

O governo Arthur Bernardes viu no pleito alemão a oportunidade para obter um assento permanente para o Brasil no Conselho da Liga, condicionando obter este para votar a favor daquele. O Brasil era membro provisório dele, juntamente à Bélgica, à Espanha e à Grécia, desde a fundação da organização, e essa condição estava ameaçada pela introdução do critério de rodízio entre países nas cadeiras provisórias. O governo brasileiro pleiteou, então, uma cadeira permanente, sob o argumento de não haver representante americano com essa condição no órgão máximo da Liga, pois os países que a tinham eram França, Reino Unido, Itália e Japão. Destes, inclinavam-se favoravelmente à reivindicação brasileira a França, a Itália e o Japão, enquanto o Reino Unido era contrário. No entanto, a diplomacia de Bernardes constatou que os britânicos priorizavam a estabilidade e a paz na Europa, e julgou que aceitariam o pleito brasileiro para evitar turbulência na entrada da Alemanha na Liga das Nações, importante para consolidar a ordem europeia pacífica. Para o público interno brasileiro, a reivindicação da cadeira permanente foi apresentada como crucial aos interesses do país e sua conquista seria uma vitória externa para se contrapor ao ambiente interno de crise, caracterizado pelos levantes armados – o Tenentismo – e governado sob estado de sítio durante quase todo o mandato presidencial de Bernardes.

No entanto, outros países também pleitearam serem membros permanentes do Conselho, o que não era viável pela perspectiva das citadas potências europeias que nele estavam e, assim, não aceitaram o pleito brasileiro. Bernardes reagiu comunicando, em março de 1926, que vetava o ingresso da Alemanha na Liga, o que atrasou o seu ingresso, mas não o impediu. O veto à Alemanha demonstrou o isolamento do Brasil, pois os delegados dos países hispano-americanos na Liga fizeram apelo coletivo para que o governo Bernardes o suspendesse. Em junho desse mesmo ano, o representante brasileiro na Liga, Melo Franco, agindo de acordo com instruções recebidas, apresentou documento criticando as regras de funcionamento da organização e comunicou que o país dela se retirava. O Estatuto da Liga determinava carência de dois anos para tanto, de modo que o anúncio da saída foi feito em 1926, mas sua execução caberia ao governo que sucedesse o de Bernardes.

A reivindicação brasileira de uma cadeira permanente no Conselho da Liga era racional e defensável, mas se superestimou a importância brasileira para a entidade e para as potências europeias, bem como foi um equívoco o apoio ao pleito brasileiro pelos países hispano-americanos. O resultado foi um desastre, pois a retirada não proporcionou qualquer ganho ao Brasil e, ademais, a Alemanha ingressou na Liga em setembro de 1926, sendo incorporada como quinto membro permanente do seu Conselho. Ficou claro o isolamento brasileiro quanto aos países hispano-americanos, e o Itamaraty e as Forças Armadas retomaram a convicção de seus antecessores da época monárquica, de o Brasil ser um ator internacional à parte na América do Sul, não podendo confiar nos seus vizinhos. O chefe do Estado-Maior do Exército, general Tasso Fragoso, em análise secreta, escreveu que o Brasil não tinha amigos entre as nações vizinhas, enquanto a Argentina exercitava uma política de cerco, destinada a isolá-lo.

Um sucesso externo de Bernardes foi a assinatura, em 1925, em Washington, do acordo entre Brasil, Colômbia e Peru, reconhecendo a linha Tabatinga-Apapóris como fronteira brasileiro-colombiana. Quanto aos Estados Unidos, não foi aceita a proposta de assinatura de um tratado de comércio em que constasse a cláusula de nação mais favorecida para os estadunidenses. Até então, havia entre os dois países um acordo comercial que era renovado anualmente e, no final, Rio de Janeiro e Washington concordaram em manter um intercâmbio comercial com base na igualdade de tratamento. O Brasil dar continuidade a relações privilegiadas com os Estados Unidos era consequência da dinâmica internacional; atendia a interesses comerciais e políticos; e era a alternativa viável para a elite governante brasileira, tendo em vista o afastamento autoimposto dos principais países europeus e do isolamento brasileiro na América do Sul.

Em 15 de novembro de 1926, Washington Luís tomou posse como presidente do Brasil. A hiperatividade de Arthur Bernardes na política externa praticamente impôs a seu sucessor uma postura discreta no plano exterior, devido a seu isolamento na América Latina e à percepção da Europa de que o Brasil dificultara a consolidação da nova ordem europeia. Coube a Washington Luís buscar restabelecer o prestígio internacional brasileiro, aproximando-se dos vizinhos e concluindo a demarcação das fronteiras; participando da Conferência Pan-Americana de Havana; e posicionando-se frente à disputa entre Bolívia e Peru pela posse do Chaco.

Quando o governo Washington Luís tomou posse, encontrou cerca de metade da linha fronteiriça por demarcar. O Itamaraty, sob a chefia de Otávio Mangabeira, assinou com países vizinhos ajustes de limites e de instalação de marcos fronteiriços, para concretizar o que já se encontrava nos tratados. Foi uma tarefa técnica que teve dimensão diplomática, pois nesses países havia setores que polemizaram sobre os ajustes, motivados principalmente pela luta política interna. Fazer a demarcação, escreveu Mangabeira, era "contribuir, de alguma forma, para desanuviar o futuro". Em 1927, foram assinadas convenções complementares de limites com o Paraguai e a Argentina e, no ano seguinte, um Tratado de Limites e Comunicações Ferroviárias com a Bolívia. Ainda em relação aos países vizinhos, na presidência de Washington Luís foram assinados acordos de comunicação telegráfica e radiotelegráfica, enquanto com o Uruguai se chegou a acordo para a construção de uma ponte internacional sobre o rio Jaguarão.

Em 16 de janeiro de 1928, foi aberta a VI Conferência Pan-Americana de Havana, com a presença de 21 repúblicas, a qual se estendeu até o final de fevereiro. Na inauguração de seus trabalhos, foram proferidos discursos pelos presidentes Gerardo Machado, de Cuba, e Calvin Coolidge, dos Estados Unidos. A este último havia uma crescente antipatia na América Latina, devido às suas intervenções no Haiti, na Nicarágua e na República Dominicana. Iniciados os trabalhos da Conferência, os Estados Unidos defenderam o direito de intervir em países cujos governos não conseguissem manter a ordem pública, para defender a vida e as propriedades de cidadãos estadunidenses neles residentes. A Argentina e vários países condenaram esse intervencionismo e defenderam o princípio de não intervenção de um país nos assuntos dos outros. O governo Washington Luís, preocupado em estreitar relações com os Estados Unidos e ampliar a cordialidade com os países hispano-americanos, manteve-se equidistante entre as duas posições e induziu a Conferência a adiar essa discussão. O adiamento acabou ocorrendo e a diplomacia brasileira foi poupada de tomar posição sobre o tema. Um resultado positivo da Conferência foi a aprovação unânime da obrigatoriedade de arbitragem para a solução pacífica de conflitos internacionais.

Foi importante a aprovação da arbitragem, pois havia tensões entre países americanos e uma delas intensificava-se entre dois vizinhos do Brasil. Tratava-se da reivindicação boliviana sobre o Chaco Boreal, semiárido e despovoado território de uns 650 mil quilômetros quadrados, cuja posse pelo Paraguai era caracterizada por precários pelotões militares nos chamados "fortins" – pequenas cabanas de madeira com teto de palha – e por alguns dos seus cidadãos vivendo da agricultura. Durante a década de 1920, Bolívia e Paraguai assinaram alguns acordos para encaminhar a solução dessa controvérsia, que não entraram em vigor devido à oposição do Congresso de um ou de outro país. A instabilidade política paraguaia nos anos 1920 facilitou o aumento da presença militar boliviana no Chaco. Em janeiro de 1927, o governo paraguaio sondou o grau de apoio que teria da Argentina em eventuais negociações com a Bolívia. O Exército paraguaio comprava pequenas quantidades de armas na Europa, em razão dos escassos recursos financeiros de que dispunha, acoplando-as às compras feitas pelo Exército argentino que as fazia em grande quantidade. Havia uma grande demanda internacional por armamento e as fábricas europeias priorizavam atender a encomendas maiores. O governo paraguaio considerava haver a possibilidade de um enfrentamento armado com a Bolívia e, desse modo, preparou-se para ele no limite dos modestos recursos financeiros de que dispunha e na dependência da boa vontade da Argentina. Ainda assim, foi mantido o movimento discreto de aproximação do Brasil, tanto que, em 1930, Júlio Prestes, na condição de presidente eleito, deveria visitar o Paraguai antes da posse, o que não ocorreu em virtude da deposição de Washington Luís e do fim da Primeira República.

O governo boliviano, por sua vez, solicitou em março de 1927 que o Brasil e a Argentina atuassem para acalmar o Paraguai, pois, argumentou, em Assunção havia agitação quanto à demanda boliviana sobre o Chaco. A postura de Washington Luís foi a de instruir seus representantes em La Paz e em Assunção a serem discretos, não comprometerem o Brasil como mediador e aconselharem as autoridades locais a buscarem solução pacífica para a disputa. O Brasil tinha assinado tratados de demarcação de fronteiras com a Bolívia e o Paraguai, pendentes de serem aprovados pelos Legislativos dos dois países, e uma eventual atividade mediadora do Itamaraty na questão do Chaco introduziria um fator de risco para essas aprovações. Já o governo argentino promoveu em Buenos Aires, em outubro desse ano, o encontro entre negociadores bolivianos e paraguaios para discutirem a questão. Houve duas rodadas de reuniões, de outubro a dezembro de 1927 e de maio a julho de 1928, mas não se chegou a nenhum resultado.

No início de dezembro de 1928, pequena força paraguaia atacou, sem ordens superiores, o forte boliviano Vanguardia e, dias depois, soldados bolivianos ocuparam o forte paraguaio Boquerón. Esses eventos se deram quando já estava convocada, por iniciativa dos Estados Unidos, uma Conferência Interamericana de Conciliação e Arbitragem que, em 25 desse mês, iniciou suas atividades em Washington. A Conferência criou a Comissão de Investigação e Conciliação, composta por representantes de EUA, Colômbia, México e Uruguai para analisar essas ações contra os fortins Vanguardia e Boquerón, a qual foi aceita pelos governos boliviano e paraguaio. A Comissão trabalhou até outubro do ano seguinte e, como resultado, foram restituídos esses fortins à Bolívia e ao Paraguai, bem como restabelecidas as relações diplomáticas entre ambos. Para buscar uma solução para a questão do Chaco Boreal, a Comissão de Investigação tornou-se o Comitê dos Neutros, sob a ascendência dos Estados Unidos.

Os governos argentino e brasileiro não participaram das ações estabelecidas pela Conferência quanto ao Chaco. No caso do Brasil, por sua necessidade de evitar ativismo diplomático nessa questão, enquanto a Argentina não queria dar oportunidade para os Estados Unidos ampliarem sua presença na América do Sul. Era sentimento das elites argentinas que cabia a seu país a ascendência nessa parte do continente; e também não era de interesse argentino a presença econômica estadunidense na América do Sul, em detrimento da britânica, quando a Argentina tinha a Europa, particularmente o Reino Unido, como seu maior mercado de exportação de carnes e cereais, além de principal fornecedor de manufaturados e de capitais.

Em abril de 1928, cumprida a citada moratória de dois anos, o Brasil se retirou da Liga das Nações, apesar de apelos do Conselho para que não o fizesse. O governo de Washington Luís ressalvou que o país participaria de conferências promovidas pela organização quando convidado "e se assim julgasse conveniente". Para comprovar sua atitude amistosa e como forma de não romper totalmente com a Liga das Nações, o Brasil continuou a pagar a ela sua contribuição anual e a apoiar seus organismos especializados. Permaneceram os custos financeiros de ser membro, sem as vantagens dessa condição, mas um recuo por parte do presidente Washington Luís da decisão de seu antecessor significaria que a política externa brasileira era antes de governos do que de Estado, retirando-lhe credibilidade nas negociações internacionais.

Outro ato internacional de grande repercussão do governo Washington Luís foi a recusa em assinar, em 27 de agosto de 1928, o Pacto Multilateral contra a Guerra. Este ficou conhecido como Pacto Briand-Kellogg em referência aos ministros das Relações Exteriores, respectivamente, da França e dos Estados Unidos, que propuseram esse acordo. O Pacto era patrocinado por esses dois países, sem participação da Liga das Nações, e estabelecia que os países renunciavam à guerra como instrumento para solucionar controvérsias ou como instrumento de política internacional. Assinaram o documento 15 dos 57 países existentes na época, Brasil e Argentina não o fizeram, enquanto Alemanha, Itália e Japão, o futuro Eixo da Segunda Guerra Mundial, sim. Embora não tenha sido bem-sucedido, o Pacto é histórico, pois foi o primeiro acordo a proibir totalmente a guerra. O Brasil justificou sua recusa em assinar por ser redundante, pois a Constituição brasileira já determinava que o país era pacifista nas suas relações externas e, ademais, sabia que a Argentina não aderiria. Em contrapartida, a postura brasileira serviu para demonstrar, como escreveu Mangabeira, que embora fosse amigo dos Estados Unidos, o Brasil tinha autonomia na política externa.

Em outubro de 1930, Washington Luís foi deposto e teve fim o domínio oligárquico. A Revolução de 1930 significou uma rearticulação do bloco de poder e não tinha um projeto de política externa, nem tomara conhecimento de importantes projetos com o Paraguai e a Bolívia. No caso paraguaio, discutia-se a construção de uma ferrovia ligando Assunção ao sistema ferroviário brasileiro em Mato Grosso, o que permitiria que o comércio externo paraguaio utilizasse o porto de Santos, quando era até então totalmente dependente do uso das instalações portuárias de Buenos Aires. Com a Bolívia, país sem saída para o mar, pelo tratado assinado em 1928 seria construída ferrovia partindo de Santa Cruz de La Sierra e conectando-se a uma brasileira na fronteira, o que possibilitaria utilizar também o porto de Santos para o comércio externo boliviano. Embora frustrado pela derrubada de Washington Luís, o projeto de usar o porto santista para o comércio exterior desses dois países não foi inviabilizado, sendo retomado anos depois.

A Primeira República deixou para o novo regime político brasileiro a herança de fronteiras delimitadas; relações cordiais com os países da América do Sul; cordialidade com a Argentina; bem como os vínculos estreitos com os Estados Unidos, mas preservadas as relações com a Europa. Afinal, a influência desta era mais importante do que a estadunidense no plano cultural, em decorrência da presença massiva de imigrantes europeus no Brasil e, ainda, a Europa persistia como referência para o pensamento político e para o mundo acadêmico. A Primeira República deixou, ainda, duas experiências históricas para reflexão. A primeira, sobre as características da bem-sucedida gestão do Barão do Rio Branco à frente do Itamaraty, fundamentada no pragmatismo; no recurso ao Direito Internacional, mas sem menosprezar o poder militar como instrumento de dissuasão; na cooperação com os Estados Unidos, quer por reconhecê-los como a maior potência econômica mundial, quer para tê-los como recurso contra eventual ação imperialista europeia; na busca de relações amistosas com os países da América do Sul, particularmente com a Argentina. A segunda experiência histórica foi a malsucedida política externa de Arthur Bernardes, caracterizada pela falta de atenção para com os países vizinhos; pela errônea percepção da relevância e do poder internacional do Brasil; e pelo consequente voluntarismo fracassado de buscar colocar o país no Conselho da Liga das Nações.

CONCLUSÃO

As quatro décadas da Primeira República (1889-1930) representam um período de transição fundamental e complexo para a política externa brasileira, marcado pela tentativa de forjar uma identidade internacional própria em meio a significativas rupturas políticas internas e a transformações aceleradas no cenário global. Se o Império legou um território vasto e uma máquina diplomática experiente, a República herdou também os desafios de consolidar fronteiras, gerenciar relações assimétricas com potências ascendentes e navegar as intrincadas dinâmicas regionais. A análise desse período revela não uma trajetória linear, mas um percurso permeado por ambiguidades, no qual o idealismo republicano inicial frequentemente colidiu com a força das heranças pragmáticas, as limitações estruturais e os imperativos de um sistema internacional em ebulição. A questão central que emerge é em que medida a Primeira República conseguiu, de fato, construir uma política externa distinta da imperial; bem como quais foram os custos e os benefícios das escolhas feitas.

A tensão entre ruptura e continuidade manifestou-se desde os primeiros anos. O voluntarismo e o Americanismo da República da Espada, buscando um alinhamento ideológico com as repúblicas do continente, contrastaram com a cautela e o pragmatismo que historicamente orientavam as relações do Brasil com as potências europeias e mesmo com os Estados Unidos. Essa oscilação inicial, evidenciada em episódios como a negociação do Tratado de Reciprocidade Comercial e a posterior rejeição do Tratado de Limites de 1890 com a Argentina, demonstrou a dificuldade em conciliar os novos discursos republicanos com os interesses nacionais percebidos e as realidades geopolíticas. A instabilidade política e econômica interna, como o Encilhamento e as revoltas, limitou ainda mais a capacidade de formular e implementar uma estratégia externa coesa nos primeiros anos.

A consolidação territorial, sem dúvida o maior êxito diplomático do período, deve muito à figura do Barão do Rio Branco. Sua gestão à frente do Itamaraty não apenas resolveu pacificamente, através da arbitragem e da negociação, litígios fronteiriços cruciais (Palmas, Amapá, Acre), mas também estabeleceu um padrão de atuação profissional, pragmática e juridicamente fundamentado que se tornou marca registrada da diplomacia brasileira. Contudo, a própria magnitude desse sucesso levanta questões: representou a culminação de um projeto nacional ou a consolidação de uma percepção de poder regional que alimentaria desconfianças futuras, especialmente por parte da Argentina? A política de Rio Branco, embora eficaz na defesa dos interesses territoriais, pode ser vista como uma reafirmação do pragmatismo imperial, adaptado às novas condições, mas ainda distante de um ideal pan-americanista mais profundo.

A inserção do Brasil nos grandes debates globais do início do século XX também foi marcada por ambiguidades. A participação na Primeira Guerra Mundial, embora justificada por agressões alemãs, alinhou o país aos Estados Unidos e garantiu-lhe um lugar, ainda que secundário, na Conferência de Versalhes e na fundação da Liga das Nações. No entanto, a subsequente retirada da Liga, motivada pela frustração em não obter um assento permanente no Conselho, revelou os limites do protagonismo brasileiro e a dificuldade em conciliar as aspirações de potência emergente com as realidades de um sistema internacional ainda dominado pelas grandes potências europeias e pelos EUA. A política externa de Arthur Bernardes, nesse episódio, demonstrou voluntarismo e uma percepção talvez equivocada da real influência brasileira.

Ao longo de toda a Primeira República, a política externa permaneceu fortemente condicionada pela estrutura econômica agroexportadora, centrada no café, e pelos interesses das oligarquias estaduais. As crises econômicas e a dependência de mercados e capitais externos limitaram consistentemente a autonomia decisória. Embora houvesse um esforço de modernização e diversificação das relações, a vulnerabilidade econômica permaneceu como um fator estrutural. A relação com os Estados Unidos se consolidou como um eixo central, mas oscilou entre a cooperação pragmática e os momentos de tensão, sem configurar um alinhamento automático irrestrito após a fase inicial.

Assim, a Primeira República legou ao Brasil de 1930 um território finalmente definido e internacionalmente reconhecido, um corpo diplomático profissional e uma rede de relações estabelecida. Contudo, legou também uma economia vulnerável, uma inserção internacional ainda periférica e tensões latentes com vizinhos e potências. As experiências desse período – os sucessos de Rio Branco; as frustrações na Liga das Nações; a complexa relação com os EUA e a Argentina; e a permanente dificuldade em conciliar interesses nacionais com pressões externas – formariam o pano de fundo sobre o qual o regime de Vargas buscaria construir um novo projeto nacionalista e desenvolvimentista, redefinindo profundamente os rumos da política externa brasileira, como se analisará no capítulo "Nacionalismo, desenvolvimento e política externa (1930-64)".

CRONOLOGIA ESSENCIAL (1889-1930)

A seguir, uma listagem expandida dos principais eventos com relevância para a política externa brasileira entre 1889 e 1930:

- **1889**: Proclamação da República sob Deodoro (novembro); reconhecimento pela Argentina (novembro), Uruguai e EUA (novembro); decreto de naturalização de estrangeiros (dezembro). (Transição Monarquia-República; ampliação da cidadania.)
- **1890**: Tratado de Montevidéu partilha Palmas (janeiro); eleição indireta de Deodoro (fevereiro); instruções para Salvador de Mendonça na Conferência Internacional Americana (abril); reconhecimento francês da República (junho). (Consolidação fronteiriça; alinhamento hemisférico.)
- **1891**: Tratado de Reciprocidade com os EUA (janeiro); promulgação da Constituição (fevereiro); rejeição da partilha de Palmas pela Câmara (agosto); posse de Floriano Peixoto (novembro). (Estabilização institucional; disputa territorial.)
- **1893**: Revolta da Armada no Rio (setembro); intervenção de frotas estrangeiras para conter bombardeio (outubro). (Crise política; garantias externas.)
- **1894**: Intervenção da esquadra dos EUA em Guanabara (janeiro); exílio de revoltosos em navios portugueses (março); rompimento de relações com Portugal (março); denúncia estadunidense do tratado de 1891 (agosto); posse de Prudente de Moraes (novembro). (Soberania marítima; pacificação interna.)
- **1895**: Ocupação britânica de Trindade e protesto brasileiro (fevereiro); laudo norte-americano de Cleveland confirma Palmas ao Brasil (fevereiro); restabelecimento das relações com Portugal (março); tratado com o Japão (novembro). (Defesa de soberania ultramarina; diversificação de parcerias.)
- **1896**: Reconhecimento britânico da soberania sobre Trindade (agosto). (Fortalecimento de fronteira ultramarina.)
- **1897**: Acordo para arbitragem suíça da Questão do Amapá (abril). (Precedente de arbitragem internacional.)
- **1898**: Neutralidade na guerra EUA-Espanha e venda de navios a Washington (abril); Funding Loan em Londres, consolidando dívida

(junho); tratado de limites com a Argentina (outubro). (Financiamento externo; definição de fronteiras.)

- **1899**: Proclamação de independência efêmera do Acre (julho); protesto contra incursão da canhoneira Wilmington (abril); tratado de arbitramento com o Chile (maio); visita de Julio Roca ao Rio (outubro). (Incidentes de fronteira; diplomacia cerimonial.)
- **1900**: Visita de Campos Sales à Argentina (outubro); arbitragem suíça sobre o Amapá confirma Oiapoque (dezembro). (Diplomacia de prestígio; arbitragem eficaz.)
- **1901**: Arrendamento do Acre pelo Bolivian Syndicate (junho); acordo de arbitragem do Pirara com o Reino Unido (novembro). (Contestação territorial; arbitragem de Pirara.)
- **1902**: Barão do Rio Branco assume o Itamaraty (dezembro). (Início da "Era Rio Branco".)
- **1903**: Plácido de Castro governa o Acre independente (janeiro); expulsão do Bolivian Syndicate pelo Brasil (fevereiro); acordo bilateral Brasil-Bolívia sobre o Acre (março); reconhecimento do Panamá com apoio brasileiro (novembro); Tratado de Petrópolis consolida o Acre (novembro). (Aquisição do Acre; diplomacia de terras.)
- **1904**: Preferências tarifárias aos EUA (abril); tratado de limites com o Equador (maio); laudo italiano sobre o Pirara divide o território (junho); recusa brasileira de apoiar a Revolução Liberal paraguaia (agosto). (Proteção comercial; não intervenção.)
- **1905**: Criação da Embaixada em Washington (janeiro); incidente da canhoneira Panther (novembro); protocolos de fronteira com a Venezuela (dezembro); nomeação do primeiro cardeal latinoamericano (dezembro). (Estreitamento com os EUA; diplomacia cultural.)
- **1906**: Tratado de Limites com a Guiana Holandesa (maio); III Conferência Internacional Americana no Rio (julho). (Consolidação fronteiriça; liderança diplomática.)
- **1907**: Tratado de Limites com a Colômbia (abril); participação na II Conferência de Haia (maio). (Engajamento multilateral.)
- **1908**: Crise diplomática com a Argentina sobre rearmamento naval (junho); chegada dos primeiros imigrantes japoneses (junho); falsificação do telegrama Zeballos (outubro). (Tensões militares; diversidade cultural.)

- **1909**: Proposta do Pacto do ABC (fevereiro); Tratado de Limites e Navegação com o Peru (setembro); concessão de condomínio do Jaguarão e Mirim ao Uruguai (outubro). (Iniciativa trilateral; ajustes fronteiriços.)
- **1910**: Visita de Sáenz Peña ao Rio e estreitamento de laços (setembro). (Diplomacia de afeto; integração platina.)
- **1912**: Morte do Barão do Rio Branco e nomeação de Lauro Müller (fevereiro); inauguração da Madeira-Mamoré (setembro). (Transição diplomática; integração amazônica.)
- **1913**: Visita de Lauro Müller aos EUA (junho). (Aprofundamento das relações com Washington.)
- **1914**: Mediação do Brasil em conflito EUA-México (abril/maio); declaração de neutralidade na Primeira Guerra Mundial (agosto). (Mediação regional; neutralidade em conflito global.)
- **1915**: Assinatura do Tratado do ABC em Buenos Aires (maio). (Solução pacífica de controvérsias.)
- **1917**: Ruptura com a Alemanha (abril); renúncia de Lauro Müller (maio); declaração de guerra à Alemanha (outubro). (Ruptura diplomática; participação na guerra.)
- **1919**: Participação simbólica na Conferência de Paz de Paris (janeiro); assinatura do Tratado de Versalhes e ingresso na Liga das Nações (junho). (Presença global; multilateralismo.)
- **1920**: Primeira sessão da Liga das Nações com o Brasil no Conselho (janeiro); visita do rei belga Alberto I (setembro). (Prestígio internacional; diplomacia cerimonial.)
- **1921**: Primeiro empréstimo em dólares nos EUA (maio). (Financiamento externo inovador.)
- **1922**: Visita de Alvear ao Rio (agosto); exposição do Centenário da Independência recebe dignitários (setembro). (Diplomacia cerimonial; celebração nacional.)
- **1923**: Isolamento do Brasil na V Conferência Internacional Americana (março/maio). (Resistência ao desarmamento universal.)
- **1924**: Relatório Montagu sobre a economia brasileira (junho). (Avaliação econômica independente.)
- **1925**: Ata de Washington entre Brasil, Colômbia e Peru (março). (Interesses recíprocos fronteiriços.)

- **1926**: Veto ao ingresso da Alemanha na Liga (março); aviso de retirada da Liga das Nações (junho). (Exclusão e retirada multilateral.)
- **1927**: Tratados complementares de limites com Paraguai (maio) e Argentina (dezembro). (Ajustes fronteiriços contínuos.)
- **1928**: VI Conferência Internacional Americana em Havana (fevereiro); retirada formal da Liga das Nações (abril); visita do presidente do Paraguai (julho); resistência ao Pacto de Renúncia à Guerra (agosto); confronto no Chaco (dezembro). (Debates hemisféricos; neutralidade ativa.)
- **1929**: Conferência de Conciliação em Washington conclui acordos de arbitramento (janeiro); criação dos Serviços Econômicos e Comerciais no Itamaraty (setembro). (Arbitramento institucional; diplomacia comercial.)
- **1930**: Visitas de Júlio Prestes ao exterior (junho/julho); Revolução de 1930 depõe Washington Luís (outubro). (Fim da Primeira República; ascensão varguista.)

Nacionalismo, desenvolvimento e política externa (1930-64)

INTRODUÇÃO

O período compreendido entre a Revolução de 1930 e o golpe civil-militar de 1964 representa um divisor de águas na história das Relações Internacionais do Brasil. A profunda reconfiguração política, econômica e social, desencadeada pelo colapso da Primeira República e pelos impactos da crise global de 1929, impôs uma redefinição fundamental dos interesses nacionais e das estratégias de inserção do país no cenário mundial. Este capítulo se debruça sobre essa era complexa e transformadora, caracterizada pela ascensão do nacionalismo desenvolvimentista como ideologia motriz, pela busca errática, porém persistente, por maiores graus de autonomia decisória frente às grandes potências, e pela necessidade de navegar as turbulentas águas da Segunda Guerra Mundial e da emergente Guerra Fria. Investigaremos não apenas as diretrizes formuladas e as ações empreendidas, mas, sobretudo, os dilemas, as contradições e os limites que marcaram a política externa brasileira nesse período crucial de redefinição de seu projeto nacional e de seu lugar no mundo.

A Era Vargas (1930-45), em particular, condensa muitas das tensões que permearam o período. Como um regime que emergiu de uma ruptura interna e se consolidou em meio a um cenário internacional polarizado pela ascensão dos totalitarismos e pela rivalidade entre Estados Unidos e

Alemanha, a política externa varguista foi marcada por um pragmatismo calculista. Este capítulo problematizará a natureza dessa estratégia: tratou-se de uma "equidistância pragmática" coerente, como parte da historiografia sugere; ou de uma série de manobras reativas, ditadas pelas circunstâncias e pela necessidade de barganhar apoio externo para o projeto de industrialização e para a própria sustentação do regime? Em que medida a política externa foi instrumentalizada para fins de política interna, buscando equilibrar as pressões de diferentes grupos (militares, industriais, setores nacionalistas) e consolidar o poder central? Analisaremos como Vargas e seus chanceleres, notadamente Oswaldo Aranha, gerenciaram as relações com as potências beligerantes antes da Segunda Guerra Mundial e durante o conflito, culminando na adesão aos Aliados, e quais foram os custos e os benefícios dessa escolha para o desenvolvimento nacional e a autonomia futura.

O breve interlúdio democrático (1945-64), embora marcado por instabilidade política interna, testemunhou a continuidade e o aprofundamento do debate sobre os rumos da inserção internacional brasileira no novo contexto da Guerra Fria. Como conciliar o alinhamento inicial ao bloco ocidental liderado pelos Estados Unidos com as crescentes aspirações nacionalistas e desenvolvimentistas? Este capítulo explorará as ambiguidades dessa fase, questionando o significado prático da chamada "Autonomia Latente" ou "Compensatória". Investigaremos como as administrações de Dutra, Vargas (em seu retorno democrático), Café Filho e Kubitschek buscaram, com diferentes ênfases e graus de sucesso, obter recursos externos para o desenvolvimento, sem sacrificar completamente a margem de manobra diplomática. A Operação Pan-Americana de Kubitschek, por exemplo, será analisada não apenas como uma proposta de cooperação hemisférica, mas também como uma tentativa de rediscutir os termos da relação com Washington.

Finalmente, o capítulo se deterá na fase de explicitação da busca por autonomia, consubstanciada na Política Externa Independente (PEI) dos governos Jânio Quadros e João Goulart (1961-4). Longe de ser uma ruptura abrupta, argumentaremos que a PEI foi o culminar de tensões acumuladas e de uma crescente percepção das limitações impostas pelo alinhamento automático na Guerra Fria. Problematizaremos, contudo, a natureza e a viabilidade desse projeto: quais eram seus reais objetivos – diversificação de parcerias, liderança no Terceiro Mundo, projeção de poder ou barganha com os Estados Unidos? Como a radicalização do discurso e das ações externas interagiu com a polarização política interna e com a crescente hostilidade norte-americana? Em que medida a PEI representou uma alternativa estratégica consistente ou uma aposta voluntarista, cujos limites foram tragicamente expostos pelo golpe de 1964? Ao analisar criticamente essas questões, buscamos compreender as complexas interações entre nacionalismo, desenvolvimentismo e busca por autonomia que definiram esse período seminal da história das Relações Internacionais do Brasil.

AUTONOMIA COMPENSATÓRIA E AUTONOMIA LATENTE NA POLÍTICA EXTERNA BRASILEIRA (1930-64)

A busca por autonomia é uma constante estruturante da política externa brasileira ao longo do século XX, ainda que marcada por diferentes formas de expressão, condicionadas às transformações internas do Estado e ao contexto internacional. No período compreendido entre 1930 e 1964, essa busca se deu sob circunstâncias particularmente desafiadoras: a reconfiguração da ordem internacional após a Primeira Guerra Mundial, o colapso do sistema liberal, a emergência de regimes autoritários, a Segunda Guerra Mundial e, posteriormente, a polarização bipolar da Guerra Fria. Além disso, o Brasil operava a partir de uma posição estrutural periférica, com fortes vínculos de dependência econômica, tecnológica e militar em relação às potências centrais, sobretudo os Estados Unidos.

Contudo, é necessário esclarecer que a autonomia não constitui um fim em si mesmo, mas um meio para a realização de fins substantivos da política externa, como o desenvolvimento nacional, a ampliação da soberania estatal, a diversificação de alianças estratégicas e a afirmação internacional de interesses próprios. Trata-se, portanto, de um padrão de comportamento relacional, de natureza estratégica e histórica, que expressa a capacidade – ou o esforço – de um Estado periférico de preservar sua margem de decisão e ação diante de pressões ou condicionantes externas. Ao mesmo tempo, a busca por autonomia é, ela mesma, condicionada por fatores sistêmicos (como o grau de polarização da ordem internacional), domésticos (estrutura de poder, coalizões políticas, ideologias de Estado) e conjunturais (crises econômicas ou oportunidades geopolíticas).

Nesse cenário, é possível identificar dois padrões de ação externa que exprimem diferentes modos de lidar com a assimetria de poder: a Autonomia Compensatória e a Autonomia Latente. Esses conceitos são aqui propostos como ferramentas analíticas que permitem captar a natureza relacional da política externa brasileira em um contexto de limitação de capacidades, restrição estratégica e tentativas incipientes de construção de soberania. Ambos os padrões compartilham o reconhecimento da condição periférica do país, mas divergem quanto à forma de negociar com o sistema internacional e aos instrumentos mobilizados para ampliar a margem de manobra do Estado brasileiro.

A Autonomia Compensatória refere-se à estratégia pela qual o Brasil aceita estabelecer vínculos assimétricos com uma potência hegemônica – especialmente os Estados Unidos –, com o objetivo de obter ganhos materiais ou políticos compensatórios, mesmo em um contexto de dependência estrutural. Trata-se de uma postura pragmática, que reconhece os limites impostos pelo sistema internacional, mas tenta instrumentalizar tais vínculos para promover o desenvolvimento nacional, fortalecer capacidades internas ou assegurar reconhecimento externo. Nesse sentido, a autonomia não é plena nem ideologicamente afirmada, mas negociada em termos funcionais, visando extrair concessões do centro em troca de alinhamento estratégico ou político.

O exemplo mais expressivo dessa lógica é a política externa de Getúlio Vargas durante a Segunda Guerra Mundial. Ao longo da década de 1930, o governo Vargas cultivou relações simultâneas com Alemanha e Estados Unidos, empregando uma política de equilíbrio que visava maximizar o valor estratégico do Brasil no tabuleiro geopolítico. Esse cálculo se materializou em 1942, quando o Brasil aderiu ao esforço de guerra aliado e, em troca, obteve financiamento e apoio técnico norte-americano para projetos industriais, como a construção da Companhia Siderúrgica Nacional (CSN). A entrada do Brasil na guerra, a cessão de bases no Nordeste e o envio da Força Expedicionária Brasileira (FEB) foram expressões claras dessa barganha assimétrica, na qual a dependência era aceita como custo político para a obtenção de recursos estratégicos. A autonomia, nesse caso, manifestava-se como capacidade de negociação dentro de um quadro de subordinação, e não como negação dessa subordinação.

Outro momento emblemático da Autonomia Compensatória ocorreu no governo Juscelino Kubitschek (1956-61), durante o qual o Brasil se inseriu no contexto da Guerra Fria como parceiro estratégico dos Estados Unidos, enquanto buscava financiamento externo para a implementação de seu ambicioso Plano de Metas. Ainda que tenha havido tentativas de articulação regional - como a Operação Pan-Americana -, o núcleo da estratégia externa permaneceu condicionado à obtenção de crédito, tecnologia e investimento externo. A retórica do desenvolvimento autônomo era presente, mas a prática diplomática estava fortemente ancorada na lógica da dependência funcional, o que ilustra a persistência da Autonomia Compensatória como horizonte viável diante das limitações da conjuntura.

Em paralelo, emergiu ao longo desse mesmo período o que se pode denominar Autonomia Latente - um padrão de ação em que a ideia de autonomia política e econômica está presente no discurso político, em projetos estratégicos internos ou em iniciativas isoladas no plano internacional, mas sem ainda se consolidar como eixo estruturador da política externa. Diferentemente da Autonomia Compensatória, que opera dentro do sistema hegemônico buscando obter vantagens, a Autonomia Latente representa um embrião de dissenso estratégico, ainda não maduro o suficiente para resultar em ruptura ou em formulação de uma alternativa sistêmica coesa.

Essa Autonomia Latente pode ser observada em diversos episódios. Na política do petróleo durante o segundo governo Vargas (1951-4), por exemplo, a defesa da criação da Petrobras, sob o lema "o petróleo é nosso", representou uma clara afirmação da soberania sobre recursos estratégicos, em oposição aos interesses das grandes petrolíferas estrangeiras. Embora essa posição tenha se concentrado mais na política econômica doméstica do que na atuação internacional direta, ela revela a emergência de um projeto de Estado que começa a vincular autonomia política a controle nacional de setores fundamentais. Outro caso relevante está na proposta da Operação Pan-Americana (1958), que, embora estruturada em moldes cooperativos com os EUA, expressava a tentativa brasileira de liderar uma agenda regional de desenvolvimento autônomo, ainda que dependente de recursos externos.

Portanto, entre 1930 e 1964, a política externa brasileira não adotou um modelo linear de busca por autonomia, mas navegou entre formas condicionadas e contingentes de afirmação estratégica. A Autonomia Compensatória prevaleceu como mecanismo dominante de inserção pragmática em um sistema internacional restritivo, enquanto a Autonomia Latente delineou os contornos de um projeto autônomo ainda em formação, que ganharia densidade apenas na década de 1960 com a emergência da Política Externa Independente. A distinção entre essas duas formas de autonomia permite compreender os limites e as possibilidades da ação externa de um país periférico diante de uma ordem internacional hierarquizada, e ilumina a transição entre uma inserção dependente negociada e uma diplomacia mais afirmativa e propositiva que se consolidaria a partir dos anos 1960.

NAVEGANDO A TEMPESTADE GLOBAL: A POLÍTICA EXTERNA NA ERA VARGAS (1930-7)

A ascensão de Getúlio Vargas ao poder em 1930 coincidiu com um período de profunda convulsão na ordem internacional, marcando o início de uma era de desafios sem precedentes para a diplomacia brasileira. O otimismo liberal que sucedeu a Primeira Guerra Mundial havia se dissipado sob o impacto devastador da Grande Depressão, que desorganizou o comércio e as finanças globais, acentuando vulnerabilidades e fomentando nacionalismos econômicos. Simultaneamente, o sistema de segurança coletiva idealizado na Liga das Nações mostrava-se impotente diante da emergência de regimes totalitários agressivos na Alemanha, na Itália e no Japão, cujas ambições expansionistas desafiavam abertamente o *status quo* e as potências democráticas tradicionais, como França e Grã-Bretanha, estas últimas também enfraquecidas pela crise. Nesse cenário de crescente polarização ideológica e geopolítica, os Estados Unidos, embora ainda relutantes em assumir compromissos de segurança globais, ampliavam sua influência econômica e política no hemisfério ocidental sob a égide da Política da Boa Vizinhança.

Foi nesse ambiente internacional volátil e perigoso que o regime Vargas buscou consolidar seu poder internamente, bem como implementar um projeto de modernização e industrialização acelerada para o Brasil. As prioridades domésticas – centralização política, controle social, substituição de importações e fortalecimento das Forças Armadas – passaram a interagir de forma complexa com as pressões e as oportunidades externas. O governo brasileiro viu-se diante do dilema de como navegar entre as potências rivais, notadamente a Alemanha nazista, que se tornara um importante parceiro comercial, e os Estados Unidos, cuja influência hemisférica e capacidade econômica eram crescentes. Vamos analisar criticamente como o Brasil varguista buscou equilibrar esses vetores, tentando extrair vantagens econômicas e tecnológicas de ambos os lados, enquanto administrava as simpatias ideológicas conflitantes dentro de suas próprias elites civis e militares.

Exploraremos, portanto, a natureza e os limites da propalada "equidistância pragmática" adotada por Vargas e seus principais assessores diplomáticos, como Oswaldo Aranha. Questionaremos em que medida essa estratégia foi uma opção calculada e coerente ou uma resposta contingente às pressões flutuantes do cenário global e às necessidades imediatas do projeto desenvolvimentista e da manutenção do regime. Investigaremos as tensões entre as relações comerciais com o Eixo e a crescente interdependência estratégica e política com os Estados Unidos, culminando na difícil decisão de alinhar-se aos Aliados durante a Segunda Guerra Mundial. Ao fazê-lo, problematizaremos os custos, os benefícios e as consequências em longo prazo dessas escolhas para a autonomia e a inserção internacional do Brasil no pós-guerra.

A Revolução de 1930 e a construção do Estado Novo: centralização, autoritarismo e pragmatismo externo

O movimento armado que depôs o presidente Washington Luís em outubro de 1930 e conduziu Getúlio Vargas à chefia do Governo Provisório representou muito mais do que uma simples troca de guarda no poder central. Foi, na realidade, o ápice de um processo de desgaste das estruturas políticas, econômicas e sociais da Primeira República (1889-1930), um sistema que, apesar de sua longevidade, mostrava-se incapaz de absorver as novas demandas e as tensões de uma sociedade brasileira em transformação. A chamada "política do café com leite", que assegurava a alternância das oligarquias de São Paulo e Minas Gerais na presidência, já dava sinais de esgotamento, contestada por outras elites regionais emergentes e por setores urbanos – industriais, classes médias, operariado – e militares, notadamente os "tenentes", que desde a década de 1920 clamavam por reformas moralizadoras e modernizadoras.

A crise econômica mundial de 1929 atuou como uma espécie de catalisador, desferindo um golpe fatal na economia cafeeira e exacerbando as contradições do modelo agroexportador, minando a base de sustentação do regime oligárquico. A própria Aliança Liberal, coalizão que lançou Vargas como candidato derrotado nas eleições fraudulentas de 1930, congregava uma gama heterogênea de descontentes, incluindo oligarquias dissidentes (como as do Rio Grande do Sul, da Paraíba e de Minas Gerais) e os influentes tenentes. A "revolução", portanto, nasceu de uma confluência de interesses diversos, cuja unidade residia mais na oposição ao *status quo* do que em um projeto coeso para o futuro. Essa heterogeneidade marcaria os primeiros anos do governo Vargas, caracterizados por intensas disputas internas pela definição dos rumos do novo regime.

A principal ruptura promovida pela ascensão de Vargas residiu na drástica alteração do equilíbrio federativo e na centralização do poder político. O federalismo liberal da Constituição de 1891, que concedia ampla autonomia aos estados, foi desmantelado. Interventores federais foram nomeados para governar os estados, as antigas máquinas políticas estaduais foram enfraquecidas e o poder decisório concentrou-se progressivamente nas mãos do governo central no Rio de Janeiro. Essa tendência centralizadora, justificada pela necessidade de superar o caos político e promover a unidade nacional, culminaria, após um período de relativa liberalização com a Constituição de 1934 (resultante em grande parte da pressão paulista expressa na Revolução Constitucionalista de 1932), na instauração da ditadura do Estado Novo em 10 de novembro de 1937.

Esse processo de fortalecimento do Executivo federal e de concentração de poder na figura de Vargas teve implicações diretas na formulação e na implementação da política externa. A tradicional influência dos estados mais poderosos, como São Paulo, sobre as decisões de política externa – especialmente em matérias comerciais ligadas ao café –, foi sensivelmente reduzida. O Itamaraty, embora mantendo seu corpo técnico qualificado e seu *éthos* burocrático moldado pela Era Rio Branco, viu sua autonomia decisória diminuir em favor da presidência da República e dos novos órgãos criados para gerir a economia e o comércio exterior. A política externa tornou-se, mais do que nunca, uma prerrogativa do poder central e um instrumento diretamente subordinado aos objetivos estratégicos definidos por Vargas e por seu círculo íntimo.

Nos primeiros anos do Governo Provisório (1930-4), a política externa, conduzida inicialmente por Afrânio de Mello Franco, caracterizou-se por uma relativa cautela. A prioridade era a consolidação interna do novo regime, o reconhecimento internacional e a gestão das urgentes questões econômicas, sobretudo a crise do café e a dívida externa. Mello Franco buscou projetar uma imagem de continuidade e moderação, reafirmando o apego do Brasil aos princípios do Direito Internacional, à solução pacífica de controvérsias e ao pan-americanismo. Nesse sentido, envidou esforços para solucionar pendências fronteiriças, como o litígio de Letícia entre Colômbia e Peru, no qual o Brasil atuou como mediador, e manteve uma postura cooperativa nos foros interamericanos. Buscou também reativar a participação brasileira em discussões internacionais mais amplas, embora o país estivesse fora da Liga das Nações desde 1926. A gestão da dívida externa, como veremos na seção "O primeiro choque com as potências: a questão da dívida externa e as tensões com a Grã-Bretanha e os Estados Unidos", foi um ponto central e conflituoso desde o início. No entanto, a instabilidade política interna, marcada pela Revolução Constitucionalista de 1932, e a complexidade da crise econômica limitavam a capacidade de Mello Franco de implementar uma agenda mais ambiciosa. Sua gestão representou uma transição, mantendo elementos da tradição diplomática anterior, enquanto lidava com os desafios impostos pela nova conjuntura nacional e internacional.

A Constituição de 1934, embora restabelecesse algumas garantias democráticas e a estrutura tripartite de poder, já incorporava elementos de centralização e intervenção estatal na economia, além de determinar um sistema de quotas que, na prática, dificultava a entrada de certos grupos de imigrantes, refletindo preocupações eugênicas e nacionalistas da época. O período subsequente, entre 1934 e 1937, foi marcado por crescente polarização ideológica e instabilidade política. De um lado, a Ação Integralista Brasileira (AIB), de inspiração fascista e com um discurso explicitamente antissemita, ganhava adeptos; de outro, a Aliança Nacional Libertadora (ANL), uma frente de esquerda liderada pelos comunistas, mobilizava setores populares e intelectuais.

A Intentona Comunista de novembro de 1935, uma tentativa frustrada de levante militar-popular, forneceu a Vargas o pretexto ideal para endurecer o regime, decretar estado de sítio e reprimir violentamente a oposição de esquerda. Nesse clima de crescente autoritarismo e xenofobia, intensificaram-se também as medidas restritivas à imigração de judeus, considerados "indesejáveis" por setores influentes do governo. Essa política culminou, ainda antes da instauração formal da ditadura, na emissão da Circular Secreta n. 1.127 pelo Itamaraty, em 7 de junho de 1937, que determinava a negação de vistos a "pessoas de origem semítica". O ambiente de conspiração e ameaça comunista foi, então, habilmente manipulado por Vargas e por seus aliados militares, culminando na divulgação do Plano Cohen – um documento forjado que descrevia um suposto plano de tomada do poder pelos comunistas, cuja propaganda anticomunista frequentemente se entrelaçava com imagens e narrativas antissemitas –, o qual serviu como justificativa final para o golpe de 10 de novembro de 1937. Com o apoio das Forças Armadas e a aquiescência de setores conservadores, Vargas fechou o Congresso, cancelou as eleições presidenciais previstas para 1938 e outorgou uma nova Constituição, inspirada em modelos autoritários europeus, que instituiu o Estado Novo.

A instauração do Estado Novo consolidou a ditadura pessoal de Vargas e eliminou os últimos vestígios de liberalismo político. O poder Executivo tornou-se virtualmente absoluto, os partidos políticos foram extintos, a censura à imprensa foi institucionalizada e a repressão policial e política intensificou-se. Paradoxalmente, essa consolidação autoritária interna permitiu ao governo brasileiro adotar uma política externa mais pragmática em suas motivações centrais. Livre das pressões partidárias e parlamentares, Vargas pôde manobrar com maior desenvoltura no cenário internacional, buscando extrair vantagens econômicas e políticas tanto das potências democráticas (EUA, Grã-Bretanha) quanto das potências do Eixo (Alemanha, Itália e Japão).

A política externa do Estado Novo foi essencialmente guiada por uma concepção de "interesse nacional" definida pelo próprio regime, centrada na modernização econômica, na industrialização e no fortalecimento do poder do Estado. As simpatias ideológicas que poderiam existir em setores do governo ou das Forças Armadas em relação ao fascismo foram subordinadas a esses objetivos pragmáticos. A busca por autonomia e desenvolvimento, iniciada em 1930, ganhava agora contornos mais definidos, e era perseguida com instrumentos mais centralizados e autoritários, preparando o terreno para a política de "equidistância pragmática" que marcaria as relações do Brasil com as grandes potências até a entrada do país na Segunda Guerra Mundial.

É importante salientar, contudo, que mesmo em meio a tantas rupturas, certos traços da atuação internacional tradicional do Brasil persistiram. A preocupação com a estabilidade regional e a manutenção de relações cordiais com os vizinhos sul-americanos, especialmente a Argentina – com a qual existia não só uma rivalidade histórica, mas também uma crescente interdependência econômica e a necessidade de coordenação em face das pressões externas –, continuaram sendo pilares da diplomacia. A tradição jurídica do Itamaraty, com sua ênfase no respeito aos tratados e na arbitragem como meio de solução de controvérsias, permaneceu como um ativo diplomático, conferindo respeitabilidade à ação externa brasileira.

A relação com os Estados Unidos, apesar das tensões que serão detalhadas, consolidava-se como o eixo estruturante da inserção internacional do Brasil, impulsionada pela crescente hegemonia norte-americana no hemisfério e pela Política da Boa Vizinhança de Roosevelt, que, embora assimétrica, abria espaços para negociação e cooperação. A burocracia do Itamaraty, ela mesma, representava um fator de continuidade, com muitos diplomatas formados na tradição anterior adaptando-se, com maior ou menor relutância, às novas diretrizes. A Era Vargas, portanto, inaugurou uma nova fase na política externa brasileira, caracterizada pela centralização, pelo nacionalismo e pelo desenvolvimentismo, mas o fez dialogando, por afirmação ou negação, com o legado diplomático preexistente.

A diplomacia varguista no Cone Sul e as origens do padrão de cordialidade oficial

A Revolução de 1930 redefiniu a inserção internacional do Brasil no Cone Sul e, sobretudo, a forma de gerir a relação com a Argentina – parceiro indispensável, mas também principal origem do discurso regional que denunciava o Brasil como potência "lusitano-imperial". A partir de 1931, sob a liderança de Oswaldo Aranha, o Itamaraty combinou nacional-desenvolvimentismo, pragmatismo comercial e diplomacia presidencial para sustentar o projeto de liderança concebido por Getúlio Vargas, ao mesmo tempo que procurava desarmar o estigma de hegemonismo que assombrava o país desde o século XIX.

Dois movimentos tornaram-se indissociáveis. Primeiramente, o governo patrocinou instrumentos multilaterais de paz e mediação – o Tratado Antibélico de Não Agressão e de Conciliação (1933) e as conferências que selaram o fim da Guerra do Chaco –, com o objetivo explícito de amortecer tensões platinas e exibir o Brasil como fiador do *status quo*, não como ator revisionista. Depois, buscou ampliar o intercâmbio intrarregional por meio de regimes tarifários seletivos que culminariam no Tratado de Livre Intercâmbio de 1941, oferecendo à Argentina ganhos econômicos capazes de demonstrar a complementaridade, não a rivalidade, entre os dois processos de industrialização. A visita de Vargas a Buenos Aires em 1935, quando presidiu a sessão final da conferência de paz, ressumou essa estratégia: gestos solenes de proximidade para conter antagonismos estratégicos latentes e, simultaneamente, abrir espaço para a agenda desenvolvimentista brasileira.

Esse repertório de iniciativas foi mais tarde sintetizado na noção de cordialidade oficial, cunhada por Matias Spektor para designar um padrão preventivo de comportamento internacional pelo qual o Brasil, diante de potenciais conflitos regionais e do risco de ser rotulado como imperialista, recorria à retórica conciliadora, à busca de "faixas de coincidência" e à inclusão sistemática dos vizinhos – sobretudo a Argentina – em projetos multilaterais de sua autoria. Trata-se, segundo Spektor, de prática deliberada de Estado, destinada a reduzir custos de segurança, preservar margem de manobra diplomática e assegurar condições externas favoráveis ao programa nacional-desenvolvimentista, ao mesmo tempo que esfumaçava a narrativa anti-hegemonia difundida em Montevidéu, Santiago e, especialmente, Buenos Aires. Ao longo de quase um século – desde a segunda metade do XIX até fins da década de 1960 –, o padrão funcionou como linha-guia da política externa brasileira para o Cone Sul; era acionado sempre que o Itamaraty avaliava que um confronto direto alimentaria a velha suspeita do "perigo brasileiro" e dificultaria a construção de consensos regionais.

As raízes do estilo remontam aos mandatos do visconde do Rio Branco como ministro dos Negócios Estrangeiros (1855-7; 1858-9; 1868-71) e presidente do Conselho de Ministros (1871-5). As sucessivas crises platinas – da Guerra do Paraguai às controvérsias sobre a navegação do Prata – mostraram-lhe que a percepção de hegemonismo era um obstáculo mais temível do que qualquer carência material de poder. Por isso, advogou uma conduta "moderada, benévola e generosa", a fim de diluir temores de expansão e evitar o isolamento diplomático. O Barão do Rio Branco, seu filho, transformou essa diretriz em política de Estado ao arbitrar o litígio de Palmas (1895), propor o pacto defensivo ABC (1904) e insistir em tratados de "cordial inteligência e arbitragem". Ainda que Buenos Aires resistisse a algumas iniciativas, o esforço conferiu densidade jurídica e simbólica ao padrão que mais tarde receberia o rótulo de cordialidade oficial.

No entreguerras, o padrão mostrou notável plasticidade. Na década de 1920, o Brasil abandonou seu ambicioso programa naval diante das críticas argentinas – um gesto de autocontenção destinado a demonstrar que não buscava supremacia militar. Nos anos 1930, Vargas converteu a cordialidade em eixo da diplomacia econômica: mediou o conflito boliviano-paraguaio, patrocinou a Declaração de Montevidéu sobre rios internacionais (1933) e recebeu Agustín Pedro Justo no Rio de Janeiro para selar o Pacto Saavedra Lamas, primeira convenção hemisférica de não agressão. Em troca, obteve sinal verde para seus acordos de compensação com a Alemanha e para a captação de financiamentos nos Estados Unidos, neutralizando tentativas de rotular o Brasil como satélite de potências extrarregionais. Nesses episódios, a cordialidade oficial funcionou como válvula de segurança reputacional: evitava escaladas armamentistas, convertia choques potenciais em barganhas econômicas e preservava o papel do Itamaraty como árbitro regional confiável.

Ao longo dos anos 1930, portanto, a cordialidade oficial adquiriu conteúdo substantivo: articulou-se à política de industrialização, ao uso de créditos externos e à abertura de mercados regionais. Reforçou a função de "ponte" que o Brasil desempenhava entre Buenos Aires e Washington, num contexto em que a Argentina denunciava o intervencionismo norte-americano, enquanto o Rio de Janeiro se aproximava do pan-americanismo. O padrão não era apenas cortesia; era também mecanismo de gestão da reputação. Cooperava-se sem subordinação, concialiava-se sem capitulação e liderava-se sem ostentar hegemonia aberta, justamente para esvaziar o discurso de imperialismo que minava a legitimidade de qualquer iniciativa brasileira.

Esse roteiro comportamental mostraria resiliência até o fim dos anos 1960, quando a corrida hidrelétrica no Paraná e a política de segurança do governo Geisel expuseram seus limites – não por acaso acompanhados da reativação do discurso anti-hegemonia nos países vizinhos. No recorte cronológico deste capítulo (1930-64), porém, a cordialidade oficial constituiu o alicerce indispensável para compatibilizar ambição desenvolvimentista, contenção de rivalidades e projeção diplomática de médio alcance, preservando a imagem do Brasil como grande potência benevolente em vez de hegemonia predatória.

A diplomacia da indústria nascente: a busca por mercados e investimentos para o projeto de industrialização nacional

O cerne do projeto nacionalista que emergiu com a ascensão de Vargas residia na transformação da estrutura econômica do Brasil, superando a dependência do modelo agroexportador e promovendo a industrialização como caminho para a modernização e o fortalecimento do país. A Crise de 1929 não apenas evidenciou a fragilidade desse modelo, com base na monocultura cafeeira, como também criou, paradoxalmente, condições para a sua superação. A drástica redução da capacidade de importar bens manufaturados, devido à queda das receitas de exportação e à desorganização do comércio mundial, funcionou como um poderoso estímulo à produção interna daquilo que antes era comprado no exterior.

Esse processo, conhecido como Industrialização por Substituição de Importações (ISI), que já ocorria de forma espontânea e limitada, foi conscientemente adotado e acelerado pelo governo Vargas como política de Estado. Nesse novo quadro, a política externa foi reconfigurada para atuar como uma alavanca estratégica desse projeto industrializante. A "diplomacia da indústria nascente" implicava uma atuação externa multifacetada: garantir mercados para os produtos primários remanescentes, essenciais para gerar divisas; obter acesso a bens de capital, tecnologia e insumos industriais no exterior; e atrair investimentos estrangeiros, mas em condições que servissem aos interesses nacionais definidos pelo Estado.

O Estado varguista assumiu um papel inédito de protagonista na economia, intervindo diretamente na produção, na regulação dos mercados e na definição das políticas econômicas. Foram criados diversos órgãos e conselhos para coordenar a produção e o comércio de produtos-chave, como o Departamento Nacional do Café (DNC, 1933) e o Instituto do Açúcar e do Álcool (IAA, 1933). O controle sobre o câmbio tornou-se um instrumento fundamental de política econômica, permitindo ao governo direcionar as escassas divisas para a importação de bens considerados prioritários para a industrialização.

Em 1934, foi criado o Conselho Federal de Comércio Exterior (CFCE), órgão destinado a assessorar o presidente em questões de política comercial e a coordenar a ação dos diferentes ministérios envolvidos, refletindo a crescente complexidade e importância atribuída às relações econômicas externas. O planejamento de setores estratégicos, como a siderurgia – considerada a base para uma industrialização autônoma –, começou a ser debatido, embora a construção da Companhia Siderúrgica Nacional (CSN) só se concretizasse durante a Segunda Guerra Mundial, com financiamento norte-americano. Essa postura intervencionista e planejadora do Estado refletia-se na forma como o Brasil negociava no cenário internacional.

A busca por mercados externos tornou-se mais agressiva e diversificada. Diante do protecionismo crescente nos mercados tradicionais e da crise do café, o Brasil procurou intensificar o comércio com novos parceiros e a utilizar mecanismos alternativos de troca. Nesse contexto, a Alemanha emergiu como um ator de grande relevância. Através de um sistema engenhoso de "marcos de compensação" (*Aski marks*), que funcionava como uma espécie de conta corrente bilateral permitindo o comércio sem o uso de moedas fortes, como a libra ou o dólar, a Alemanha conseguiu furar o bloqueio cambial de muitos países, incluindo o Brasil. O governo alemão oferecia comprar grandes quantidades de matérias-primas brasileiras (algodão, café, couros, minérios) em troca de produtos manufaturados alemães (máquinas, equipamentos, químicos, material bélico).

Para o Brasil, essa era uma alternativa atraente: garantia um mercado para produtos de difícil colocação, obtinha bens industriais essenciais sem gastar suas parcas reservas de divisas e diversificava seus parceiros comerciais, reduzindo a dependência dos EUA e da Grã-Bretanha. Como resultado, o comércio teuto-brasileiro cresceu exponencialmente em meados da década de 1930, chegando a Alemanha a superar os EUA como principal fornecedor de importados para o Brasil em alguns anos. Essa aproximação econômica, estritamente pragmática do ponto de vista brasileiro, foi vista com grande apreensão por Washington e Londres, que temiam não apenas a perda de mercados, mas também uma possível inclinação política do Brasil varguista em direção ao Eixo.

A relação com os Estados Unidos, tradicional e principal parceiro econômico e potência hemisférica ascendente, foi marcada por essa nova dinâmica. A Política da Boa Vizinhança, inaugurada por Franklin D. Roosevelt, representava uma mudança no que concerne ao intervencionismo do passado, buscando estabelecer relações mais cooperativas e baseadas no comércio e na diplomacia. O Brasil era visto como um parceiro-chave nessa estratégia. Contudo, a implementação dessa política encontrou obstáculos. Os EUA pressionavam pela redução de tarifas e pela eliminação de barreiras não tarifárias, procurando ampliar seu acesso ao mercado brasileiro, mas ofereciam poucas concessões significativas para os produtos do país além do café. A questão da dívida externa, como se verá, era um ponto constante de atrito. A crescente presença comercial alemã era outro foco de tensão.

Em 1935, foi assinado um Acordo Comercial Recíproco entre Brasil e EUA, negociado por Oswaldo Aranha e Sumner Welles. O acordo previa reduções tarifárias mútuas para uma série de produtos, mas seus resultados foram considerados modestos. O Brasil obteve algumas vantagens para produtos secundários, mas não conseguiu garantias significativas para o café, enquanto os EUA consolidaram seu acesso ao mercado brasileiro para produtos manufaturados. Mais importante que os termos comerciais específicos foi o sinal político: o acordo reafirmava a importância do eixo Rio de Janeiro-Washington, apesar das divergências e da competição alemã. A diplomacia varguista buscava equilibrar-se, utilizando a carta alemã para obter melhores condições dos americanos, ao mesmo tempo que reconhecia a importância estratégica e econômica em longo prazo da relação com os EUA.

A Grã-Bretanha, por sua vez, assistia com preocupação ao declínio de sua influência econômica e política no Brasil. Potência hegemônica no século XIX e principal investidora e credora no início do século XX, a Inglaterra viu sua posição erodida pela ascensão dos EUA, pela Crise de 1929 e pela competição alemã. A indústria britânica tinha dificuldade em competir com a americana e a alemã em setores mais dinâmicos, e o mercado financeiro de Londres já não possuía a mesma capacidade de fornecer capital. A postura nacionalista de Vargas e os frequentes conflitos em torno da dívida externa (da qual os britânicos eram os maiores detentores) azedaram as relações. O governo britânico via com desconfiança as políticas intervencionistas de Vargas e a aproximação com a Alemanha, mas sua capacidade de reação era limitada. A diplomacia britânica concentrou-se em tentar preservar seus interesses existentes e evitar uma deterioração maior de sua posição, mas claramente o Brasil já não orbitava mais tão docilmente na esfera de influência britânica como na Primeira República.

A "diplomacia da indústria nascente", portanto, refletia a complexa transição vivida pelo Brasil. Era uma política externa que buscava ativamente remodelar a inserção internacional do país para apoiar um projeto de desenvolvimento interno com base na industrialização. Utilizava para isso instrumentos como a negociação de acordos comerciais bilaterais, o controle cambial, a atração seletiva de investimentos e uma postura pragmática nas relações com as grandes potências, explorando as rivalidades existentes para maximizar os ganhos nacionais. O Itamaraty teve que se adaptar a essa nova agenda, incorporando quadros e conhecimentos técnicos na área econômica e comercial, embora a tensão entre a diplomacia tradicional e as novas demandas econômicas não estivesse ausente. Essa política, contudo, operava sob fortes constrangimentos: a dependência tecnológica e financeira externa, a vulnerabilidade da balança de pagamentos, a instabilidade do cenário internacional e a própria capacidade limitada do Estado brasileiro em implementar seus ambiciosos projetos. Os primeiros anos da Era Vargas lançaram as bases dessa nova orientação, cujos desafios e contradições se aprofundariam nos anos seguintes.

O primeiro choque com as potências: a questão da dívida externa e as tensões com a Grã-Bretanha e os Estados Unidos

Nenhuma questão econômica expôs de forma tão crua as tensões entre o projeto nacionalista emergente no Brasil e os interesses das grandes potências quanto a gestão da dívida externa durante os anos 1930. O Brasil ingressou na Era Vargas carregando um fardo pesado de obrigações financeiras internacionais, contraídas ao longo de décadas pela União, pelos estados e pelos municípios junto a banqueiros e investidores majoritariamente britânicos e, em menor medida, norte-americanos e franceses. Esses empréstimos haviam financiado desde a construção de ferrovias e portos até a cobertura de déficits orçamentários crônicos e os controversos esquemas de valorização artificial dos preços do café. O serviço dessa dívida (pagamento de juros e amortizações) consumia uma porção substancial e crescente das receitas de exportação, tornando o país extremamente vulnerável às flutuações do comércio internacional e dos fluxos de capital.

A Grande Depressão transformou essa vulnerabilidade em crise aguda. A queda vertiginosa dos preços e dos volumes de exportação do café, principal fonte de divisas do país, tornou matematicamente impossível para o Brasil continuar honrando de forma integral seus compromissos externos sem sacrificar completamente as importações essenciais e as funções básicas do Estado. Diante desse quadro dramático, o Governo Provisório, ainda em 1931, após tentativas infrutíferas de obter um acordo mais amplo com os credores, foi forçado a decretar uma moratória parcial. Através do chamado “Funding Loan de 1931”, o terceiro na história republicana, suspendeu-se o pagamento das amortizações da maioria dos empréstimos, embora os juros de alguns empréstimos considerados prioritários (como os de 1898 e 1914) continuassem a ser pagos. Essa medida unilateral, embora ditada pela necessidade econômica, foi recebida com indignação pelos comitês de detentores de títulos em Londres (Council of Foreign Bondholders) e Nova York (Foreign Bondholders Protective Council), que representavam os interesses dos credores e exerciam forte pressão sobre seus respectivos governos. Notas diplomáticas foram trocadas, e o crédito internacional do Brasil foi severamente abalado.

A situação exigia uma solução negociada, ainda que temporária, para evitar um colapso total das relações financeiras. Essa tarefa coube a Oswaldo Aranha, que, como ministro da Fazenda, viajou a Washington e a Londres em 1933 para negociar um reescalonamento da dívida. O resultado foi o Decreto n. 23.829, de fevereiro de 1934, conhecido como “Plano Aranha”. Esse plano estabelecia um complexo esquema de pagamento para o período de 1934 a 1938, classificando os diversos empréstimos (federais, estaduais e municipais) em 8 categorias distintas, com percentuais de pagamento de juros e amortizações que variavam desde 100% para os empréstimos federais mais antigos e garantidos até a suspensão total para algumas dívidas estaduais e municipais consideradas de menor prioridade ou capacidade de pagamento. O plano representou um reconhecimento formal, por parte dos credores, da situação de dificuldade do Brasil, e proporcionou um alívio significativo, ainda que temporário, para o balanço de pagamentos.

Do ponto de vista brasileiro, foi uma vitória diplomática relativa, pois conseguiu impor uma solução com base na capacidade de pagamento, ainda que parcial e escalonada. Contudo, o acordo estava longe de ser uma solução definitiva e gerou ressentimentos em ambos os lados. Muitos credores sentiram-se lesados, enquanto o governo Vargas continuava a encarar o serviço da dívida, mesmo reduzido, como um entrave ao desenvolvimento nacional. A implementação do plano também gerou atritos, com frequentes atrasos e disputas sobre a classificação e o pagamento das diferentes categorias de títulos.

O frágil equilíbrio alcançado pelo Plano Aranha ruiu com a instauração do Estado Novo. Em 20 de novembro de 1937, apenas 10 dias após o golpe, Getúlio Vargas anunciou, em um gesto de afirmação de poder e de nacionalismo econômico, a suspensão total do pagamento de juros e amortizações da dívida externa por tempo indeterminado. As justificativas oficiais evocavam a necessidade premente de recursos para o reequipamento das Forças Armadas, diante da deterioração do cenário internacional, e para a implementação de projetos de desenvolvimento econômico interno, considerados prioritários pelo novo regime. Embora as dificuldades cambiais persistissem, a decisão tinha um forte caráter político: sinalizava a disposição do Estado Novo de subordinar os compromissos financeiros internacionais aos seus objetivos estratégicos nacionais, desafiando abertamente os interesses das potências credoras.

A reação internacional foi imediata e severa, especialmente por parte dos Estados Unidos e da Grã-Bretanha. O governo norte-americano, que já via com preocupação a natureza autoritária do Estado Novo e a crescente penetração comercial alemã, considerou a suspensão da dívida uma afronta e um obstáculo à consolidação da Política da Boa Vizinhança. Pressões diplomáticas foram intensificadas, e o acesso do Brasil a novos créditos e investimentos norte-americanos foi dificultado. O secretário de Estado, Cordell Hull, expressou publicamente o descontentamento de

Washington. A Grã-Bretanha, como maior detentora de títulos da dívida brasileira, também reagiu negativamente, embora sua capacidade de retaliação fosse menor que a dos EUA. O episódio exacerbou a desconfiança britânica em relação ao regime de Vargas e acelerou o declínio de sua influência no país. A suspensão de 1937 representou, assim, o ponto culminante do "primeiro choque" entre o Brasil varguista e as potências financeiras.

Esse confronto em torno da dívida externa foi emblemático da mudança de paradigma na política externa brasileira. Demonstrou a disposição do governo Vargas de romper com a postura tradicionalmente mais deferente em relação aos credores internacionais e de utilizar a questão da dívida como um instrumento de negociação na busca por maior autonomia econômica e política. Embora o Brasil ainda fosse um país dependente de capital e tecnologia externos, a gestão da crise da dívida nos anos 1930 revelou uma crescente capacidade de resistência e uma determinação em redefinir os termos de sua inserção no sistema internacional, priorizando o que o regime definia como "interesse nacional". Essa postura assertiva, facilitada pela conjuntura internacional de crise e pela crescente rivalidade entre as grandes potências, fortaleceu a imagem de Vargas internamente como defensor da soberania nacional. O impasse da dívida só seria resolvido em 1943, já sob as condições excepcionais criadas pela Segunda Guerra Mundial e pelo alinhamento estratégico do Brasil com os Estados Unidos, quando um novo acordo, mais favorável ao nosso país, foi finalmente negociado por Aranha, então chanceler. A experiência dos anos 1930, no entanto, deixou marcas profundas, consolidando a percepção de que a gestão das relações financeiras externas era um componente indissociável da luta pela autonomia e pelo desenvolvimento nacional.

ENTRE DOIS BLOCOS: A INSERÇÃO DO BRASIL NO CONFLITO GLOBAL (1937-45)

O governo Vargas aproveitou o controle centralizado do Estado para estabelecer uma diplomacia cuidadosamente calibrada, que buscava extrair o máximo de benefícios econômicos e políticos das tensões entre os principais blocos em disputa. Em vez de assumir um alinhamento ideológico automático, optou-se por manter abertas as opções de relacionamento tanto com as democracias ocidentais quanto com as potências autoritárias, usando a posição estratégica do país e seu potencial produtivo como moedas de troca. Esse pragmatismo permitiu negociações vantajosas em áreas como financiamento industrial e fornecimento de equipamentos, mas também evidenciou os limites de uma inserção que dependia simultaneamente do crédito externo e do acesso a mercados diversos.

À medida que o conflito global se intensificava, a neutralidade voluntariamente adotada passou a se mostrar inviável. O bloqueio naval, a escassez de insumos e as insistentes pressões norte-americanas para uma frente unida contra o Eixo criaram um ambiente em que preservar a autonomia exigia concessões crescentes. Gradualmente, o cálculo estratégico brasileiro deslocou-se: abandonar a postura equidistante abriu caminho para a declaração de beligerância, o rompimento de laços diplomáticos com o Eixo e, finalmente, a mobilização de recursos em apoio ao esforço aliado, refletindo a necessidade de preservar não só interesses econômicos, mas também a segurança nacional.

O envio da Força Expedicionária Brasileira ao teatro italiano ilustrou o ápice e a ambiguidade desse modelo pragmático. Ao participar diretamente dos combates, o Brasil buscava assegurar reconhecimento internacional e influenciar as decisões sobre a nova ordem mundial, ao mesmo tempo que reforçava sua aliança militar com os Estados Unidos. No plano interno, porém, esse gesto paradoxal de um regime autoritário empenhado em defender a democracia estrangeira acabou ampliando o questionamento sobre a própria liberdade doméstica - um fator que, ao regressar, impulsionou setores civis e militares a exigir a redemocratização e a redefinir o papel do país no pós-guerra.

O pragmatismo como princípio norteador: as relações com os Estados Unidos e a Alemanha em busca de benefícios econômicos e políticos

A instauração do Estado Novo em novembro de 1937 conferiu a Getúlio Vargas um controle quase irrestrito sobre os destinos do Brasil, incluindo a condução da política externa. Livre das amarras institucionais do Congresso e das pressões partidárias, Vargas e seu chanceler, Oswaldo

Aranha (que retornaria ao posto em 1938, após um interlúdio de Mário de Pimentel Brandão), puderam aprofundar a estratégia de inserção internacional que já vinha se delineando desde 1930, mas agora com maior centralização e capacidade de manobra. Essa estratégia, frequentemente caracterizada pela historiografia como "pragmatismo equidistante" ou "barganha pragmática", consistia em explorar as crescentes rivalidades entre as grandes potências – de um lado, as democracias ocidentais lideradas pelos Estados Unidos e pela Grã-Bretanha; de outro, as potências totalitárias do Eixo, notadamente a Alemanha nazista e a Itália fascista – para extrair o máximo de vantagens possível em prol dos objetivos de desenvolvimento nacional, modernização econômica e fortalecimento do poder do Estado brasileiro. Em um cenário internacional cada vez mais polarizado e à beira de um conflito generalizado, o Brasil buscava evitar alinhamentos ideológicos automáticos e manter abertas as opções de relacionamento com ambos os blocos, utilizando sua posição geográfica estratégica, seu potencial econômico e seu peso político regional como moedas de troca.

A relação com a Alemanha nazista, nesse período, atingiu seu ápice em termos de intercâmbio comercial, mas também revelou os limites dessa aproximação. O sistema de comércio por compensação, com base nos marcos-Aski, continuou a operar intensamente até o início da guerra, permitindo ao Brasil escoar parte de sua produção agrícola e mineral (algodão, café, óleos vegetais, minério de ferro) e importar bens de capital alemães (máquinas, equipamentos industriais, material elétrico), sem despender suas escassas reservas de moeda forte. Em 1938, a Alemanha chegou a ser o segundo maior parceiro comercial do Brasil, superando a Grã-Bretanha e aproximando-se dos Estados Unidos em alguns rubros. Empresas alemãs, como a Krupp, manifestavam interesse em participar de projetos industriais estratégicos no Brasil, incluindo a tão almejada usina siderúrgica nacional.

O governo alemão também investia em propaganda e influência cultural, através de transmissões de rádio (como a Transradio), do apoio a jornais e associações teuto-brasileiras, além da tentativa de cooptar setores das elites civis e militares brasileiras simpáticas aos regimes autoritários. Figuras importantes no alto escalão militar, como os generais Pedro Aurélio de Góis Monteiro e Eurico Gaspar Dutra, nutriam admiração pela organização e pela eficiência militar alemã, e viam com desconfiança a hegemonia norte-americana. Contudo, é fundamental reiterar que a motivação primordial do governo Vargas ao lidar com a Alemanha era econômica e pragmática, não propriamente ideológica. O próprio Vargas, embora líder de um regime autoritário, reprimiu a Ação Integralista Brasileira em 1938, demonstrando que não toleraria a influência direta de potências estrangeiras na política interna. Ademais, à medida que a guerra se aproximava e a Marinha britânica intensificava o bloqueio naval, a viabilidade do comércio com a Alemanha diminuía drasticamente, minando a base econômica dessa relação.

Paralelamente, a relação com os Estados Unidos se tornou o foco principal da barganha diplomática brasileira. Ciente da importância estratégica do Brasil no Atlântico Sul e preocupado com a crescente influência alemã na América Latina, o governo de Franklin D. Roosevelt intensificou os esforços no âmbito da Política da Boa Vizinhança para atrair o Brasil para sua órbita de influência e garantir seu alinhamento em caso de conflito. Essa aproximação se deu em múltiplas frentes. No plano diplomático, figuras como o subsecretário de Estado, Sumner Welles, desempenharam papel crucial, realizando visitas ao Brasil e mantendo diálogo constante com Vargas e Aranha. O próprio Oswaldo Aranha – primeiro como embaixador em Washington (1934-7) e depois como ministro das Relações Exteriores (a partir de 1938) – tornou-se o principal artífice da aproximação com os EUA, convencido de que o alinhamento com a potência hemisférica dominante era o caminho mais seguro e vantajoso para o país no longo prazo. Sua atuação foi fundamental para contrabalançar as inclinações germanófilas de setores militares e do próprio Vargas em alguns momentos.

No plano econômico, os Estados Unidos passaram a oferecer incentivos concretos que a Alemanha, crescentemente isolada e voltada para o esforço de guerra, não podia igualar. O Export-Import Bank (Ex-Im Bank) tornou-se um instrumento-chave, oferecendo linhas de crédito para financiar exportações norte-americanas e projetos de desenvolvimento no Brasil. Missões técnicas, como a Missão Cooke (1942-3), foram enviadas para estudar o potencial econômico brasileiro e propor medidas para sua modernização, alinhando-o às necessidades do esforço de guerra aliado. A diplomacia cultural também foi mobilizada intensamente através do Office of the Coordinator of Inter-American Affairs (OCIAA), dirigido por Nelson Rockefeller, que promovia intercâmbios culturais, programas de rádio, produções cinematográficas (como o famoso filme *Alô, amigos* de Walt Disney, apresentando o personagem Zé Carioca) e a projeção de artistas como Carmen Miranda, visando criar uma imagem positiva dos EUA e fortalecer os laços de amizade entre os dois países.

O ponto central da barganha, contudo, foi a negociação em torno da construção da grande usina siderúrgica nacional em Volta Redonda (RJ). Considerada por Vargas e pelos militares um projeto estratégico fundamental para a autonomia industrial e a defesa nacional, a Companhia Siderúrgica Nacional (CSN) tornou-se o grande objetivo da diplomacia brasileira no período. O Brasil buscou inicialmente obter financiamento e tecnologia na Alemanha, mas as negociações com a Krupp não prosperaram, em parte devido às dificuldades impostas pelo cenário pré-bélico e pela pressão norte-americana. Vargas, então, voltou-se decisivamente para os Estados Unidos. A negociação foi longa e complexa. O governo norte-americano a princípio relutou, pressionado por sua própria indústria siderúrgica (US Steel) que temia a concorrência e duvidava da viabilidade do projeto. Todavia, a crescente percepção da importância estratégica do Brasil e a necessidade de garantir seu apoio levaram Washington a ceder. Em 1940, após intensa gestão de Aranha e negociações diretas entre Vargas e Roosevelt, o Ex-Im Bank concedeu o empréstimo decisivo que viabilizou a construção da CSN, com tecnologia e equipamentos norte-americanos. Esse acordo é frequentemente considerado o "preço" pago pelos Estados Unidos para garantir o alinhamento brasileiro e afastar de maneira definitiva a influência alemã. A obtenção da CSN representou uma vitória maiúscula para a diplomacia pragmática de Vargas, demonstrando sua habilidade em jogar com as rivalidades interimperialistas para alcançar um objetivo nacional de longo alcance.

Assim, o período entre 1937 e o início de 1942 foi marcado por essa complexa dança diplomática. Vargas e Aranha mantiveram canais de comunicação abertos com Berlim e Washington, resistindo às pressões por um alinhamento definitivo, enquanto negociavam os melhores termos possíveis. O Brasil não concedeu as bases militares no Nordeste que os EUA almejavam desde cedo, utilizando-as como um trunfo adicional na barganha. Internamente, essa política de "equidistância" refletia e administrava as divisões existentes dentro do próprio regime, entre os setores mais nacionalistas e desenvolvimentistas, os elementos pró-Aliados (liderados por Aranha) e os setores pró-Eixo (influentes nas Forças Armadas). Vargas, como árbitro final, soube equilibrar essas forças, extraindo concessões de ambos os lados, mas se inclinando progressivamente para a órbita norte-americana, à medida que os benefícios oferecidos por Washington se tornavam mais concretos e a situação militar da Alemanha se complicava. O pragmatismo varguista, portanto, não era uma neutralidade passiva, mas uma ativa e calculada estratégia de barganha, cujo objetivo último era fortalecer o Estado brasileiro e promover seu projeto de desenvolvimento industrial, mesmo que isso implicasse navegar perigosamente nas águas turbulentas da política mundial às vésperas da maior conflagração da história.

Nacionalização compulsória e fricções diplomáticas com o Eixo

A consolidação do poder varguista, especialmente após a instauração do Estado Novo em 1937, foi acompanhada por um recrudescimento da agenda nacionalista, cujos efeitos se estenderam significativamente às relações exteriores do Brasil. Em sua busca por forjar uma identidade nacional unificada e afirmar a soberania estatal sobre todo o território, o governo empreendeu uma vigorosa campanha de nacionalização, direcionada às numerosas e influentes comunidades de imigrantes e seus descendentes, gerando focos de tensão relevantes com as representações diplomáticas de países como Alemanha e Itália. A presença de grandes contingentes de origem alemã e italiana, particularmente concentrados no Sul do país, que mantinham laços culturais, linguísticos e, por vezes, políticos com suas nações de origem, passou a ser percebida pelo regime como um obstáculo à coesão nacional e um potencial vetor de influência estrangeira indesejada, especialmente no contexto de ascensão dos regimes totalitários na Europa.

A campanha de nacionalização implementou um conjunto de medidas coercitivas, visando à assimilação forçada dessas comunidades. Políticas como a proibição do funcionamento de escolas em língua estrangeira, a obrigatoriedade do ensino exclusivo em português, a nacionalização de associações culturais e recreativas, bem como a restrição ou a proibição de publicações em idiomas estrangeiros, impactaram diretamente o cotidiano e a organização social desses grupos. Tais ações, justificadas internamente pela necessidade de integração e defesa da segurança nacional, colidiam frontalmente com os interesses de Berlim e Roma. O regime nazista alemão, com sua ideologia da *Volksgemeinschaft* (comunidade do povo) transnacional, e a Itália fascista, que incentivava ativamente o irredentismo e o orgulho nacionalista entre seus emigrados, viam essas comunidades como extensões de sua esfera de influência cultural e política. Ambos os governos utilizavam suas representações consulares e diplomáticas no Brasil não apenas para proteger seus nacionais, mas também para difundir propaganda e manter vínculos ideológicos, considerando o país um espaço estratégico na disputa por hegemonia na América do Sul frente aos Estados Unidos e à Grã-Bretanha.

As tensões diplomáticas agravaram-se, à medida que o Estado Novo reprimia movimentos com afinidades ideológicas com o fascismo europeu, como o Integralismo, e intensificava a vigilância sobre as atividades das comunidades alemã e italiana. Protestos formais foram apresentados pelos embaixadores alemão e italiano contra medidas específicas, como a proibição de jornais e rádios em língua alemã ou a dissolução de associações ítalo-brasileiras. A prisão de indivíduos acusados de atividades nazistas ou fascistas em território brasileiro também gerou incidentes diplomáticos, com acusações de violação de direitos e contra-acusações de ingerência em assuntos internos. Configurou-se, assim, um cenário de desconfiança mútua, no qual a defesa intransigente da soberania nacional por parte do governo Vargas entrava em choque direto com as ambições políticas e culturais das potências do Eixo em relação às suas diásporas.

Com a deflagração da Segunda Guerra Mundial em 1939, essa dinâmica tornou-se ainda mais complexa. Embora o Brasil buscasse, inicialmente, manter uma neutralidade pragmática a fim de preservar seus interesses econômicos e sua autonomia, a pressão crescente dos Estados Unidos para o alinhamento pan-americano contra o Eixo, somada às próprias fricções geradas pela campanha de nacionalização, contribuiu decisivamente para o desgaste das relações com a Alemanha e a Itália. A política de nacionalização, nesse contexto, não só serviu ao propósito interno de consolidação do Estado e da identidade nacional, mas também funcionou, na prática, como um instrumento que distanciava o Brasil das potências do Eixo e facilitava a posterior adesão à causa aliada, selada com o rompimento de relações e a declaração de guerra em 1942, limitando definitivamente a capacidade de influência alemã e italiana no país.

A Segunda Guerra Mundial e o alinhamento aos Aliados: a transição da neutralidade à participação na guerra

A política externa pragmática e equidistante que caracterizou a atuação do Brasil sob o Estado Novo tornou-se progressivamente insustentável, à medida que a Segunda Guerra Mundial escalava e o conflito adquiria contornos globais e ideológicos mais definidos. Uma série de eventos internacionais cruciais, entre 1940 e 1941, alterou drasticamente o cálculo estratégico do governo Vargas e acelerou a transição da neutralidade para o alinhamento com as potências aliadas. A rápida e avassaladora derrota da França em junho de 1940, seguida pela Batalha da Grã-Bretanha, demonstrou a força militar alemã, mas também a capacidade de resistência britânica. A invasão da União Soviética pela Alemanha em junho de 1941 abriu uma nova e gigantesca frente de batalha, consumindo vastos recursos do Eixo. Economicamente, o bloqueio naval britânico tornava o comércio com a Europa continental cada vez mais difícil e arriscado para países neutros como o Brasil, enquanto os laços comerciais e financeiros com os Estados Unidos e a própria Grã-Bretanha se fortaleciam, impulsionados pelas necessidades do esforço de guerra aliado.

O ponto de inflexão definitivo, contudo, foi o ataque japonês a Pearl Harbor em 7 de dezembro de 1941, além da subsequente entrada dos Estados Unidos na guerra. Esse evento eliminou qualquer ambiguidade sobre a posição da principal potência hemisférica e tornou a neutralidade brasileira não apenas difícil, mas, sobretudo, potencialmente perigosa. A solidariedade continental, um pilar tradicional da diplomacia brasileira e um componente essencial da Política da Boa Vizinhança, exigia uma resposta clara de apoio aos Estados Unidos. Além disso, o Brasil já havia feito sua aposta estratégica ao garantir o financiamento norte-americano para a CSN em 1940, atrelando seu projeto industrial fundamental aos interesses dos EUA. A manutenção de uma neutralidade estrita ou, pior ainda, uma postura ambígua, poderia comprometer não apenas o recebimento dos recursos prometidos, mas também a segurança do próprio país, agora vizinho de uma nação em guerra total contra o Eixo.

Nesse contexto, realizou-se no Rio de Janeiro, em janeiro de 1942, a III Reunião de Consulta dos Ministros das Relações Exteriores das Repúblicas

Americanas. Convocada para discutir a resposta hemisférica ao ataque a Pearl Harbor, a conferência tornou-se o palco da decisão brasileira. Os Estados Unidos, representados por Sumner Welles, pressionaram fortemente por uma resolução que recomendasse o rompimento coletivo das relações diplomáticas com as potências do Eixo (Alemanha, Itália e Japão). A Argentina, governada por militares nacionalistas e com fortes laços econômicos e culturais com a Europa, resistiu a essa proposta, defendendo a manutenção da neutralidade. O Brasil, sob a liderança decisiva de Oswaldo Aranha, desempenhou um papel crucial como mediador e principal aliado dos Estados Unidos. Aranha trabalhou intensamente para articular uma posição de consenso que, embora não impusesse o rompimento como obrigatório (uma concessão à Argentina e ao Chile), recomendava-o fortemente como expressão da solidariedade continental. Em 28 de janeiro de 1942, cumprindo o espírito da resolução que ajudara a aprovar, o Brasil anunciou formalmente o rompimento de suas relações diplomáticas com Alemanha, Itália e Japão. Essa decisão assinalou o fim da política de equidistância e o ingresso definitivo do Brasil no campo aliado, embora ainda não como beligerante.

A passagem do rompimento de relações para a declaração de guerra foi acelerada por ações diretas da Alemanha contra o Brasil. A partir de fevereiro de 1942, submarinos alemães, operando no Atlântico Sul, em uma tentativa de interromper as linhas de abastecimento aliadas, começaram a torpedear navios mercantes brasileiros em águas internacionais e, em seguida, em águas territoriais do Brasil. Os ataques intensificaram-se dramaticamente em agosto de 1942, quando, em apenas 2 dias (15 e 16 de agosto), 5 navios brasileiros foram afundados na costa do Nordeste (Bahia e Sergipe), causando a morte de mais de 600 pessoas, incluindo civis, mulheres e crianças. Esses ataques brutais contra embarcações civis desarmadas geraram uma onda de comoção e indignação popular sem precedentes em todo o país. Manifestações de massa ocorreram nas principais cidades, exigindo uma resposta firme do governo. A opinião pública, antes dividida ou apática em relação à guerra, uniu-se em um sentimento antinazista e clamou por vingança. A pressão sobre Vargas tornou-se insuportável. Em 22 de agosto de 1942, após consulta aos seus ministros e ao Alto-Comando Militar, Getúlio Vargas anunciou que o Brasil reconhecia o estado de beligerância imposto pela Alemanha e pela Itália. Em 31 de agosto, o governo brasileiro declarou formalmente guerra às duas potências europeias do Eixo.

A entrada do Brasil na guerra ao lado dos Aliados abriu uma nova fase na política externa, marcada por uma intensa cooperação militar e econômica com os Estados Unidos, a chamada "diplomacia de guerra". O aspecto mais visível dessa cooperação foi a cessão de bases navais e aéreas no Nordeste brasileiro. Localizada estrategicamente na "esquina do Atlântico", a região se tornou fundamental para as operações aliadas. Bases em Natal, Recife, Salvador e outras localidades foram expandidas e modernizadas com recursos norte-americanos, e passaram a ser utilizadas por aeronaves e navios dos EUA para patrulhamento antissubmarino, transporte de tropas e suprimentos para a África e a Europa, bem como apoio à campanha no Norte da África. Natal ficou conhecida como o "trampolim da vitória". A presença militar norte-americana no Nordeste foi maciça, regulada pelos Acordos de Washington de 1942, que também estabeleceram a Comissão Mista de Defesa Brasil-Estados Unidos para coordenar as atividades militares conjuntas.

No plano econômico, o Brasil se tornou um fornecedor vital de matérias-primas estratégicas para o esforço de guerra aliado. Acordos específicos foram firmados para garantir o fornecimento de borracha (essencial após a perda das fontes asiáticas para o Japão, levando a um esforço massivo e, muitas vezes, trágico de mobilização de "soldados da borracha" na Amazônia), cristais de quartzo (usados em equipamentos de rádio e radar), manganês, minério de ferro, bauxita, diamantes industriais, entre outros. Em contrapartida, o Brasil passou a receber assistência econômica e militar dos Estados Unidos através da Lei de Empréstimo e Arrendamento (Lend-Lease Act), que permitiu o reequipamento e a modernização de alguns setores das Forças Armadas brasileiras e financiou projetos de infraestrutura ligados ao esforço de guerra.

Os benefícios do programa Lend-Lease para o Brasil foram substanciais, superando os US$ 350 milhões em valores da época (aproximadamente três quartos do total destinado à América Latina) e impactando diversas áreas. No campo militar, o programa permitiu uma modernização sem precedentes das Forças Armadas: a Marinha recebeu destroieres e aeronaves de patrulha (como os PBY Catalina), essenciais para a campanha antissubmarino no Atlântico Sul; a recém-criada Força Aérea Brasileira (FAB) foi equipada com aviões de combate e transporte; e o Exército recebeu armamentos, veículos e equipamentos que viabilizaram a organização e o envio da Força Expedicionária Brasileira (FEB) para o teatro de operações italiano. Além do material bélico, o programa incluiu treinamento e intercâmbio técnico, aprofundando os laços com as Forças Armadas norte-americanas. No plano econômico e de infraestrutura, o apoio via Lend-Lease foi crucial para projetos estratégicos, como o financiamento inicial e o fornecimento de equipamentos para a construção da Companhia Siderúrgica Nacional (CSN) em Volta Redonda – marco da industrialização brasileira –, bem como para a expansão e a modernização de bases aéreas e navais no Nordeste (como a base aérea de Natal), que se tornaram vitais para a logística aliada no Atlântico. No pós-guerra, embora parte das expectativas brasileiras por uma continuidade da assistência econômica não tenha se concretizado plenamente, o legado do Lend-Lease se manifestou na consolidação da influência militar estadunidense, na modernização de infraestruturas e na experiência industrial e bélica adquirida, elementos que influenciaram a trajetória do país nas décadas seguintes.

Essa intensa cooperação econômica e militar não só aprofundou a dependência brasileira em relação aos Estados Unidos, mas também gerou oportunidades de desenvolvimento e modernização em certas áreas. Internamente, a guerra implicou a mobilização de recursos, o racionamento de alguns produtos, o aumento da vigilância sobre imigrantes de países do Eixo e seus descendentes, e a intensificação da propaganda nacionalista e pró-aliada. A transição da neutralidade pragmática para a beligerância ativa foi, portanto, um processo complexo, impulsionado por uma combinação de fatores internacionais, pressões econômicas, agressões diretas e a redefinição do interesse nacional brasileiro no novo contexto da guerra total.

A FEB e o reconhecimento internacional: a projeção do Brasil no cenário pós-guerra

A decisão de não apenas declarar guerra ao Eixo, mas também de participar ativamente do conflito, com o envio de uma força combatente para o teatro de operações europeu, representou o passo mais ousado da política externa de Getúlio Vargas durante a Segunda Guerra Mundial. A criação da Força Expedicionária Brasileira (FEB), formalizada em agosto de 1943, foi motivada por um conjunto complexo de fatores. Em primeiro lugar, havia o desejo de Vargas e de parte da elite política e militar de projetar o Brasil como um ator relevante no cenário internacional, garantindo ao país um assento à mesa das negociações de paz e na nova ordem mundial que se desenhava. A participação militar ativa era vista como a forma mais eficaz de obter reconhecimento e prestígio junto aos "Três Grandes" (Estados Unidos, Grã-Bretanha e União Soviética). Em segundo lugar, o envio de tropas era um modo de selar a aliança com os Estados Unidos, fortalecendo os laços bilaterais, especialmente no campo militar, e abrindo caminho para a obtenção de equipamentos, treinamento e doutrina militar moderna. Em terceiro lugar, a participação na luta contra o fascismo na Europa poderia, paradoxalmente, conferir maior legitimidade interna e externa ao próprio regime autoritário de Vargas, apresentando-o como parte do esforço global pela democracia – uma contradição que não passou despercebida, a qual teria consequências políticas futuras. Finalmente, havia pressões internas, tanto de setores da opinião pública galvanizados pelo sentimento antinazista quanto de facções dentro das Forças Armadas ansiosas por experiência de combate real.

A organização da FEB, contudo, enfrentou enormes desafios logísticos, materiais e de treinamento. O Brasil não possuía uma força militar preparada para uma expedição de grande escala em um teatro de operações moderno e distante. Foi preciso criar do zero uma divisão de infantaria expedicionária, com cerca de 25 mil homens, incluindo unidades de apoio de artilharia, engenharia, saúde e logística. O recrutamento, a seleção e o treinamento dos "pracinhas" foram realizados apressadamente. O equipamento, o armamento e até mesmo os uniformes foram, em sua vasta maioria, fornecidos pelos Estados Unidos, dentro dos acordos do Lend-Lease. A própria doutrina militar e a estrutura organizacional tiveram que ser adaptadas ao modelo norte-americano, sob cuja cadeia de comando a FEB atuaria. O comando da força foi entregue ao general João Batista Mascarenhas de Morais. Apesar das dificuldades e do ceticismo inicial de alguns observadores estadunidenses, a FEB foi finalmente transportada para a Itália entre julho e novembro de 1944, sendo integrada ao IV Corpo do Quinto Exército dos Estados Unidos, sob o comando do general Mark Clark.

A campanha da FEB na Itália, que se estendeu de setembro de 1944 a maio de 1945, foi marcada por combates árduos e vitórias significativas, conquistadas com bravura e sacrifício. Atuando em um terreno montanhoso e difícil, sob condições climáticas adversas e enfrentando tropas alemãs experientes e bem entrincheiradas na Linha Gótica, os soldados brasileiros demonstraram notável capacidade de adaptação e combate. Após um período inicial de aclimatação e combates menores, a FEB participou ativamente da ofensiva aliada final na primavera de 1945. Seus feitos mais notáveis incluem a conquista de Monte Castello, após várias tentativas frustradas e combates sangrentos em condições de inverno rigoroso; a tomada de Montese, um importante bastião defensivo alemão; e a participação decisiva na Batalha de Collecchio e no Cerco de Fornovo di Taro, que resultaram na rendição em massa de duas divisões alemãs e uma divisão fascista italiana, totalizando quase 20 mil prisioneiros, nos últimos dias da guerra na Itália. A participação brasileira, embora numericamente modesta em comparação com o esforço de guerra total, foi relevante no contexto específico da frente italiana e custou a vida de cerca de 450 soldados brasileiros, com mais de 2 mil feridos.

O impacto da participação da FEB na guerra transcendeu o campo de batalha. No plano diplomático, a presença de tropas brasileiras combatendo ao lado dos Aliados conferiu ao Brasil um *status* diferenciado entre as nações latino-americanas e fortaleceu sua posição nas negociações que levaram à criação da Organização das Nações Unidas (ONU) em 1945. O Brasil foi um dos membros fundadores e pleiteou, embora sem sucesso imediato, um assento permanente no Conselho de Segurança, argumentando seu papel ativo na vitória aliada. A experiência da FEB também solidificou os laços militares entre Brasil e Estados Unidos, estabelecendo uma relação de cooperação e influência que perduraria por décadas. A participação conjunta na guerra criou um sentimento de camaradagem e alinhamento ideológico anticomunista entre as cúpulas militares dos dois países, que teria profundo impacto na política brasileira durante a Guerra Fria.

No plano doméstico, a atuação da FEB gerou um misto de orgulho nacional e contradição política. A propaganda oficial exaltava os feitos dos "pracinhas" como prova do valor e da unidade nacional sob a liderança de Vargas. No entanto, a ironia de um país sob ditadura enviando soldados para lutar pela democracia na Europa não escapou à percepção de muitos. O retorno dos veteranos da FEB em 1945, aclamados como heróis, mas conscientes das liberdades pelas quais lutaram, tornou-se um fator de pressão adicional pela redemocratização do Brasil. Os "pracinhas" converteram-se em um símbolo da necessidade de mudança e participaram ativamente do movimento que levou à deposição de Vargas em outubro de 1945.

A experiência da guerra, portanto, contribuiu paradoxalmente para o fim do regime que a conduzira. Em suma, a participação da Força Expedicionária Brasileira na Segunda Guerra Mundial foi um episódio marcante na história militar e diplomática do Brasil, projetando o país no cenário internacional; estreitando seus laços com os Estados Unidos; e, ao mesmo tempo, semeando as sementes da transição democrática que se seguiria ao fim do conflito. O reconhecimento internacional conquistado com sangue brasileiro na Itália representou o ápice da política externa pragmática e assertiva iniciada por Vargas em 1930.

REDEMOCRATIZAÇÃO E ALINHAMENTO CONDICIONADO (1945-54)

O Brasil no pós-guerra: a reconstrução da ordem internacional e a inserção brasileira na ONU

O término da Segunda Guerra Mundial em 1945 coincidiu, no Brasil, com o fim da longa Era Vargas e o início de um período de redemocratização. A deposição de Getúlio Vargas em outubro de 1945, por uma articulação militar que refletia tanto o desgaste do regime autoritário quanto as pressões crescentes por liberalização (estimuladas, paradoxalmente, pela própria participação brasileira na luta contra as ditaduras do Eixo), abriu caminho para a restauração das instituições democráticas. A eleição do general Eurico Gaspar Dutra, antigo ministro da Guerra de Vargas, mas que se apresentava como o candidato da legalidade e da transição, marcou o início da chamada Quarta República (1946-64). A promulgação de uma nova Constituição em setembro de 1946 restabeleceu as liberdades individuais, o pluripartidarismo, a separação de poderes e o federalismo, consagrando um arcabouço liberal-democrático. No entanto, sob a superfície da normalidade institucional, persistiam elementos de continuidade em relação ao período anterior: as Forças Armadas mantinham-se como um ator político tutelar, a estrutura socioeconômica permanecia marcada por profundas desigualdades e o próprio Getúlio Vargas, afastado do poder, continuava a exercer considerável influência política, preparando seu retorno. Esse cenário doméstico de transição e reacomodação de forças ocorreria em paralelo a uma profunda reconfiguração da ordem internacional.

O mundo que emergiu das ruínas da Segunda Guerra Mundial era radicalmente diferente daquele das décadas anteriores. A Europa, epicentro dos dois conflitos mundiais, encontrava-se devastada econômica e politicamente, iniciando um processo de declínio de sua hegemonia global. As antigas potências imperiais, como Grã-Bretanha e França, enfrentavam o esgotamento de seus recursos e o início dos movimentos de descolonização na Ásia e na África. Em seu lugar, emergiram duas superpotências com capacidades militares, econômicas e ideológicas de alcance planetário: os Estados Unidos e a União Soviética. A antiga aliança de guerra entre elas rapidamente se dissolveu, dando lugar a uma rivalidade profunda e abrangente – a Guerra Fria –, que dividiria o mundo em dois blocos antagônicos e definiria as relações internacionais pelas quatro décadas seguintes. Nesse contexto de bipolaridade nascente, buscava-se, simultaneamente, construir uma nova arquitetura institucional que pudesse prevenir futuros conflitos e gerir a interdependência econômica global. As conferências de Bretton Woods (1944), que criaram o Fundo Monetário Internacional (FMI) e o Banco Internacional para Reconstrução e Desenvolvimento (Bird), e de São Francisco (1945), que estabeleceu a Organização das Nações Unidas (ONU), representaram os pilares dessa tentativa de reconstrução da ordem internacional sob a égide dos valores liberais e da liderança norte-americana.

O Brasil participou ativamente desses momentos fundacionais, buscando capitalizar o prestígio adquirido durante a guerra e garantir uma posição de destaque na nova ordem. O governo brasileiro, ainda sob Vargas nos últimos meses de guerra e depois sob José Linhares (presidente do Supremo Tribunal Federal que assumiu interinamente após a deposição de Vargas) e Dutra, via na participação nesses fóruns uma oportunidade para projetar a imagem de um país moderno, cooperativo e alinhado aos vencedores. Em Bretton Woods, a delegação brasileira defendeu os interesses dos países em desenvolvimento, buscando maior flexibilidade nas regras financeiras internacionais e acesso a recursos para se desenvolverem, embora os resultados práticos tenham sido limitados. Na Conferência de

São Francisco, o Brasil desempenhou um papel notório. Chefiada pelo então chanceler Pedro Leão Velloso, a delegação brasileira foi uma das mais atuantes, contribuindo para a redação da Carta da ONU e defendendo princípios, como a igualdade soberana dos Estados, a não intervenção e a solução pacífica de controvérsias. O Brasil foi um dos 51 membros fundadores da ONU e, em reconhecimento à sua importância regional e à sua participação no esforço de guerra aliado, foi eleito repetidas vezes como membro não permanente do Conselho de Segurança nos primeiros anos da organização (1946-7, 1951-2, 1954-5), um recorde de presença inicial que alimentou as aspirações brasileiras por um assento permanente.

Essa aspiração por um lugar de destaque no principal órgão decisório da ONU foi uma constante na diplomacia brasileira do pós-guerra. Argumentava-se que o tamanho territorial e populacional do Brasil, seu potencial econômico, sua tradição diplomática pacifista e, sobretudo, sua contribuição militar na guerra (simbolizada pela FEB) o credenciavam a figurar entre as grandes potências responsáveis pela manutenção da paz e da segurança internacionais. Contudo, essa pretensão esbarrou na estrutura de poder definida em Yalta pelas potências vencedoras (EUA, URSS, Reino Unido, França e China), que reservaram para si os assentos permanentes com poder de veto. Apesar da frustração em relação ao assento permanente, o Brasil utilizou a ONU como um palco importante para sua atuação diplomática multilateral. A presidência da II Sessão da Assembleia Geral da ONU, em 1947, pelo ex-chanceler Oswaldo Aranha, que conduziu a histórica votação que aprovou o plano de partilha da Palestina, conferiu grande visibilidade ao país. A ONU tornou-se um espaço onde o Brasil podia defender seus interesses, participar de debates sobre temas globais (como descolonização e desenvolvimento), articular posições com outros países latino-americanos e em desenvolvimento, e projetar uma imagem de ator responsável e engajado na ordem multilateral, ainda que essa atuação ocorresse sob os crescentes constrangimentos impostos pela lógica bipolar da Guerra Fria. A percepção inicial de que a ONU poderia inaugurar uma era de segurança coletiva e cooperação efetiva entre as nações foi sendo gradualmente substituída pela constatação de que a organização refletia, e muitas vezes era paralisada, pela profunda clivagem ideológica e estratégica entre os Estados Unidos e a União Soviética.

O alinhamento aos Estados Unidos e a Guerra Fria: a opção pelo modelo capitalista de desenvolvimento e a contenção do comunismo

A redemocratização brasileira coincidiu com a cristalização da Guerra Fria, e a política externa do governo Dutra (1946-51) refletiu de forma inequívoca a opção do Brasil pelo alinhamento ao bloco ocidental, liderado pelos Estados Unidos. Diversos fatores convergiram para essa definição. Ideologicamente, as elites políticas e militares que assumiram o poder após a queda de Vargas eram, em sua maioria, conservadoras e anticomunistas, vendo na União Soviética e na expansão do comunismo ameaças existenciais aos valores da "civilização ocidental e cristã" e à ordem social vigente no Brasil. A Constituição de 1946, embora liberal, continha dispositivos que permitiam a proscrição de partidos considerados antidemocráticos, o que foi rapidamente utilizado contra o Partido Comunista Brasileiro (PCB) em 1947. Esse anticomunismo doméstico encontrava um espelho natural na Doutrina Truman e na política de contenção adotada pelos Estados Unidos em escala global. Economicamente, a dependência brasileira em relação aos EUA, consolidada durante a guerra, aprofundou-se. Os EUA eram o principal mercado para as exportações brasileiras; a principal fonte de produtos importados; e o principal potencial fornecedor de capitais e tecnologia necessários para o desenvolvimento. Militarmente, os laços forjados na Segunda Guerra Mundial haviam criado uma forte afinidade entre as Forças Armadas brasileiras e as norte-americanas, com o Brasil integrado à concepção de segurança hemisférica definida por Washington. A hegemonia estadunidense nas Américas era um fato incontornável. Nesse contexto, a margem de manobra para uma política externa autônoma ou não alinhada era extremamente reduzida, e a opção pelo alinhamento pareceu natural, senão inevitável, para os formuladores da política externa brasileira daquele período.

Esse alinhamento manifestou-se de forma clara e consistente em diversas arenas. Na esfera diplomático-política, o Brasil se tornou um dos aliados mais fiéis dos Estados Unidos nos fóruns internacionais. Na ONU, a delegação brasileira votava sistematicamente ao lado dos EUA na maioria das questões sensíveis da Guerra Fria. No âmbito regional, o Brasil foi um entusiasta da criação de um sistema de segurança coletiva hemisférico sob a liderança norte-americana. Em 1947, sediou no Rio de Janeiro a

Conferência Interamericana para a Manutenção da Paz e da Segurança no Continente, que resultou na assinatura do Tratado Interamericano de Assistência Recíproca (Tiar), também conhecido como Pacto do Rio. O Tiar estabelecia que um ataque armado contra qualquer um dos Estados americanos signatários seria considerado um ataque contra todos, obrigando os demais a prestar assistência – um mecanismo clássico de defesa mútua claramente concebido dentro da lógica da contenção ao comunismo. A adesão entusiástica do Brasil ao Tiar contrastava com a postura mais reticente de outros países, como a Argentina, e sinalizava o compromisso brasileiro com a arquitetura de segurança liderada por Washington. Como corolário desse alinhamento ideológico, o governo Dutra rompeu relações diplomáticas com a URSS em outubro de 1947, alegando atividades de espionagem e propaganda comunista por parte da Embaixada soviética no Rio de Janeiro, uma decisão que isolou ainda mais o Brasil do bloco socialista e reforçou seus laços com o Ocidente.

No campo militar, a cooperação com os Estados Unidos prosseguiu e se aprofundou. A Comissão Mista de Defesa Brasil-Estados Unidos continuou a operar, missões militares norte-americanas permaneceram atuando no Brasil, oferecendo treinamento e assessoria, e oficiais brasileiros frequentavam escolas militares nos EUA. O Brasil recebeu equipamentos militares, majoritariamente material excedente da Segunda Guerra Mundial, através de programas de assistência militar norte-americanos, o que aumentava a dependência logística e doutrinária em relação aos EUA. Embora o Brasil não tenha enviado tropas para a Guerra da Coreia (1950-3), apesar da pressão norte-americana, a participação em exercícios militares conjuntos e a integração à rede de segurança hemisférica eram vistas como componentes essenciais da defesa nacional.

A dimensão econômica do alinhamento, contudo, revelou-se mais complexa e, por vezes, frustrante para o Brasil. O governo Dutra adotou inicialmente uma política econômica liberal, removendo controles de importação e câmbio implementados durante a guerra, na expectativa de que a inserção na nova ordem econômica de Bretton Woods e a aliança com os EUA trariam um fluxo abundante de capitais e investimentos para impulsionar o desenvolvimento. Essa expectativa, no entanto, foi largamente frustrada. As reservas cambiais acumuladas durante a guerra foram rapidamente exauridas por um surto de importações de bens de consumo, sem que houvesse um correspondente aumento significativo de investimentos produtivos estrangeiros ou de ajuda financeira governamental norte-americana. Os Estados Unidos, concentrados na reconstrução da Europa (Plano Marshall) e do Japão, bem como na contenção militar do comunismo, demonstravam pouco interesse em financiar a industrialização da América Latina, vista por muitos em Washington como uma área de atuação preferencial para o capital privado norte-americano.

A Missão Abbink, uma comissão conjunta enviada ao Brasil em 1948 para analisar a economia brasileira, recomendou políticas de estabilização monetária, abertura ao capital estrangeiro e foco na produção de matérias-primas, recomendações que contrariavam as aspirações desenvolvimentistas de setores importantes da elite brasileira. A percepção crescente de que o alinhamento político e militar não se traduzia automaticamente em benefícios econômicos tangíveis, em especial no apoio à industrialização, gerou um sentimento de desencanto e alimentou críticas à política externa de Dutra. Nesse sentido, o alinhamento brasileiro, embora inegável, pode ser qualificado como "condicionado" – uma adesão ao bloco ocidental que esperava contrapartidas econômicas que nem sempre se materializaram na forma e na intensidade desejadas, criando um terreno fértil para o ressurgimento de discursos nacionalistas e desenvolvimentistas. A criação posterior da Comissão Mista Brasil-Estados Unidos para o Desenvolvimento Econômico (CMBEU), já no início do segundo governo Vargas (1951), seria uma tentativa de superar essas frustrações e canalizar de modo mais eficaz a cooperação econômica bilateral, embora seus resultados também tenham sido limitados.

A herança Vargas: desenvolvimentismo e nacionalismo como elementos-chave da política externa do período

Apesar da ruptura política de 1945 e do claro realinhamento externo promovido pelo governo Dutra sob a égide da Guerra Fria, seria um equívoco subestimar a profunda e duradoura influência do legado da Era Vargas (1930-45) sobre a sociedade, a economia e a própria política externa brasileira no período de redemocratização. Duas vertentes dessa herança mostraram-se particularmente resilientes e reemergiram com força, moldando os debates e as ações do país: o desenvolvimentismo e o nacionalismo. Essas ideias, forjadas e consolidadas durante os 15 anos anteriores, não desapareceram com a queda do ditador. Pelo contrário, permearam o espectro político e informaram as aspirações de diferentes grupos sociais, ressurgindo com vigor renovado especialmente após o retorno de Getúlio Vargas ao poder, dessa vez eleito pelo voto popular, em 1951.

O desenvolvimentismo, entendido como a crença na necessidade de uma ação deliberada e coordenada, liderada pelo Estado, para promover a industrialização acelerada, superar o subdesenvolvimento e transformar a estrutura econômica do país, havia se consolidado como um verdadeiro consenso entre amplos setores das elites políticas, militares, intelectuais e empresariais brasileiras. A experiência da Segunda Guerra Mundial, que impulsionara a substituição de importações, e os resultados iniciais da industrialização varguista reforçaram a convicção de que esse era o caminho para a modernização e o fortalecimento nacional. Mesmo durante o governo Dutra, cuja política econômica foi inicialmente mais liberal e ortodoxa – resultando na rápida queima das reservas cambiais acumuladas, como já mencionado, e sendo alvo de críticas por parte dos desenvolvimentistas –, a meta da industrialização não foi abandonada.

O Plano Salte (Saúde, Alimentação, Transporte e Energia), embora com implementação limitada, refletia essa preocupação com a modernização da infraestrutura como base para o desenvolvimento. Foi, no entanto, com o retorno de Vargas à presidência (1951-4) que a agenda desenvolvimentista voltou a ocupar o centro da política governamental. Esse segundo governo Vargas foi marcado por iniciativas cruciais nesse sentido, como a criação do Banco Nacional de Desenvolvimento Econômico (BNDE) em 1952, concebido como o principal instrumento financeiro do Estado para fomentar investimentos de longo prazo em infraestrutura e indústria de base, e, sobretudo, a criação da Petróleo Brasileiro S.A. (Petrobras) em 1953. A campanha "O petróleo é nosso!", que mobilizou amplos setores da sociedade civil, militares nacionalistas e políticos de diferentes matizes, e culminou no estabelecimento do monopólio estatal sobre a exploração e o refino de petróleo, tornou-se o símbolo máximo do projeto desenvolvimentista e nacionalista daquele período, superando forte oposição de interesses estrangeiros (principalmente das grandes companhias petrolíferas internacionais) e de setores conservadores internos que defendiam maior abertura ao capital privado estrangeiro.

Intimamente ligado ao desenvolvimentismo estava o nacionalismo. Se durante a guerra o nacionalismo brasileiro se manifestara principalmente no esforço de unidade nacional e na afirmação da identidade brasileira em face do conflito global, no pós-guerra ele adquiriu contornos predominantemente econômicos. Era um nacionalismo voltado para a defesa dos recursos naturais (como o petróleo), a proteção da indústria nascente, a busca por maior autonomia decisória em matéria econômica e a resistência a formas percebidas de dominação ou exploração estrangeira. Esse sentimento nacionalista foi habilmente mobilizado por Vargas em seu segundo governo como modo de angariar apoio popular e legitimar suas políticas desenvolvimentistas. A retórica nacionalista permeou os debates sobre a regulamentação do capital estrangeiro (resultando, por exemplo, na Instrução 113 da Superintendência da Moeda e do Crédito – Sumoc –, que buscava atrair investimentos estrangeiros diretos em equipamentos, mas também gerou controvérsias sobre seu impacto na indústria nacional) e sobre o papel das empresas estatais. Embora esse nacionalismo não implicasse uma ruptura com o sistema capitalista ou com o bloco ocidental, ele introduzia tensões e nuances na relação com os Estados Unidos e com os organismos financeiros internacionais, que frequentemente defendiam políticas econômicas mais ortodoxas e maior abertura ao capital estrangeiro.

Essa ressurgência do desenvolvimentismo e do nacionalismo sob Vargas (1951-4) teve implicações diretas na condução da política externa, conferindo-lhe maior complexidade e modulando o alinhamento automático que caracterizara o período Dutra. Sem romper com a aliança fundamental com os Estados Unidos – até porque necessitava de financiamento e tecnologia norte-americanos para seus projetos desenvolvimentistas –, Vargas buscou ampliar a margem de barganha do Brasil. Utilizou a retórica nacionalista para fortalecer sua posição interna e externa, resistiu a algumas pressões estadunidenses (como o envio de tropas para a Coreia) e procurou, ainda que timidamente, explorar possibilidades de diversificação de relações comerciais. A criação da Petrobras, a despeito do forte *lobby* contrário das "Sete Irmãs" (as grandes petrolíferas), foi um claro ato de afirmação da soberania nacional em um setor estratégico. Essa postura gerou atritos crescentes com os Estados Unidos e com os setores mais conservadores da sociedade brasileira, que viam no nacionalismo varguista uma ameaça aos seus interesses e, por vezes, o associavam a tendências populistas ou esquerdistas.

A crise política que se instalou a partir de 1953, exacerbada por denúncias de corrupção e pela crescente oposição militar e civil, e que culminaria no trágico suicídio de Vargas em agosto de 1954, estava profundamente relacionada a essas tensões entre o projeto nacional-desenvolvimentista e as pressões internas e externas contrárias. Assim, o período de 1945 a 1954 consolidou uma dinâmica que se tornaria recorrente na história da política externa brasileira: a oscilação e a difícil conciliação entre a necessidade de alinhar-se à potência hegemônica ocidental, ditada pela lógica da Guerra Fria e pelas realidades econômicas, e a aspiração por maior autonomia e desenvolvimento nacional, alimentada por um forte sentimento nacionalista e pela crença no papel central do Estado – uma herança indelével da Era Vargas.

OTIMISMO DESENVOLVIMENTISTA, NOVOS RUMOS E DESAFIOS EMERGENTES (1955-61)

O período de 1955 a 1961 inaugura na diplomacia brasileira uma fase de otimismo desenvolvimentista, impulsionada pela influência crescente da Comissão Econômica para a América Latina e o Caribe (Cepal) e pelo impulso do Plano de Metas do governo Juscelino Kubitschek. A expectativa de que o esforço de industrialização acelerada - associado à ampliação de infraestrutura, à atração de capitais estrangeiros e ao fortalecimento do mercado interno - pudesse converter-se em posição de protagonismo regional e em prestígio internacional deu origem a um discurso de confiança sem precedentes. No entanto, essa euforia escondeu contradições estruturais: a dependência persistente de tecnologia e financiamento externos, a insuficiência de uma base produtiva diversificada e a tensão entre o projeto modernizador e a fragilidade das instituições políticas.

Ao mesmo tempo, surgiam novos rumos e desafios emergentes que problematizavam esse otimismo. A sucessão de governos após JK, marcada por instabilidade e transições abruptas, expôs a dificuldade de dar continuidade a programas em longo prazo. No campo internacional, a intensificação da Guerra Fria, as contradições do apoio brasileiro ao colonialismo português e a lenta emergência de Estados africanos e asiáticos forçavam o país a repensar o foco exclusivo no eixo hemisférico. Assim, a diplomacia teve de calibrar o otimismo desenvolvimentista diante de realidades que exigiam maior autonomia estratégica, diversificação de parcerias e sensibilidade às novas dinâmicas geopolíticas - temas que antecipariam, na virada da década, a adoção da Política Externa Independente.

A influência da Cepal, a efervescência intelectual brasileira e os novos ventos do Terceiro Mundo

O período que se seguiu ao dramático desfecho do segundo governo Vargas, com seu suicídio em agosto de 1954, foi marcado por uma acentuada instabilidade política no Brasil. Os governos interinos de Café Filho, Carlos Luz e Nereu Ramos enfrentaram conspirações militares e crises sucessivas, refletindo a profunda polarização da sociedade e a dificuldade em consolidar um consenso em torno dos rumos do país. Nesse cenário conturbado, a eleição de Juscelino Kubitschek (JK) para a presidência, em outubro de 1955, bem como sua posse em janeiro de 1956 – garantida por um "contragolpe" preventivo liderado pelo ministro da Guerra, general Henrique Teixeira Lott, para assegurar a legalidade constitucional contra setores golpistas –, inaugurou uma fase de relativa estabilidade política e, sobretudo, de renovado e intenso otimismo desenvolvimentista. Esse otimismo encontrou um poderoso suporte intelectual e uma nova legitimidade teórica não apenas nas ideias que emanavam da Cepal, mas também em uma notável efervescência do pensamento nacional modernizador e cosmopolita que florescia no próprio Brasil, ao mesmo tempo que novos atores e discursos emergiam no cenário internacional, desafiando a rígida bipolaridade da Guerra Fria.

A Cepal, órgão regional das Nações Unidas sediado em Santiago do Chile desde 1948, transcendera rapidamente seu mandato inicial de análise técnica para se tornar o principal centro de formulação e difusão de um pensamento econômico original e adaptado às especificidades da região. Sua contribuição seminal, associada principalmente à figura de seu secretário-executivo, o economista argentino Raúl Prebisch, foi a formulação da tese do "centro-periferia". Rompendo com as teorias econômicas ortodoxas, Prebisch e seus colaboradores argumentaram que a estrutura do sistema capitalista internacional era intrinsecamente assimétrica, dividida entre um "centro" industrializado e uma "periferia" agroexportadora. Essa divisão perpetuaria o subdesenvolvimento periférico devido à tendência secular à deterioração dos termos de intercâmbio para produtos primários. A superação dessa condição exigiria, segundo a abordagem "estruturalista" da Cepal, transformações internas profundas, lideradas pelo Estado, através de estratégias, como a Industrialização por Substituição de Importações (ISI) planejada e a integração econômica regional. O Estado assumiria um papel central no planejamento, na proteção da indústria nascente, no investimento em infraestrutura e na coordenação da política econômica.

As ideias da Cepal encontraram, de fato, terreno fértil no Brasil, mas interagiram dinamicamente com um vibrante debate intelectual interno. A segunda metade da década de 1950 testemunhou um florescimento de discussões sobre os caminhos para o desenvolvimento nacional, marcado por uma busca de diagnósticos e por soluções próprias para os dilemas brasileiros. Um dos principais focos dessa efervescência foi o Instituto Superior de Estudos Brasileiros (Iseb), criado em 1955 e vinculado ao Ministério da Educação. O Iseb reuniu intelectuais de diversas áreas (filósofos, sociólogos, economistas, cientistas políticos) com o objetivo explícito de elaborar uma "ideologia do desenvolvimento" nacional. Figuras proeminentes, como Hélio Jaguaribe, Guerreiro Ramos, Ignácio Rangel, Roland Corbisier, entre outros, produziram análises influentes sobre a realidade brasileira, procurando conciliar a modernização econômica com a afirmação da identidade nacional e a construção de um projeto autônomo de desenvolvimento.

O pensamento que emergia desse caldeirão intelectual, embora diverso em suas nuances, pode ser caracterizado como nacional-modernizador e cosmopolita. Era *nacional* porque colocava o interesse brasileiro e a superação das estruturas de dependência no centro de suas preocupações, buscando formular um projeto de desenvolvimento endógeno. Era *modernizador* porque via na industrialização, na urbanização, na racionalização administrativa e na incorporação de tecnologia os vetores essenciais para superar o atraso e construir uma sociedade mais próspera e integrada. E era *cosmopolita* porque, longe de pregar um isolamento autárquico, estava atento aos debates internacionais, dialogava criticamente com as teorias estrangeiras (como o próprio estruturalismo cepalino, as teorias da modernização norte-americanas ou o marxismo) e procurava inserir o Brasil de forma mais vantajosa e autônoma na ordem global.

Hélio Jaguaribe, por exemplo, em obras como *O nacionalismo na atualidade brasileira* (1958), analisava as diferentes vertentes do nacionalismo e defendia um "nacionalismo desenvolvimentista" instrumental, pragmático, voltado para a superação do subdesenvolvimento através da ação planejada do Estado e da associação negociada com o capital estrangeiro, quando funcional aos interesses nacionais. Essa perspectiva, compartilhada por muitos no Iseb e em outros círculos intelectuais e burocráticos (como no BNDE), oferecia uma base ideológica sofisticada para o tipo de desenvolvimentismo que seria implementado por JK: um projeto ambicioso de modernização acelerada, aberto ao capital e à tecnologia externos, mas firmemente ancorado em um diagnóstico das necessidades nacionais e na crença na capacidade do Estado de conduzir esse processo. Assim, as ideias da Cepal foram recebidas no Brasil não em um vácuo, mas em um ambiente intelectual já efervescente, sendo apropriadas, debatidas e integradas a um esforço mais amplo de formulação de um pensamento estratégico brasileiro voltado para a superação do subdesenvolvimento e para a construção de um país moderno e autônomo.

Contudo, o cenário internacional em que esse projeto desenvolvimentista brasileiro buscava se afirmar não era estático nem se resumia à dicotomia Leste-Oeste. O ano de 1955, que viu a criação do Iseb e a eleição de JK, foi também o ano da Conferência Afro-Asiática de Bandung, na Indonésia. Esse evento histórico reuniu líderes de 29 países recém-independentes da Ásia e da África, e marcou a emergência política do chamado "Terceiro Mundo" como uma força potencial nas Relações Internacionais. Embora o Brasil, firmemente posicionado no bloco ocidental, não tenha participado da conferência, os princípios ali proclamados – coexistência pacífica, anticolonialismo, não alinhamento na Guerra Fria, cooperação Sul-Sul e foco nas questões de desenvolvimento – tiveram um impacto simbólico e político considerável. Bandung representou a afirmação de uma identidade coletiva de nações que compartilhavam experiências históricas de dominação colonial e desafios socioeconômicos semelhantes, as quais se recusavam a subordinar suas agendas às prioridades estratégicas das superpotências.

Para o Brasil e a América Latina, a Conferência de Bandung, embora geograficamente distante, introduziu um novo elemento no cálculo político internacional. O "espírito de Bandung" oferecia um discurso alternativo à lógica da Guerra Fria, legitimando a busca por maior autonomia e a priorização das agendas de desenvolvimento nacional. Ele sinalizava a possibilidade de construir pontes e solidariedades para além dos alinhamentos tradicionais, com base em interesses comuns de nações periféricas ou semiperiféricas. Embora o governo JK não tenha aderido ao não alinhamento – sua estratégia fundamentava-se, ao contrário, em obter recursos *dentro* do sistema ocidental através da negociação pragmática –, a existência desse terceiro polo em formação criava um ambiente internacional mais complexo e potencialmente mais favorável à barganha.

A simples emergência de um discurso que questionava a inevitabilidade do alinhamento bipolar e enfatizava o desenvolvimento como direito e prioridade dos povos conferia maior legitimidade às próprias reivindicações brasileiras por uma relação mais equitativa com os Estados Unidos, bem como por maior atenção às necessidades de desenvolvimento da América Latina, como se veria na Operação Pan-Americana (OPA). Em contrapartida, a afirmação do Terceiro Mundo também podia ser vista como um desafio à coesão do bloco ocidental e gerar desconfianças em Washington sobre as intenções de países que, como o Brasil, buscassem maior autonomia, mesmo sem romper a aliança fundamental. A influência de Bandung na política externa brasileira se tornaria muito mais explícita e direta no governo seguinte, com a Política Externa Independente (PEI) de Jânio Quadros e João Goulart, mas seus ecos já se faziam sentir no cenário internacional que JK teve de navegar, adicionando uma nova camada de complexidade às Relações Internacionais da época.

Juscelino Kubitschek, a diplomacia desenvolvimentista e os desafios da conjuntura global

O governo de Juscelino Kubitschek (1956-61) encarnou, como poucos, o espírito nacional-modernizador e cosmopolita da época, lançando o Brasil em um ambicioso ciclo de desenvolvimento acelerado. Sob o lema "Cinquenta anos em cinco", JK lançou um ambicioso programa de desenvolvimento, o Plano de Metas, que visava acelerar a industrialização e a modernização do país através de investimentos maciços em cinco setores estratégicos: energia, transportes, alimentação, indústria de base e educação. A construção de Brasília, a nova capital federal inaugurada em 1960, tornou-se o símbolo mais vistoso desse esforço de modernização e integração nacional. Para realizar esse projeto colossal, a política externa brasileira foi mobilizada de forma a contribuir decisivamente para a obtenção dos recursos – financeiros, tecnológicos e políticos – necessários. A diplomacia do governo JK, conduzida sucessivamente pelos chanceleres José Carlos de Macedo Soares (brevemente), Negrão de Lima e Horácio Lafer, manteve o alinhamento geral ao bloco ocidental, mas o fez com uma ênfase renovada na promoção do desenvolvimento econômico como prioridade nacional e regional, e com uma disposição pragmática para buscar os meios necessários onde quer que estivessem disponíveis.

Um dos pilares da estratégia econômica de JK foi a atração de capital estrangeiro, tanto público (empréstimos de agências governamentais e bancos internacionais) quanto privado (investimento direto). Diferentemente da postura mais cautelosa e nacionalista do segundo governo Vargas, JK adotou uma política de "portas abertas" ao investimento estrangeiro, em especial em setores considerados dinâmicos e capazes de impulsionar a modernização industrial. A Instrução 113 da Sumoc, criada em janeiro de 1955 durante o governo Café Filho, representou um marco na política industrial brasileira ao permitir a importação de equipamentos sem cobertura cambial como investimento direto de capital estrangeiro. A princípio concebida para contornar a escassez de divisas e atrair investimentos externos em um momento de crise cambial, essa medida transcendeu seu propósito original quando adotada e ampliada pelo governo JK, favorecendo não apenas a modernização de setores existentes, mas também possibilitando a implantação de setores industriais inteiros no país.

O caso mais notável desse processo foi a indústria automobilística. A Instrução 113 criou o ambiente institucional e financeiro que viabilizou a instalação definitiva da Volkswagen e de outras grandes montadoras, permitindo que importassem maquinário e equipamentos essenciais sem a necessidade de divisas, algo revolucionário em um contexto de restrições cambiais. Essa política deliberada de atração de capital estrangeiro para setores estratégicos transformou por completo o cenário industrial brasileiro, fazendo surgir praticamente do zero um complexo automotivo integrado que se tornaria, em poucos anos, um dos pilares da economia nacional.

O efeito indutor da indústria automobilística foi profundo e de amplo alcance, criando uma extensa "cauda longa" que revolucionou a economia brasileira. A instalação da Volkswagen, com sua fábrica em São Bernardo do Campo, no estado de São Paulo (1957), desencadeou o surgimento de um vasto ecossistema industrial: dezenas de fabricantes de autopeças se estabeleceram para fornecer componentes; indústrias metalúrgicas, de vidro, plástico, borracha e têxtil expandiram suas operações para atender à demanda do setor; e novos setores de serviços especializados emergiram para dar suporte à cadeia produtiva.

Essa transformação não se limitou apenas à esfera econômica. A indústria automobilística impulsionou o desenvolvimento de infraestrutura viária, mudou padrões de urbanização, criou novos bairros industriais, formou uma classe operária especializada e estabeleceu importantes centros de pesquisa e desenvolvimento tecnológico. O ABC Paulista tornou-se o coração industrial do país, com comunidades inteiras surgindo e se desenvolvendo em torno das montadoras.

Mais que um setor industrial, a chegada da Volkswagen e de outras montadoras representou um verdadeiro vetor de modernização, impactando desde a organização sindical até os padrões de consumo e mobilidade urbana, consolidando-se como peça fundamental na construção do Brasil industrial moderno.

Essa política exigiu uma intensa "diplomacia econômica": negociações constantes com o Ex-Im Bank, o Banco Mundial e governos de países desenvolvidos (EUA, Alemanha, Japão) para obter financiamentos para projetos de infraestrutura (hidrelétricas, rodovias) e indústria de base; e uma ativa promoção do Brasil como destino seguro e lucrativo para o investimento privado internacional. Essa abertura ao capital estrangeiro, embora crucial para o sucesso do Plano de Metas, era vista, na ótica do pensamento nacional-modernizador, como um instrumento necessário e a ser utilizado de maneira funcional para os objetivos estratégicos definidos nacionalmente. Entretanto, gerou críticas de setores nacionalistas, que temiam a desnacionalização da economia e o aumento da dívida externa, adicionando um componente de vulnerabilidade externa à economia brasileira.

A iniciativa mais emblemática da política externa de JK, no entanto, foi a Operação Pan-Americana (OPA), lançada em maio de 1958. A OPA foi uma resposta inteligente e oportuna a um contexto de crescente mal-estar nas relações entre os Estados Unidos e a América Latina, evidenciado pela recepção hostil ao vice-presidente Nixon em sua visita à região naquele ano. Aproveitando a ocasião, JK propôs ao presidente Eisenhower uma "operação" conjunta para combater as causas profundas do subdesenvolvimento latino-americano, argumentando que a pobreza e a desigualdade eram ameaças à estabilidade democrática e à segurança hemisférica, talvez mais perigosas que a ameaça militar soviética direta. A OPA refletia claramente a influência do diagnóstico cepalino e do pensamento desenvolvimentista brasileiro: o subdesenvolvimento era um problema estrutural que exigia soluções coordenadas, investimentos maciços (especialmente de capital público), políticas de estabilização de preços de *commodities* e cooperação técnica. Era uma tentativa de elevar o desenvolvimento econômico ao mesmo patamar de importância da segurança militar na agenda interamericana, desafiando a visão estritamente voltada para a Guerra Fria que prevalecia em Washington. O Brasil se engajou em um vigoroso esforço diplomático para promover a OPA, buscando o apoio dos demais países latino-americanos e pressionando os Estados Unidos a aderirem à iniciativa. A criação do "Comitê dos 21" na Organização dos Estados Americanos (OEA) foi um resultado direto dessa mobilização. A diplomacia presidencial de JK foi fundamental para dar visibilidade e impulso à proposta.

Entretanto, a OPA e a própria estratégia desenvolvimentista de JK desdobraram-se em um cenário internacional que se tornava crescentemente complexo e desafiador, para além da simples rivalidade EUA-URSS. A criação da Comunidade Econômica Europeia (CEE), pelo Tratado de Roma em 1957, sinalizou um movimento de profundas consequências para a economia mundial e, potencialmente, para o Brasil. A formação de um bloco econômico poderoso e integrado na Europa Ocidental, embora inicialmente vista por alguns com otimismo, como um fator de fortalecimento do Ocidente, trazia consigo riscos para países agroexportadores como o Brasil. Surgia a preocupação com o desvio de comércio, à medida que os países europeus passassem a privilegiar o intercâmbio intrabloco em detrimento das importações de terceiros países. Mais grave ainda, a perspectiva de políticas protecionistas comuns, especialmente a futura Política Agrícola Comum (PAC), ameaçava criar barreiras significativas para produtos agrícolas brasileiros no importante mercado europeu. A emergência da CEE também poderia significar uma menor disponibilidade de capital de investimento da Europa para a América Latina, com os europeus voltando-se para sua própria reconstrução e integração. Embora as implicações plenas da CEE só viessem a se manifestar mais tarde, sua criação já em 1957 introduzia um novo ator econômico de peso no cenário global, com o qual o Brasil teria que lidar, cujas políticas poderiam afetar diretamente seus interesses comerciais e financeiros. Essa nova realidade europeia pode ter sido, inclusive, um fator adicional a impulsionar a OPA, como uma tentativa brasileira de garantir o engajamento econômico dos Estados Unidos em um momento em que a Europa parecia voltar-se para si mesma.

O desafio mais imediato e politicamente sensível, contudo, veio do próprio hemisfério: a Revolução Cubana de 1959. A chegada de Fidel Castro ao poder e a subsequente radicalização do regime cubano, com sua crescente aproximação com a União Soviética, tiveram um impacto profundo na dinâmica da Guerra Fria na América Latina. Se, por um lado, a revolução aumentou a disposição dos Estados Unidos em considerar iniciativas como a OPA e, posteriormente, a Aliança para o Progresso como formas de prevenir "novas Cubas" através do desenvolvimento, por outro, ela exacerbou enormemente as tensões ideológicas e as pressões por alinhamento incondicional no continente. A existência de um regime socialista aliado a Moscou a apenas 90 milhas da costa da Flórida tornou a administração norte-americana (tanto Eisenhower quanto, depois, Kennedy) extremamente sensível a qualquer sinal de nacionalismo exacerbado, neutralismo ou políticas consideradas de esquerda na América Latina.

Para o governo JK, a Revolução Cubana representou um complicador significativo. Internamente, o exemplo cubano inspirava setores de esquerda e movimentos sociais e, de maneira concomitante, assustava as elites conservadoras e os militares anticomunistas, aumentando a polarização política doméstica. Externamente, o Brasil precisava navegar com cautela. Ao mesmo tempo que buscava promover a OPA e defender o desenvolvimento como antídoto à revolução, tinha que evitar qualquer movimento que pudesse ser interpretado em Washington como uma simpatia indevida pelo regime de Castro ou como um afastamento da órbita ocidental. Manter relações diplomáticas com Cuba, por exemplo, tornou-se um ato politicamente custoso. A pressão norte-americana por medidas coletivas contra Cuba na OEA aumentava. JK teve que realizar um delicado equilíbrio: reafirmar o compromisso brasileiro com o Ocidente e a democracia e, simultaneamente, tentava preservar algum espaço para a autonomia nacional e para a defesa dos princípios de não intervenção e autodeterminação, caros à tradição diplomática brasileira. A Revolução Cubana, portanto, reduziu a margem de manobra da política e do país e intensificou as pressões que já existiam sobre o modelo desenvolvimentista de JK, acusado por setores conservadores de ser inflacionário, estatizante e excessivamente tolerante com a esquerda.

Em suma, o período de Juscelino Kubitschek, embora marcado por um inegável otimismo e por realizações concretas no plano do desenvolvimento, não transcorreu em um vácuo internacional. As transformações globais – a emergência do Terceiro Mundo e do discurso não alinhado (Bandung), a reconfiguração econômica da Europa (CEE) e, sobretudo, a intensificação da Guerra Fria no próprio continente americano (Revolução Cubana) – criaram um ambiente externo mais complexo, volátil e desafiador. Essas novas realidades testaram os limites do pragmatismo desenvolvimentista de JK, e prenunciaram as tensões e os dilemas que levariam à busca por uma redefinição ainda mais profunda da política externa brasileira no início da década seguinte. A "diplomacia da integração" e do desenvolvimento, embora bem-sucedida em muitos aspectos, começava a enfrentar um cenário global menos propício ao otimismo irrestrito que marcou seus primeiros anos.

O legado do colonialismo português e o desafio africano (1955-61)

O cenário internacional que emergiu após a Segunda Guerra Mundial foi marcado por uma aceleração sem precedentes dos processos de descolonização, particularmente nos continentes asiático e africano. Essa nova realidade geopolítica apresentou um dilema agudo para a política externa brasileira: de que modo conciliar a tradicional e multifacetada relação com Portugal – a antiga metrópole – com as crescentes demandas por autodeterminação dos povos africanos e com as oportunidades políticas e econômicas que surgiam com a emergência de novos Estados independentes na África? A intransigência do regime salazarista na defesa da ficção jurídica das "províncias ultramarinas" – recusando-se a reconhecer o caráter colonial de Angola, Moçambique, Guiné-Bissau, Cabo Verde e São Tomé e Príncipe – colocou o Brasil em uma posição diplomática cada vez mais desconfortável e insustentável ao longo dos anos 1950.

Em meados da década, predominou no Brasil uma postura de apoio, tácito ou explícito, à posição portuguesa nos principais fóruns internacionais, em particular na Assembleia Geral da ONU. Durante o segundo governo Vargas (1951-4) e ao longo das administrações de Café Filho e dos primeiros anos de Juscelino Kubitschek (1956-61), a diplomacia brasileira alinhou-se a Lisboa, evocando laços históricos e culturais idealizados sob o conceito de "Comunidade Luso-Brasileira". Por conveniência política e por convicção de setores conservadores, aceitavam-se os argumentos jurídicos portugueses, segundo os quais seus territórios ultramarinos não se enquadravam como "colônias" nos termos do artigo 1º da Carta das Nações Unidas. Além disso, no contexto da Guerra Fria, numerosos líderes militares e diplomatas associavam os movimentos anticoloniais africanos à subversão comunista – reforçando a ideia de que Portugal era um baluarte necessário na luta contra a expansão soviética.

Essa defesa irrestrita do colonialismo português manifestou-se no padrão de votação do Brasil na ONU: a delegação brasileira votava sistematicamente contra ou se absteve em todas as resoluções que condenassem de forma direta Lisboa ou que reconhecessem expressamente o direito à autodeterminação dos territórios ultramarinos. Entre 1955 e 1960, foram várias as ocasiões em que o Brasil adotou idêntica posição de França e Reino Unido, abstendo-se, por exemplo, na votação da Resolução 1.514 (Declaração de 1960 sobre Concessão de Independência aos Países e Povos Coloniais), ainda que nos discursos oficiais continuasse a proclamar apoio aos princípios da Carta em outras circunstâncias.

O ativíssimo *lobby* português explorou amplamente esse ambiente favorável. Estruturado em torno da Embaixada de Portugal no Rio de Janeiro e de consulados em São Paulo, Recife e Porto Alegre, mobilizou redes de influência junto a parlamentares e ministros do Executivo, altos oficiais das Forças Armadas, professores universitários e jornalistas. Por meio de "Semanas de Cultura Luso-Brasileira", exposições de arte, conferências em academias militares e convênios empresariais, Lisboa propagou o mito da "civilização luso-tropical" como prova de uma parceria histórica em prol do progresso no Atlântico Sul. Missões acadêmicas financiadas por fundos oficiais ofereciam bolsas a professores e estudantes brasileiros em Coimbra, enquanto os jornais de grande circulação publicavam artigos encomendados que exaltavam a "irmandade" entre os dois países, bem como alertavam para a "ameaça comunista" nas colônias africanas. Oficinas literárias, simpósios jurídicos e palestras em faculdades cariocas e paulistas reforçavam essa narrativa, e altos oficiais do Exército e da Marinha, convidados a visitar Angola e Moçambique em jornadas motivacionais, retornavam ao Brasil proclamando a aliança luso-brasileira como modelo de cooperação.

Contudo, no final dos anos 1950, tornaram-se mais explícitos os custos dessa aliança. O isolamento de Portugal no cenário global agravou-se, à medida que dezenas de novos Estados africanos e asiáticos ingressavam na ONU, formando um bloco coeso e majoritário em favor da descolonização. O Brasil, ao defender o Portugal colonialista, destoava de suas próprias aspirações de liderança entre as nações em desenvolvimento e de suas frequentes declarações anti-imperialistas em outros contextos, como na Cepal e na OEA. Mais gravemente, esse alinhamento constrangia de maneira direta o estabelecimento de uma política africana autônoma: dificultou o reconhecimento diplomático de Gana em 1957, de Costa do Marfim em 1960 e da Argélia em 1962; reduziu oportunidades de cooperação científica e tecnológica; e minou iniciativas comerciais em mercados africanos emergentes – espaços de relevância estratégica para a diversificação econômica que o Brasil buscava.

Uma consequência menos visível, porém, significativa, foi o alinhamento automático do Brasil com as teses coloniais de outras potências, notadamente a França, no debate sobre a Argélia e a Indochina. Já comprometido com Lisboa, o Itamaraty perdeu margem de manobra para adotar posturas principistas diferentes em outros debates, restringindo sua capacidade de construir pontes com os movimentos de libertação africanos e limitando o protagonismo brasileiro junto ao Terceiro Mundo.

À medida que cresciam as vozes críticas no Itamaraty e entre diplomatas de carreira, em 1960 e 1961 o Brasil passou a modular sua posição: o número de abstenções em votações coloniais cresceu e, pela primeira vez, discursos oficiais reconheceram, ainda que de modo cauteloso, o direito à autodeterminação dos povos africanos. Esse deslocamento refletiu tanto o receio de perder influência junto ao crescente bloco afro-asiático quanto a percepção de que a manutenção do apoio irrestrito a Portugal comprometeria a ambição brasileira de protagonismo global.

A percepção das oportunidades perdidas e o desgaste diplomático provocado pela defesa da "Causa Lusitana" pavimentaram o caminho para a mudança de paradigma que se consolidaria no início da década de 1960 com a Política Externa Independente. Essa nova orientação poderia romper com antigas amarras colonialistas, priorizando uma aproximação pragmática e solidária com as nações africanas recém-independentes, abrindo espaço para cooperações econômicas, culturais e políticas que refletissem a identidade de um Brasil em processo de afirmação como ator global autônomo. No entanto, após a derrocada da PEI com o golpe de 1964, essa orientação sofreria retrocessos significativos, sendo somente a partir da década de 1990 – com a redemocratização consolidada e a adoção do conceito de Autonomia Estratégica – que se iniciaria sua plena correção e a retomada do engajamento efetivo junto ao continente africano.

POLÍTICA EXTERNA INDEPENDENTE (PEI) E CRISE DO MODELO (1961-4)

A eleição de Jânio Quadros em 1960, impulsionada por um discurso moralista e por heterogêneas forças conservadoras, parecia prenunciar uma política externa alinhada aos padrões tradicionais. No entanto, em um movimento que configura um notável paradoxo, seu breve e tumultuado governo, iniciado em janeiro de 1961, foi precisamente o berço da Política Externa Independente (PEI) – uma plataforma de ação internacional incrivelmente arrojada para seu tempo, marcada pelo universalismo, pela busca de equidistância na Guerra Fria e por gestos de aproximação com o bloco socialista e nações não alinhadas. Essa orientação surpreendente, vinda de um governante de perfil conservador, teve curta duração. A abrupta e ainda hoje controversa renúncia de Quadros em agosto de 1961 deflagrou uma grave crise político-institucional no Brasil. A crise sucessória que se seguiu, com a tentativa de veto militar à posse do vice-presidente João Goulart (Jango), resultou em uma solução de compromisso – a instauração do parlamentarismo –, que limitou os poderes presidenciais de Jango até o restabelecimento do presidencialismo via plebiscito, em janeiro de 1963. Foi nesse contexto de profunda instabilidade política e crescente efervescência social e econômica que o ambicioso projeto da PEI, iniciado por Jânio, foi subsequentemente adotado, continuado e conceitualmente elaborado pelos chanceleres de João Goulart - San Tiago Dantas e, depois, Araújo Castro.

Longe de representar uma ruptura radical desprovida de antecedentes, a PEI pode ser compreendida como a culminação de tendências nacionalistas e desenvolvimentistas que vinham se avolumando desde a década anterior, associada a uma percepção crescente das limitações impostas pelo alinhamento automático no contexto da Guerra Fria e das oportunidades emergentes no cenário internacional (como o movimento dos não alinhados e a descolonização afro-asiática). Vamos analisar os fundamentos, as principais iniciativas e os atores que impulsionaram essa política ambiciosa, que procurava projetar um Brasil mais autônomo, universalista em suas relações diplomáticas (restabelecendo laços com o bloco socialista e aproximando-se do Terceiro Mundo), voltado para a superação do subdesenvolvimento através da diversificação de mercados e da defesa de reformas na ordem econômica internacional, questionando, ao mesmo tempo, os dogmas da bipolaridade.

Contudo, a própria audácia do projeto da PEI continha as sementes de sua crise e de seu colapso prematuro. Esta análise problematizará a viabilidade de uma política genuinamente "independente" para um país com as características e as vulnerabilidades estruturais do Brasil em meio à rigidez da Guerra Fria. Investigaremos as tensões inerentes entre os princípios universalistas e não intervencionistas da PEI e as pressões geopolíticas hemisféricas, particularmente no que tange às relações com Cuba e à crescente hostilidade dos Estados Unidos, que viam com desconfiança a aproximação brasileira com o bloco socialista e o nacionalismo de Goulart. Ademais, exploraremos como a assertividade externa e a diversificação de parceiros exacerbaram as clivagens políticas internas, mobilizando a oposição de setores conservadores, militares e empresariais que viam na PEI um desvio perigoso e ideologicamente suspeito. Questionaremos, portanto, em que medida a Política Externa Independente constituiu uma estratégia sustentável ou uma aposta voluntarista, cujos limites foram rapidamente alcançados, contribuindo decisivamente para a crise política que culminou no golpe de 1964.

Apesar de sua curta duração e das dificuldades práticas enfrentadas em sua operacionalização cotidiana – marcadas pelo acúmulo de tensões não só com parceiros tradicionais, notadamente os Estados Unidos, mas também com países europeus, como a França (a exemplo da Guerra da Lagosta) –, a Política Externa Independente adquiriu uma importância simbólica e intelectual duradoura no pensamento internacional brasileiro. Mesmo fracassando em seus objetivos imediatos, ela se consolidou como um marco referencial, uma fonte de inspiração e debate para formulações posteriores que buscaram caminhos mais autônomos para a inserção global do Brasil. Ademais, a fase Jânio-Jango, com a PEI em seu cerne, concluiu um processo de deslocamento da política externa, que migrou da periferia para o centro do debate político doméstico. Suas premissas e ações controversas tornaram a agenda internacional altamente politizada e objeto de intensa disputa na esfera pública, rompendo com a percepção anterior de que seria um domínio exclusivo de especialistas ou diplomatas.

A autonomia como princípio fundamental: a busca por uma política externa ativa e independente

Como se mencionou, a crise sucessória que se seguiu, com a tentativa de veto militar à posse do vice-presidente João Goulart (Jango), resultou em uma solução de compromisso – a instauração do parlamentarismo – que limitou os poderes de Jango até o restabelecimento do presidencialismo via plebiscito em janeiro de 1963. Foi nesse contexto de instabilidade econômica e efervescência política que se formulou e se buscou implementar a Política Externa Independente (PEI), um ambicioso projeto de redefinição da inserção internacional do Brasil, associado principalmente aos nomes de Jânio Quadros (em seu breve mandato) e, de forma mais consistente e conceitualmente elaborada, aos chanceleres de João Goulart – San Tiago Dantas e, em seguida, Araújo Castro.

A Política Externa Independente representou uma ruptura conceitual significativa e, em certa medida, a busca pela superação do modelo de inserção internacional que fora desenhado e legado pelo Barão do Rio Branco no início do século XX. O paradigma rio-branquiano, embora imprescindível para a consolidação territorial e o prestígio inicial do Brasil republicano, caracterizara-se por um foco prioritário na definição e na garantia das fronteiras; na busca por uma aliança não escrita com os Estados Unidos como potência hemisférica emergente; na manutenção de laços tradicionais com a Europa; e em uma atuação regional concentrada, principalmente, nas questões platinas. O cerne do modelo é o foco na centralidade do hemisfério, nas relações especiais com os Estados Unidos e no fato de que essas passam a se constituir no parâmetro para a construção de alianças regionais, bem como para as possibilidades de ampliação de espaços políticos e econômicos.

A PEI partiu de um diagnóstico crítico, segundo o qual esse modelo e mesmo suas adaptações posteriores (como o alinhamento da Guerra Fria ou a diplomacia desenvolvimentista de JK) já não respondiam adequadamente aos desafios e às potencialidades do Brasil em meados do século XX. A subordinação à lógica dos blocos e a concentração geográfica das relações exteriores eram vistas como fatores que constrangiam o desenvolvimento nacional e limitavam a capacidade do país de defender seus interesses multifacetados em um mundo em rápida transformação.

O pensamento de San Tiago Dantas foi central para a formulação dessa concepção inovadora de política externa brasileira. Francisco Clementino de San Tiago Dantas (1911-64), jurista, jornalista, professor universitário e político brasileiro que se destacou por sua sofisticada formação intelectual e notável capacidade de articulação diplomática, foi um dos mais brilhantes chanceleres da história do Brasil. Como ministro das Relações Exteriores, ele articulou uma doutrina que buscava afirmar a autonomia do país no sistema internacional sem ruptura com os compromissos tradicionais, mas com a intenção clara de superar a lógica de alinhamento automático à política externa norte-americana que havia caracterizado os anos anteriores, especialmente no contexto da Guerra Fria.

No centro dessa doutrina está a distinção entre "posições de valor" e "posições de interesse", que servia como base normativa e pragmática da atuação diplomática brasileira. As posições de valor expressam os princípios e os compromissos éticos universais assumidos pelo Estado brasileiro, como a defesa da paz, da autodeterminação dos povos, da não intervenção e da cooperação internacional para o desenvolvimento. Essas posições vinculam-se ao ordenamento constitucional e às tradições humanistas do país, e devem ser defendidas mesmo que não ofereçam vantagens materiais imediatas. Já as posições de interesse correspondem aos objetivos concretos e materiais do Brasil na arena internacional – como o acesso a mercados, a transferência de tecnologia ou a obtenção de apoio político em fóruns multilaterais –, e sua definição depende do cálculo racional e circunstancial das vantagens para o país.

A originalidade do pensamento de San Tiago reside na articulação entre esses dois tipos de posicionamento: em vez de tratá-los como contraditórios, ele propôs que fossem complementares. Em sua visão, a política externa deveria buscar afirmar os interesses nacionais dentro de uma moldura normativa coerente com os valores universais professados pelo Estado brasileiro. Isso conferia legitimidade moral à ação internacional do Brasil, ao mesmo tempo que ampliava suas margens de manobra no cenário global, em especial nos fóruns multilaterais da ONU e no diálogo com os países recém-independentes da Ásia e da África.

Em contraposição à herança histórica anterior, a PEI elevou a autonomia à condição de princípio fundamental e norteador da ação externa. A autonomia, aqui, transcendia a mera retórica ou a busca por ganhos marginais dentro de um sistema de alianças predefinido. Ela era concebida como a capacidade e a disposição efetiva de formular e executar uma política externa com base, primordialmente, na avaliação dos interesses nacionais – desenvolvimento econômico com justiça social, soberania política, projeção internacional –, não em alinhamentos ideológicos automáticos ou em pressões externas. Tratava-se de internalizar o processo decisório, afirmando o direito do Brasil de definir suas próprias prioridades e escolher seus próprios parceiros em função dessas prioridades.

A principal inovação conceitual, bem como o instrumento-chave para a consecução dessa autonomia, foi a adoção de uma perspectiva de ação universalista. Esta representou o abandono do caráter histórico, essencialmente voltado para as relações do Brasil com o hemisfério e com a Europa, em favor da definição de um modelo de inserção internacional com base na abertura universalizante. O universalismo postulava a necessidade e a conveniência de o Brasil estabelecer e cultivar relações diplomáticas, econômicas e culturais com todos os países do mundo, independentemente de seus sistemas políticos, filiações ideológicas ou localização geográfica. Rompia-se, assim, com a seletividade imposta pela Guerra Fria, que limitava as interações com o bloco socialista, e com a relativa negligência no que tange às vastas áreas da África e da Ásia que emergiam do processo de descolonização. O universalismo não era apenas um princípio diplomático, mas também uma estratégia pragmática ancorada em demandas econômicas prementes e crescentes.

A urgência da abertura de novos mercados consumidores para a produção brasileira – tanto agrícola quanto industrial – era uma demanda crítica, essencial, que se apresentava com força desde as frustrações do pós-Segunda Guerra Mundial em relação ao acesso aos mercados tradicionais. A industrialização via substituição de importações gerava excedentes que necessitavam de novos destinos, e a diversificação de mercados era vista como vital para reduzir a vulnerabilidade externa e sustentar o desenvolvimento. A PEI, com seu universalismo, oferecia uma resposta direta a essa demanda econômica, buscando ativamente oportunidades comerciais e de cooperação em todas as regiões do globo.

Uma nova inserção internacional

Outros fatores, além do imperativo econômico, alimentaram a PEI. O pensamento desenvolvimentista (Cepal, Iseb) fornecia a base teórica para a busca de autonomia e de diversificação. O cenário internacional da descolonização e da afirmação do Terceiro Mundo (Bandung) criava um ambiente propício para políticas externas mais independentes e solidárias entre os países em desenvolvimento. Havia também uma forte aspiração nacional por maior projeção e reconhecimento internacional, compatível com a percepção das potencialidades brasileiras. A PEI catalisou essas diferentes vertentes, propondo uma nova forma de o Brasil se relacionar com o mundo.

A implementação do universalismo resultou em uma reorientação significativa da prática diplomática. Nas relações Leste-Oeste, o passo mais notório foi o restabelecimento das relações diplomáticas com a União Soviética, em novembro de 1961, seguido de iniciativas para normalizar ou estabelecer relações com outros países socialistas da Europa Oriental, visando primordialmente explorar potenciais mercados e afirmar a independência decisória do Brasil.

A dimensão mais inovadora, porém, foi a abertura de novos espaços e a ênfase nas relações Sul-Sul, configurando um desenho inicial de uma política para as bordas do sistema internacional (o que depois chamaríamos de Sul Global). A diplomacia brasileira voltou-se, com vigor inédito, para a África e a Ásia. Dezenas de postos diplomáticos foram abertos no continente africano, procurando estabelecer laços políticos, econômicos e culturais com as nações recém-independentes. O Brasil passou a defender ativamente a descolonização nos fóruns internacionais, inclusive no que diz respeito às colônias portuguesas, gerando atritos com Lisboa, mas procurando afirmar uma identidade e solidariedade com os povos africanos. Na Ásia, buscou-se contatos com países como Índia e Indonésia. Essa projeção para África e Ásia estava diretamente ligada à busca por novos mercados e à construção de uma base de apoio político entre os países em desenvolvimento.

No plano prático, a orientação autonomista do Brasil nesse momento se traduziu em posicionamentos diplomáticos inovadores, como a abstenção brasileira na votação da expulsão de Cuba da Organização dos Estados Americanos (OEA) em 1962; o apoio à ampliação do comércio com países socialistas; a defesa de uma reforma na ordem econômica internacional; e o protagonismo do Brasil em iniciativas do chamado Terceiro Mundo. A PEI procurava compatibilizar os compromissos com o Ocidente com a abertura a novos interlocutores, diversificando parcerias e fortalecendo o papel do país como ator intermediário entre o Norte e o Sul globais.

No âmbito hemisférico, reconhecia-se a importância da América Latina, dando continuidade aos esforços de integração (como a Associação Latino-Americana de Livre Comércio - ALALC) e procurando maior coordenação regional. Em relação aos Estados Unidos, a PEI buscava um relacionamento mais maduro e autônomo, mantendo a cooperação onde fosse conveniente, mas resistindo a pressões e divergindo quando os interesses nacionais assim o ditassem, como na questão cubana.

O multilateralismo foi outra arena privilegiada. Na ONU, o Brasil adotou uma postura ativa na defesa dos interesses do Terceiro Mundo, sintetizada nos "três Ds" (Desenvolvimento, Desarmamento, Descolonização) do chanceler Araújo Castro. O país teve papel de destaque na articulação do Grupo dos 77 e na primeira Conferência das Nações Unidas para o Comércio e o Desenvolvimento (United Nations Conference on Trade Development – UNCTAD, 1964), lutando por reformas no sistema de comércio internacional. A busca pela desnuclearização da América Latina também foi uma bandeira importante. Atos de grande repercussão simbólica, como a condecoração de Che Guevara por Jânio Quadros, embora controversos, sinalizavam essa nova assertividade e independência.

A crise política interna e o golpe de 1964: o impacto da instabilidade política no projeto de autonomia

A Política Externa Independente, apesar de sua coerência conceitual, de seu caráter inovador e de sua sintonia com as transformações do cenário internacional e com as necessidades econômicas do Brasil, desenvolveu-se em um contexto doméstico de crescente instabilidade e polarização, que acabaria por comprometer sua consolidação. A renúncia de Jânio Quadros em agosto de 1961, após apenas 7 meses de governo, mergulhou o país em uma grave crise político-militar. A tentativa de setores militares conservadores de impedir a posse do vice-presidente João Goulart, visto com desconfiança por suas ligações com o sindicalismo e o trabalhismo varguista, só foi superada pela Campanha da Legalidade e pela adoção de uma emenda parlamentarista, que esvaziava os poderes presidenciais. Jango só recuperaria a plenitude de seus poderes em janeiro de 1963, após um plebiscito que rejeitou o parlamentarismo.

O período de governo de Jango (1961-4) foi marcado por uma intensificação da crise econômica (inflação descontrolada, baixo crescimento); por uma crescente mobilização social (greves operárias, organização das Ligas Camponesas no campo, agitação estudantil); e por uma polarização política extrema. De um lado, o governo e seus aliados (trabalhistas, setores nacionalistas, esquerda) defendiam a implementação das chamadas "Reformas de Base" (agrária, bancária, fiscal, eleitoral, universitária), vistas como essenciais para modernizar o país, reduzir as desigualdades e aprofundar a democracia. De outro, uma ampla frente de oposição conservadora – formada por partidos como a União Democrática Nacional (UDN), setores empresariais (aglutinados em institutos, como o Instituto de Pesquisas e Estudos Sociais – Ipes – e o Instituto Brasileiro de Ação Democrática – o Ibad), grandes proprietários de terras, grande parte da hierarquia católica e, crucialmente, segmentos majoritários das Forças Armadas – via nessas reformas e na própria figura de Jango uma ameaça à ordem social, à propriedade privada e aos valores ocidentais, acusando o governo de preparar uma "república sindicalista" ou mesmo de abrir caminho para o comunismo.

Nesse ambiente conflagrado, a Política Externa Independente tornou-se, inevitavelmente, um dos principais alvos da oposição conservadora. Suas diretrizes e iniciativas – o universalismo, o reatamento de relações com a URSS e os países socialistas, a aproximação com o Terceiro Mundo e o bloco não alinhado, a defesa da autodeterminação de Cuba, o apoio à descolonização na África portuguesa – foram sistematicamente atacadas e distorcidas.

A PEI era acusada de representar um abandono dos aliados tradicionais e dos valores do Ocidente, uma perigosa aventura "neutralista" ou "terceiro-mundista" que, na prática, faria o jogo do comunismo internacional. Alegava-se que essa política externa "irresponsável" gerava atritos desnecessários com os Estados Unidos, afugentava investimentos estrangeiros e comprometia a segurança nacional. A imprensa conservadora, os políticos da UDN e os militares conspiradores utilizavam cada gesto da PEI – desde a manutenção de relações com Cuba até os votos na ONU em temas de descolonização – como "prova" da alegada infiltração comunista no governo Goulart e no Itamaraty.

A Guerra Fria, no contexto pós-Revolução Cubana, fornecia o pano de fundo ideológico para essa polarização. O papel dos Estados Unidos nesse processo foi objeto de intenso debate, mas trabalhos recentes fundamentados em documentação norte-americana detalham a evolução da política de Washington em relação ao governo Goulart. Após uma fase inicial em que a administração Kennedy buscou engajar Goulart e apoiar certas reformas como forma de prevenir uma radicalização à cubana, a postura norte-americana tornou-se crescentemente hostil a partir de 1962. Fatores, como a Lei de Remessa de Lucros, a nacionalização da American & Foreign Power Company (Amforp) e a percepção de que Goulart não conseguia ou não desejava afastar elementos de esquerda de seu governo, levaram Washington a abandonar a cooperação e a passar a apoiar ativamente os grupos de oposição que conspiravam contra o presidente. Esse apoio incluiu financiamento para institutos, como o Ipes e o Ibad, ações de propaganda, compartilhamento de informações e, crucialmente, o planejamento detalhado de uma intervenção militar (Operação Brother Sam) para apoiar o golpe caso fosse necessário (Spektor, 2018).

Ficava clara a interconexão indissociável entre a política externa e a crise política doméstica. A PEI não era vista pela oposição como uma mera orientação diplomática, mas como parte integrante do projeto político mais amplo do governo Jango, percebido como ameaçador. A busca por autonomia externa era associada à mobilização popular interna e às propostas de reforma estrutural. Atacar a PEI era uma forma de desgastar o governo, mobilizar a opinião pública conservadora e justificar a necessidade de uma intervenção para "restaurar a ordem" e realinhar o Brasil com o Ocidente.

O desfecho veio com o golpe de Estado entre 31 de março e 1º de abril de 1964. Liderado por altos comandantes militares, com amplo apoio de governadores de estados importantes, de setores empresariais e da classe média conservadora, e com o suporte externo dos Estados Unidos, o golpe derrubou o presidente João Goulart, dissolveu o Congresso Nacional e pôs fim à experiência democrática iniciada em 1946.

O desmantelamento da Política Externa Independente foi uma das primeiras e mais imediatas consequências do golpe. O novo regime militar, sob o comando inicial do marechal Humberto de Alencar Castelo Branco, rapidamente reverteu as principais orientações da PEI. As relações diplomáticas com Cuba foram rompidas; a política de aproximação com o bloco socialista e com os países não alinhados foi abandonada; o apoio à descolonização africana foi revisto em favor de uma reaproximação com Portugal; e, acima de tudo, o Brasil retornou a uma política de alinhamento automático e incondicional com os Estados Unidos, considerada essencial para a segurança nacional e para a luta contra o "inimigo interno" comunista.

A autonomia, o universalismo e a ênfase no desenvolvimento e na solidariedade Sul-Sul foram substituídos por uma visão de mundo estritamente bipolar e por uma política externa subordinada aos imperativos da Doutrina de Segurança Nacional. A PEI, um projeto conceitualmente inovador que buscava responder a desafios estruturais e a necessidades econômicas em longo prazo do Brasil e que representava uma tentativa de superação do legado diplomático tradicional, revelou-se politicamente insustentável no contexto de radicalização ideológica e instabilidade doméstica do início dos anos 1960, tornando-se uma vítima emblemática da crise que levou ao fim da Quarta República. Seu legado, contudo, inscreveu-se na memória estratégica da política externa brasileira como expressão precoce de uma autonomia afirmativa ainda por se realizar plenamente.

A Política Externa Independente e a construção da identidade brasileira internacional

A Política Externa Independente (PEI) representou um marco histórico na diplomacia brasileira, precisamente porque inaugurou uma nova postura do Brasil no sistema internacional. Antes da PEI, o Brasil mantinha uma tradição de alinhamento quase automático com os Estados Unidos, especialmente durante o período inicial da Guerra Fria. O que a PEI trouxe foi uma tentativa consciente de elaborar uma estratégia internacional com base primordialmente nos interesses nacionais brasileiros, articulando princípios normativos e cálculo pragmático.

Essa nova postura representou mais do que uma ruptura tática: constituiu um momento de transição paradigmática no que concerne à concepção tradicional de autonomia, até então marcada por condicionalidades e limites estruturais. A PEI projetou uma autonomia em vias de afirmação assertiva, ao propor que o Brasil buscasse relações com todos os países, independentemente de seus regimes políticos ou blocos ideológicos; priorizasse seus interesses econômicos e comerciais acima das divisões geopolíticas da Guerra Fria; defendesse maior equidade nas relações Norte-Sul; e fortalecesse sua voz em foros multilaterais como representante do chamado "Terceiro Mundo".

A universalização das relações diplomáticas e comerciais tornou-se uma diretriz fundamental da PEI, permitindo ao Brasil ampliar seu leque de parceiros, reduzir dependências históricas e testar uma inserção internacional baseada em multipolaridade, cooperação horizontal e pluralismo institucional.

A influência duradoura da PEI pode ser observada em diversos momentos posteriores da diplomacia brasileira. Durante o regime militar (1964-85), mesmo após o golpe que inicialmente marcou um retorno ao alinhamento com os EUA, o governo Geisel (1974-9) retomou vários princípios da PEI por meio do chamado "Pragmatismo Responsável". Nesse período, o Brasil estabeleceu relações com a República Popular da China; reconheceu a independência de Angola governada pelo Movimento Popular de Libertação de Angola (MPLA) - de orientação marxista -; e intensificou relações com países árabes em plena crise do petróleo, demonstrando capacidade de dissenso diplomático e de reconfiguração seletiva de alianças internacionais.

Na Nova República (pós-1985), os governos democráticos concluíram a reincorporação das ideias que foram inicialmente desenvolvidas no quadro conceitual da Política Externa Independente, processo que vinha se desenvolvendo, em etapas, desde o final dos anos 1960, e de modo acelerado, desde 1974. Destacam-se a valorização da integração regional, materializada especialmente na criação e no desenvolvimento do Mercosul; a diversificação de parcerias estratégicas, exemplificada pela formação do Bric (Brasil, Rússia e China – posteriormente também a África do Sul, alterando-se o nome para Brics) e pela renovada aproximação com África e Oriente Médio; a defesa consistente de uma ordem mundial multipolar e mais equitativa; e a busca por maior protagonismo em fóruns multilaterais, com posições independentes em temas como comércio internacional, meio ambiente e direitos humanos.

No pensamento diplomático brasileiro como um todo, a PEI consolidou a ideia de que o Brasil, como país de dimensões continentais e recursos significativos, deveria buscar um papel de maior protagonismo internacional e não aceitar uma posição subalterna no sistema internacional. Essa herança conceitual da PEI se tornou parte fundamental da identidade diplomática brasileira, transcendendo governos e orientações políticas específicas, e estabelecendo-se como um paradigma ainda presente nas formulações estratégicas da política externa do Brasil. Os conceitos de autonomia, universalismo e defesa do desenvolvimento tornaram-se elementos constitutivos do pensamento diplomático nacional, sendo reconhecidos não apenas como marcas de uma conjuntura específica, mas também como contribuições estruturais e duradouras que redefiniram os horizontes da inserção internacional do país.

CONCLUSÃO

O período compreendido entre a Revolução de 1930 e o golpe militar de 1964 constitui um arco histórico fundamental na trajetória internacional do Brasil, indelevelmente marcado pela ascensão e pela consolidação do nacionalismo e do desenvolvimentismo como forças motrizes da política externa. A ruptura com o modelo primário-exportador da Primeira República e a busca pela construção de um Estado mais forte e de uma economia industrializada converteram-se nos eixos centrais em torno dos quais gravitou a ação diplomática brasileira. Desde a pragmática barganha de Vargas em meio à crise dos anos 1930 e à Segunda Guerra Mundial, passando pelo alinhamento condicionado do pós-guerra e pelo otimismo modernizador de Kubitschek, até a formulação assertiva da Política Externa Independente, percebe-se um fio condutor: a tentativa de utilizar a política externa como instrumento para viabilizar um projeto nacional de desenvolvimento e afirmar a autonomia do país no cenário internacional.

A própria noção de autonomia, entretanto, passou por uma transição conceitual relevante ao longo dessas três décadas. Em um primeiro momento, a autonomia teve caráter compensatório: tratava-se de expandir margens de manobra dentro de um quadro estrutural de dependência, mediante barganhas seletivas com as grandes potências, sobretudo os Estados Unidos. Posteriormente, com o avanço do pensamento desenvolvimentista e a ampliação das capacidades internas do Estado, foi-se consolidando uma concepção mais afirmativa de autonomia – voltada não só à contenção da dependência, mas principalmente à construção ativa de uma inserção internacional plural, com base em valores próprios e na diversificação de parcerias. A Política Externa

Independente representou o ponto culminante dessa transição, ao propor uma autonomia não apenas defensiva, mas também propositiva, ancorada na capacidade de definir agendas próprias em um mundo crescentemente bipolar.

Este arco histórico atravessou conjunturas internacionais dramaticamente distintas: iniciou-se sob o impacto da Grande Depressão e da era dos fascismos; testemunhou a deflagração e as consequências da Segunda Guerra Mundial; e adentrou o momento decisivo da Guerra Fria, com a consolidação da bipolaridade e o início da descolonização afro-asiática. Internamente, correspondeu a uma fase de transformação muito importante da economia e da sociedade brasileiras, marcada pela industrialização substitutiva, pela urbanização acelerada, pela emergência de novos atores sociais e políticos, e pelo fortalecimento do Estado central como indutor do desenvolvimento. Nesse contexto, o período foi também particularmente relevante para a questão da inserção do Brasil no sistema de poder dos Estados Unidos. Após a Segunda Guerra, observou-se um claro assentamento dessa relação, com o Brasil aderindo às estruturas políticas, econômicas e de segurança do bloco ocidental liderado por Washington. Contudo, essa acomodação não foi isenta de tensões, e o período testemunhou também o início da sua contestação ou, ao menos, da busca por uma redefinição de seus termos, impulsionada pelas demandas desenvolvimentistas e culminando na tentativa de universalismo da Política Externa Independente.

Paradoxalmente, as mesmas forças que impulsionaram essa busca por um novo lugar no mundo – o nacionalismo e a agenda desenvolvimentista – contribuíram para a profunda crise política que levou à sua interrupção abrupta em 1964. As propostas de reforma estrutural, associadas ao desenvolvimentismo, e a própria postura de maior independência no cenário internacional, especialmente durante a PEI, exacerbaram a polarização ideológica interna, sendo percebidas pelas forças conservadoras, civis e militares como uma espécie de ameaça à ordem estabelecida e um desvio perigoso em direção ao bloco socialista ou ao neutralismo. A política externa, longe de ser um domínio isolado, tornou-se um campo de batalha crucial na disputa pelo poder e pelos rumos do país.

O golpe militar de 1964 representou, assim, não apenas o fim de um regime democrático, mas também o colapso do modelo nacional-desenvolvimentista tal como vinha sendo concebido e implementado, com suas inerentes ambiguidades e tensões. A transição para o autoritarismo implicou uma redefinição drástica da política externa, com o abandono da busca por autonomia afirmativa e o retorno a um alinhamento estrito e subordinado aos Estados Unidos, justificado pela Doutrina de Segurança Nacional. As bases nacionalistas e desenvolvimentistas que moldaram a política externa brasileira por mais de três décadas foram compulsoriamente silenciadas ou reconfiguradas sob a nova lógica autoritária. A autonomia, como conceito operacional e horizonte normativo, foi esvaziada e reinserida sob moldes securitários, rompendo com a trajetória de expansão conceitual que vinha sendo construída desde a década de 1930.

O legado desse período, contudo, permaneceria latente: as tensões entre desenvolvimento e democracia, autonomia e alinhamento continuariam a ecoar na história diplomática brasileira, servindo de base para debates e reconfigurações posteriores da inserção internacional do país. Como se verá no capítulo "Apogeu e crise do desenvolvimentismo autoritário (1964-90)", a política externa do regime militar, embora inicialmente marcada por realinhamento automático, voltaria a articular formas específicas de autonomia, ainda que dentro de um marco autoritário e de segurança nacional.

CRONOLOGIA ESSENCIAL (1930-64)

A seguir, uma listagem expandida dos principais eventos com relevância para a política externa brasileira entre 1930 e 1964:

- **1930**: Revolução de 1930. (Início da Era Vargas; mudança no eixo de poder.)
- **1931**: Moratória parcial da dívida externa. (Primeiro grande confronto com credores internacionais.)
- **1933**: Sétima Conferência Pan-Americana. (Montevidéu - Brasil apoia Princípio da Não Intervenção.)
- **1934**: Nova Constituição. (Institucionalização provisória pós-1930.); Acordo Aranha. (Renegociação da dívida externa.)

- **1935**: Acordo Comercial Brasil-EUA. (Busca por mercados e tensões com Alemanha.);
  Intentona Comunista. (Reforça anticomunismo interno com reflexos externos.)
- **1936**: Conferência Interamericana de Consolidação da Paz (Buenos Aires - Brasil participa dos debates sobre segurança hemisférica.)
- **1937**: Implantação do Estado Novo. (Consolidação da ditadura; facilita "equidistância pragmática".);
  Suspensão total do pagamento da dívida externa. (Auge do confronto com credores.)
- **1938**: Oitava Conferência Pan-Americana. (Lima - discute-se a ameaça do Eixo.)
- **1939**: Início da Segunda Guerra Mundial. (Brasil declara neutralidade.)
- **1940**: Acordo para financiamento da CSN pelos EUA. (Marco da barganha pragmática e da industrialização.)
- **1941**: Ataque a Pearl Harbor. (Leva ao alinhamento continental anti-Eixo.)
- **1942**: Conferência de Chanceleres do Rio de Janeiro. (Brasil lidera recomendação de ruptura com o Eixo.);
  Rompimento de relações diplomáticas com o Eixo (janeiro);
  Acordos de Washington. (Cooperação militar e econômica com os EUA; cessão de bases no Nordeste.);
  Ataques de submarinos alemães à costa brasileira (agosto);
  Brasil declara estado de beligerância e, em seguida, guerra à Alemanha e à Itália (agosto).
- **1943**: Criação da Força Expedicionária Brasileira (FEB);
  Acordo final sobre a dívida externa. (Negociação favorecida pelo contexto da guerra.)
- **1944**: Participação brasileira na Conferência de Bretton Woods. (Criação do FMI e do Bird.);
  Desembarque da FEB na Itália. (Participação militar direta na guerra.)
- **1945**: Participação na Conferência de Chapultepec. (Reorganização do sistema interamericano.);
  Participação na Conferência de São Francisco. (Criação da ONU; Brasil como membro fundador.);
  Fim do Estado Novo e redemocratização. (Transição política interna.)

- **1946**: Posse do general Eurico Gaspar Dutra; nova Constituição.
- **1947**: Tratado Interamericano de Assistência Recíproca (Tiar). (Alinhamento militar hemisférico na Guerra Fria.);
  Rompimento de relações diplomáticas com a URSS. (Alinhamento ideológico com o Ocidente.);
  Presidência de Oswaldo Aranha na Assembleia Geral da ONU. (Votação da Partilha da Palestina.)
- **1948**: Criação da Organização dos Estados Americanos (OEA). (Carta de Bogotá.);
  Criação da Comissão Econômica para a América Latina e o Caribe (Cepal);
  Missão Abbink. (Diagnóstico e recomendações econômicas EUA-Brasil.)
- **1951**: Posse de Getúlio Vargas. (Segundo governo; retorno do nacionalismo desenvolvimentista.);
  Criação da Comissão Mista Brasil-Estados Unidos para o Desenvolvimento Econômico (CMBEU). (Tentativa de cooperação econômica.)
- **1952**: Criação do Banco Nacional de Desenvolvimento Econômico (BNDE).
- **1953**: Criação da Petrobras. (Marco do nacionalismo econômico.)
- **1954**: Morte de Vargas. (Crise política com impacto nos rumos da política externa brasileira.)
- **1955**: Conferência de Bandung. (Marco do não alinhamento; contexto para PEI.)
- **1956**: Início do governo JK. (Foco no desenvolvimento acelerado.)
- **1957**: Criação da Comunidade Econômica Europeia (CEE). (Novo ator econômico global.)
- **1958**: Lançamento da Operação Pan-Americana (OPA) por JK. (Iniciativa diplomática regional.)
- **1959**: Revolução Cubana. (Intensifica Guerra Fria na América Latina.);
  Criação do Banco Interamericano de Desenvolvimento (BID). (Resultado parcial da OPA.)
- **1960**: Criação da Associação Latino-Americana de Livre Comércio (ALALC);
  Eleição de Jânio Quadros.

- **1961**: Posse de Jânio Quadros e lançamento da PEI. (Política Externa Independente; universalismo.);
  Condecoração de Che Guevara por Jânio Quadros. (Ato simbólico da PEI.);
  Renúncia de Jânio Quadros; crise política; posse de João Goulart. (Parlamentarismo.);
  Reatamento de relações diplomáticas com a URSS. (Marco da PEI.)
- **1962**: Crise dos Mísseis em Cuba. (Auge da tensão da Guerra Fria.)
- **1963**: Retorno ao presidencialismo no Brasil. (Jango com plenos poderes.)
- **1964**: UNCTAD I. (Genebra - Brasil ativo na defesa dos interesses do Terceiro Mundo.);
  Golpe militar. (Fim do governo Goulart e da experiência democrática.);
  Fim da PEI. (Retorno ao alinhamento automático com os EUA.)

Apogeu e crise do desenvolvimentismo autoritário (1964-90)

INTRODUÇÃO

O período que se estende de 1964 a 1990, correspondente à vigência do regime militar no Brasil e ao início da redemocratização, representa um capítulo singular e complexo na história da política externa brasileira. A ruptura institucional de março-abril de 1964, que depôs o presidente João Goulart e encerrou a experiência democrática iniciada em 1946, teve um impacto imediato e profundo sobre a orientação internacional do país. A Política Externa Independente (PEI), com seu universalismo e sua busca por autonomia, foi abruptamente desmantelada, dando lugar a uma redefinição drástica das prioridades e dos métodos da diplomacia do país sob a égide da Doutrina de Segurança Nacional e dos imperativos da Guerra Fria.

A princípio, a política externa do regime militar caracterizou-se por um realinhamento automático e incondicional com os Estados Unidos, pela ênfase no combate ao comunismo – tanto interna quanto externamente – e pela subordinação da diplomacia aos objetivos de segurança do Estado autoritário. A defesa da "civilização ocidental e cristã" e a cooperação estreita com Washington tornaram-se os pilares da ação externa nos primeiros anos pós-golpe. Contudo, a longa duração do regime militar (cerca de duas décadas) e as transformações no cenário internacional e na própria economia brasileira levaram a significativas inflexões nessa postura inicial.

A partir do final da década de 1960, emergiu uma política externa mais pragmática e assertiva, que, sem romper a aliança fundamental com o Ocidente, buscou recuperar gradualmente margens de autonomia, diversificar parceiros comerciais e diplomáticos, e utilizar a política externa como instrumento para promover o projeto de desenvolvimento econômico acelerado e a consolidação do Brasil como potência emergente ("Brasil Potência").

Este capítulo analisará essa complexa trajetória da inserção internacional do Brasil sob o autoritarismo, examinando suas diferentes fases: o alinhamento inicial (1964-8); a ascensão e a consolidação do Pragmatismo Responsável (1969-79); a diplomacia associada aos grandes projetos de infraestrutura, e os crescentes constrangimentos econômicos decorrentes das crises do petróleo e da dívida externa (anos 1970 e início dos 1980); e, finalmente, os reflexos da transição democrática na política externa nos anos finais do regime e no início da redemocratização (1979-90). Buscar-se-á compreender as continuidades e as rupturas em relação ao período anterior, as tensões inerentes entre as lógicas da segurança e do desenvolvimento, e entre as aspirações de autonomia e as realidades da dependência, que marcaram a inserção internacional do Brasil durante um dos períodos mais controversos de sua história recente.

AUTONOMIA ASSERTIVA E AUTONOMIA FUNDAMENTADA EM DISSOCIAÇÃO CONFLITIVA: ESTRATÉGIAS SOB O AUTORITARISMO DESENVOLVIMENTISTA (1964-90)

No contexto da política externa brasileira entre 1964 e 1990, a busca por autonomia assumiu contornos mais explícitos, consistentes em sua orientação geral, mas frequentemente marcados por ambiguidade nas estratégias e nos discursos. Sob a égide do regime autoritário instaurado após o golpe de 1964 e durante o período de transição à Nova República, o Estado brasileiro articulou sua inserção internacional com base em um projeto nacional-desenvolvimentista, autoritário na política interna e pragmático no plano externo. A política externa do período foi marcada por oscilações entre momentos de afirmação autônoma e episódios de confronto seletivo, que podem ser mais bem compreendidos à luz de duas estratégias analíticas: a Autonomia Assertiva e a Autonomia fundamentada em Dissociação Conflitiva.

Essas duas categorias não devem ser vistas como mutuamente excludentes ou dicotômicas, mas como formas distintas e contextualmente determinadas de expressar a aspiração à autonomia em um mundo estruturado de maneira hegemônica. Ambas se inserem no repertório da política externa de Estados periféricos ou semiperiféricos que buscam preservar sua margem de decisão em contextos de assimetria e contestação normativa, mas diferem quanto aos instrumentos, ao grau de institucionalização do dissenso e à disposição de confrontar diretamente os centros de poder.

A Autonomia Assertiva refere-se a um padrão de comportamento em que o Estado busca afirmar seus interesses próprios por meio de dissenso estratégico, diversificação de alianças, ativismo multilateral e crítica construtiva, sem recorrer à ruptura institucional com os principais regimes internacionais. É uma forma de autonomia que opera dentro das estruturas do sistema, utilizando seus próprios mecanismos para ampliar o espaço de manobra. Essa estratégia pressupõe um grau elevado de cálculo racional, sensibilidade às correlações de forças e capacidade diplomática, permitindo ao Estado periférico atuar como potência média com agenda própria.

No caso brasileiro, o momento mais emblemático da Autonomia Assertiva foi a política externa adotada durante o governo Geisel (1974-9), frequentemente caracterizada como "Pragmatismo Ecumênico e Responsável". Nesse período, o Brasil tomou medidas significativas para redefinir suas relações com os Estados Unidos, inclusive denunciando o acordo militar bilateral de 1952 em 1977, em resposta às pressões norte-americanas vinculadas à cláusula de direitos humanos imposta pelo Congresso dos EUA. No entanto, ao mesmo tempo que promovia essa dissociação seletiva, o governo brasileiro manteve canais de diálogo, diversificou suas relações externas (aproximando-se de países da África, do Oriente Médio e da Europa Ocidental), participou ativamente em fóruns multilaterais e ampliou seus projetos de cooperação Sul-Sul. A assinatura do acordo nuclear com a Alemanha Ocidental em 1975, desafiando a oposição dos Estados Unidos, é outro exemplo claro de dissenso assertivo, articulado com uma agenda de desenvolvimento autônomo e projeção internacional.

A lógica da Autonomia Assertiva persistiu parcialmente no governo Figueiredo (1979-85), ainda que em um cenário de crise econômica, inflação acelerada e perda de dinamismo do projeto nacional-desenvolvimentista. Nesse contexto, o Brasil buscou manter uma postura altiva em fóruns multilaterais (como nas negociações comerciais do Acordo Geral sobre Tarifas e Comércio; em inglês, General Agreement on Tariffs and Trade – GATT), aprofundar laços com o mundo em desenvolvimento (especialmente na atuação com o G-77) e reafirmar sua condição de ator regional relevante. A política externa dos anos finais da ditadura civil-militar oscilava entre a tentativa de preservação de autonomia e o progressivo retorno ao alinhamento econômico, imposto pelas condições estruturais da crise da dívida.

Em contraposição à assertividade racional e institucionalizada, a Autonomia fundamentada em Dissociação Conflitiva corresponde a um padrão de comportamento em que o Estado opta por confrontar diretamente estruturas hegemônicas ou alianças dominantes, por meio da crítica aberta, da ruptura de acordos, da retórica anti-hegemônica ou da recusa em integrar regimes internacionais tidos como opressivos ou assimétricos. Trata-se de uma estratégia reativa e disruptiva, que busca preservar a autonomia nacional pela dissociação seletiva, mesmo ao custo do isolamento parcial ou da marginalização diplomática.

Essa forma de dissociação foi visível, embora pontualmente, na política externa brasileira do final dos anos 1970. A já mencionada denúncia do acordo militar com os EUA em 1977 pode ser interpretada também como um gesto conflitivo, especialmente pela retórica que acompanhou a decisão, na qual o Brasil afirmava sua recusa em aceitar condicionantes externos em matéria de política interna. Embora inserida numa estratégia mais ampla de Autonomia Assertiva, a ruptura carregou elementos de conflito simbólico com os EUA. Outros exemplos podem ser encontrados nas declarações contra a ordem econômica internacional vigente, na defesa da Nova Ordem Econômica Internacional (NOEI) e no uso da retórica terceiro-mundista em organismos multilaterais. Ainda que o Brasil tenha evitado alinhamentos explícitos com blocos antiocidentais, houve momentos em que a dissociação ganhou contornos ideológicos e confrontacionais, ainda que moderados.

Já na transição democrática, especialmente nos primeiros anos da Nova República, a política externa passou a operar em uma lógica de reequilíbrio, com redução do conteúdo conflitivo e reaproximação institucional com os EUA e os organismos financeiros internacionais. O governo Sarney (1985-90) buscou recompor a confiança internacional, aderir a compromissos multilaterais e reconstruir a estabilidade econômica interna, abrindo caminho para uma reformulação da estratégia de inserção internacional nos anos 1990. Nesse sentido, a Autonomia fundamentada em Dissociação Conflitiva foi pouco a pouco substituída por uma postura de autonomia defensiva e cooperativa, fortemente condicionada pela crise econômica e pela mudança no ambiente global pós-Guerra Fria.

Portanto, o período compreendido entre 1964 e 1990 revela uma complexa articulação entre estratégias de Autonomia Assertiva e episódios de dissociação conflitiva, que expressam, cada uma a seu modo, o esforço brasileiro de preservar margem de manobra estratégica em um sistema internacional marcado por polarização, dependência e transformação. A análise dessas estratégias permite compreender como a política externa brasileira oscilou entre engajamento seletivo e contestação controlada, refletindo tanto as capacidades internas quanto as oportunidades e as restrições externas de cada momento.

A NATUREZA DAS ESTRATÉGIAS DE POLÍTICA EXTERNA

A natureza autoritária do regime militar (1964-85) redesenhou fundamentalmente o processo decisório da política externa brasileira, tornando-o um corolário direto da concentração de poder. O esvaziamento do Congresso Nacional e a supressão dos partidos políticos transferiram o *locus* das decisões mais críticas quase exclusivamente para a presidência da República e, de forma crucial, para a cúpula militar e os órgãos de segurança, como o Conselho de Segurança Nacional e o Serviço Nacional de Informações e, claro, para o Itamaraty. A agenda financeira foi completamente absorvida pelos Ministérios da Fazenda e do Planejamento – tanto na fase da ascensão do milagre quanto na sua derrocada.

A política externa brasileira durante o regime militar (1964-85) caracterizou-se por um notável descompasso entre a retórica oficial, marcada por *slogans* grandiloquentes, e as práticas diplomáticas concretas. Fórmulas como a "Diplomacia da Prosperidade" (governo Castelo Branco), a "Diplomacia do Interesse Nacional" (Médici) e o "Pragmatismo Ecumênico e Responsável" (Geisel e Figueiredo) funcionaram frequentemente como tentativas de conferir um verniz técnico e modernizador às estratégias de inserção internacional que foram desenhadas em cada um desses momentos. No entanto, essas formulações respondiam primordialmente a imperativos internos: a legitimação de um regime autoritário que suprimiu liberdades individuais, cassou direitos políticos e institucionalizou a censura e a tortura como ferramentas de controle social, além da adesão à lógica da segurança nacional, especialmente no contexto inicial de forte alinhamento com os Estados Unidos.

Nas fases iniciais do regime, particularmente sob Castelo Branco e, em certa medida, Costa e Silva e Médici, a política externa esteve fortemente atrelada aos Estados Unidos, refletindo a lógica bipolar da Guerra Fria e a busca por apoio externo para consolidar o golpe e o novo governo. A "Diplomacia da Prosperidade" simbolizava essa fase, em que o alinhamento geopolítico procurava atrair investimentos e financiamento externo que sustentaram o chamado "milagre econômico". Contudo, essa estratégia aprofundou a dependência econômica e iniciou um ciclo de endividamento externo massivo que, embora financiasse projetos de infraestrutura ufanistas, acabaria por comprometer a soberania nacional e semear as bases da instabilidade econômica futura, culminando na crise inflacionária e de débito dos anos 1980.

A partir da década de 1970, especialmente nos governos Geisel e Figueiredo, a política externa adotou a bandeira do "Pragmatismo Ecumênico e Responsável". Essa aparente inflexão, todavia, representou menos uma guinada doutrinária substancial e mais um ajuste tático forçado pelas mudanças na conjuntura internacional e, mais especialmente, aos impactos dramáticos da crise do petróleo. A deterioração das relações com os Estados Unidos apontava para a necessidade de retomar o conceito de universalismo, esboçado no contexto da Política Externa Independente, encerrada abruptamente dez anos antes. O pragmatismo traduziu-se na busca por uma autonomia relativa, com a procura da diversificação urgente de parceiros comerciais e diplomáticos, incluindo uma aproximação calculada com nações latino-americanas, países africanos recém-independentes e nações do Oriente Médio, visando garantir mercados e suprimentos de petróleo.

Essa fase dita "pragmática", no entanto, revelou tensões e contradições inerentes ao regime. Havia um descompasso entre o discurso nacionalista ocasional e a contínua dependência econômica e tecnológica externa, e entre a maior flexibilidade diplomática no cenário internacional e o endurecimento do conservadorismo ideológico e da repressão política internamente. A busca por legitimação internacional, usando a diplomacia como vitrine de um Brasil "moderno" e "em desenvolvimento", convivia com práticas obscuras, como a participação ativa do Brasil na Operação Condor, um esquema transnacional de cooperação repressiva entre as ditaduras do Cone Sul para perseguir e eliminar opositores políticos, demonstrando que a lógica da segurança nacional autoritária permanecia um pilar central.

Em suma, as diferentes diretrizes de política externa dos governos militares, apesar dos títulos pomposos, devem ser analisadas criticamente como mecanismos ideológicos de legitimação de um regime autoritário, travestidos em projetos de modernização e inserção global. Longe de representarem guinadas estratégicas coesas com base em princípios claros, essas políticas foram moldadas por necessidades conjunturais de sobrevivência do regime, pela Doutrina de Segurança Nacional e pela tentativa de projetar uma imagem de eficiência. O legado dessa era incluiu não apenas a supressão de direitos, mas também um endividamento externo colossal que financiou um crescimento desigual e insustentável, comprometendo severamente a soberania econômica e mergulhando o país na profunda crise da década de 1980.

REALINHAMENTO E SEGURANÇA (1964-8)

A instauração do regime militar em 1964 assinalou uma virada de 180 graus na política externa brasileira. O golpe de Estado, que colocou fim à experiência democrática de 1946-64 e depôs o presidente João Goulart, foi justificado por seus artífices como uma ação necessária para conter a "ameaça comunista" e restaurar a ordem socioeconômica. Essa justificativa ideológica, ancorada na Doutrina de Segurança Nacional, tornou-se a matriz fundamental que informou não só a repressão política interna, mas também a redefinição completa da inserção internacional do Brasil nos anos que se seguiram.

O período inicial do regime, abrangendo a presidência do marechal Humberto de Alencar Castelo Branco (de abril de 1964 a março de 1967) e os primeiros anos do governo de seu sucessor, o marechal Arthur da Costa e Silva (de março de 1967 a fins de 1968 – antes da consolidação do Pragmatismo Responsável), foi caracterizado por uma quase completa subordinação da política externa aos imperativos da segurança; por um realinhamento automático aos Estados Unidos; e pela adoção de um discurso veementemente anticomunista e de defesa dos valores da "civilização ocidental e cristã". Embora sutis diferenças e novas dinâmicas começassem a emergir, especialmente sob Costa e Silva, a tônica dominante nesse quadriênio foi a da segurança como vetor primordial e da aliança com Washington como eixo inquestionável da ação externa brasileira.

A fundação do alinhamento sob Castelo Branco (1964-7): segurança nacional e subordinação estratégica

O governo Castelo Branco assumiu o poder em um contexto de ruptura e expurgo. O Ato Institucional n. 1 (AI-1), de 9 de abril de 1964, conferiu ao novo regime poderes excepcionais para cassar mandatos políticos, suspender direitos individuais e reformar a Constituição, sob o pretexto de erradicar a "subversão" e a "corrupção". Essa reestruturação autoritária interna teve um reflexo direto e imediato na política externa. A PEI foi sumariamente descartada, seus formuladores foram afastados ou perseguidos e o Itamaraty foi instruído a operar sob novas diretrizes, emanadas do Palácio do Planalto e fortemente influenciadas pela visão de mundo dos militares e da Escola Superior de Guerra (ESG).

A Doutrina de Segurança Nacional (DSN) tornou-se a lente pela qual o Brasil interpretava o mundo e definia seus interesses, concebendo a segurança nacional como um conceito abrangente, que envolvia não apenas a defesa territorial, mas, sobretudo, a proteção do Estado e da sociedade contra ameaças internas e externas, primordialmente a "guerra revolucionária" comunista. As fronteiras eram vistas não só como limites geográficos, mas também como fronteiras ideológicas que separavam o Ocidente do Leste. Nesse quadro, a segurança interna e a externa eram interdependentes: a subversão interna era vista como instrumentalizada por potências externas (URSS, Cuba); e a estabilidade regional e o fortalecimento do bloco ocidental eram essenciais para a segurança doméstica. A política externa, nessa lógica, transformava-se em um instrumento da segurança nacional, cuja função precípua era identificar e neutralizar ameaças, fortalecer alianças com parceiros ideologicamente afins (principalmente os EUA) e projetar a imagem de um Brasil como guardião da ordem e da estabilidade no Atlântico Sul.

O anticomunismo visceral do regime traduziu-se em ações diplomáticas concretas. O rompimento de relações com Cuba em maio de 1964 foi um ato inaugural e simbólico. Seguiu-se um período de esfriamento ou virtual congelamento das relações com os países do bloco socialista e com nações não alinhadas que haviam sido priorizadas pela PEI. O Brasil se alinhou consistentemente com as posições norte-americanas nos fóruns internacionais em todas as questões que envolviam o conflito Leste-Oeste. Internamente, a repressão a partidos e movimentos de esquerda era justificada como parte dessa luta global contra o comunismo, e a política externa servia para validar essa narrativa.

A retórica de defesa da "civilização ocidental e cristã" permeou os discursos oficiais e a argumentação diplomática. O golpe era apresentado como uma vitória desses valores contra o materialismo ateu e a desagregação moral, supostamente representados pelo comunismo e pelo governo Goulart. Essa formulação ideológica buscava criar um consenso conservador interno e, externamente, identificar o Brasil com os valores culturais e políticos do bloco liderado pelos EUA, reforçando a imagem de um aliado confiável e ideologicamente compatível. Essa postura foi também um componente crucial da estratégia de legitimação internacional do regime. Ao se apresentar como um parceiro fundamental na luta contra o comunismo na América Latina, o governo Castelo Branco buscou e obteve rapidamente o reconhecimento e o apoio político e financeiro dos Estados

Unidos e de outras potências ocidentais, o que foi vital para sua consolidação inicial, ajudando a minimizar o impacto de críticas internacionais à natureza autoritária e repressiva do novo governo.

O realinhamento automático com os Estados Unidos foi a pedra angular dessa nova política externa. A frase atribuída a Juracy Magalhães ("O que é bom para os Estados Unidos é bom para o Brasil") encapsulou a essência dessa fase: uma deliberada renúncia à avaliação autônoma dos interesses nacionais em prol de uma identificação quase total com os interesses estratégicos da potência hegemônica. Essa postura foi recebida com entusiasmo em Washington, que via no novo regime brasileiro um aliado essencial para conter a influência cubana e soviética na região, especialmente após a crise dos mísseis de 1962.

A cooperação militar atingiu níveis sem precedentes desde a Segunda Guerra Mundial. Aumentou o número de oficiais brasileiros treinados nos EUA e em escolas da Zona do Canal, absorvendo doutrinas de contrainsurgência e fortalecendo laços pessoais e institucionais. A presença de missões militares norte-americanas no Brasil foi reforçada, atuando em treinamento, assessoria e fornecimento de equipamentos – embora estes fossem frequentemente de segunda linha. A Comissão Mista Brasil-Estados Unidos e outros canais bilaterais garantiam uma estreita coordenação estratégica e de inteligência. Essa profunda interpenetração militar reforçou a dependência brasileira e consolidou a influência estadunidense sobre as Forças Armadas, que agora controlavam o Estado.

O apoio à política externa norte-americana manifestou-se de forma dramática na intervenção na República Dominicana em 1965. Quando os EUA desembarcaram tropas para sufocar um movimento que consideravam pró-comunista, o Brasil não somente endossou a ação, mas também liderou o esforço diplomático na OEA para criar a Força Interamericana de Paz (FIP), e enviou o maior contingente latino-americano para compô-la, sob o comando brasileiro. Essa participação ativa foi o exemplo máximo do alinhamento automático e da disposição do país de atuar como um "subimperialismo" consentido, ajudando a policiar o hemisfério em nome dos interesses norte-americanos. A ação gerou fortes críticas na América Latina, mas foi celebrada pelo regime como prova de responsabilidade e compromisso com a segurança continental. Diplomaticamente, o Brasil também apoiou os EUA na escalada da Guerra do Vietnã e manteve um padrão de votação rigidamente alinhado em fóruns multilaterais.

No plano econômico, o alinhamento se expressou na adoção do programa ortodoxo de Campos e Bulhões, que visava combater a inflação, restaurar o crédito internacional e atrair investimentos estrangeiros através de medidas de austeridade e liberalização. Havia uma clara expectativa de que a lealdade política seria recompensada com generosa ajuda econômica dos EUA. Embora o apoio financeiro norte-americano tenha sido importante para a estabilização inicial e a renegociação da dívida, ele não atingiu a magnitude esperada por alguns setores do regime, gerando certa frustração e alimentando debates futuros sobre a necessidade de estratégias de desenvolvimento mais autônomas, mesmo dentro do campo ocidental. A avaliação crítica desse alinhamento revela um desequilíbrio: os ganhos em termos de apoio político e legitimação externa para o regime autoritário foram significativos, mas tiveram como contrapartida uma drástica redução da autonomia diplomática e um engajamento em ações de questionável legitimidade internacional, com benefícios econômicos aquém das expectativas iniciais.

A transição para Costa e Silva (1967-8): continuidade com sinais de mudança

A sucessão de Castelo Branco pelo marechal Costa e Silva, em março de 1967, trouxe consigo algumas expectativas de inflexão na política externa. Costa e Silva era percebido como representante de uma ala militar mais nacionalista e menos doutrinariamente ligada à ESG e aos EUA do que o grupo de Castelo Branco. Seu discurso de posse continha referências à necessidade de acelerar o desenvolvimento e de defender os interesses nacionais. Contudo, a nomeação de Magalhães Pinto, um político civil experiente, mas alinhado ao regime, para o Ministério das Relações Exteriores sinalizou, inicialmente, uma intenção de manter a linha geral da política externa anterior.

De fato, nos primeiros anos do governo Costa e Silva (em 1967 e 1968), a continuidade do alinhamento fundamental com os Estados Unidos e a prioridade da segurança nacional permaneceram evidentes. A cooperação militar prosseguiu, a retórica anticomunista manteve-se elevada e o Brasil continuou a atuar como um parceiro estratégico de Washington no hemisfério. A nova Constituição de 1967 e a Lei de Segurança Nacional, promulgadas naquele ano, vieram reforçar juridicamente a Doutrina de Segurança Nacional e os poderes repressivos do Estado.

No entanto, começaram a surgir sutis diferenças e novas dinâmicas. O discurso oficial, embora ainda enfaticamente anticomunista, passou a incorporar com maior frequência a temática do desenvolvimento e da necessidade de o Brasil assumir um papel mais assertivo na defesa de seus interesses econômicos. Começaram a surgir críticas veladas à insuficiência da ajuda econômica norte-americana e às políticas comerciais dos países desenvolvidos, que prejudicariam as exportações brasileiras. Embora ainda longe do pragmatismo que marcaria a política externa a partir de 1969, essas nuances retóricas refletiam as pressões de setores nacionalistas dentro do próprio regime e a crescente percepção de que o alinhamento automático tinha custos e limitações. O Brasil, por exemplo, começou a articular uma posição mais crítica em relação às negociações do Tratado de Não Proliferação de Armas Nucleares (TNP), percebendo-o como potencialmente restritivo às suas futuras ambições tecnológicas.

Paralelamente, o cenário econômico interno começava a mudar. Com a nomeação de Antônio Delfim Netto para o Ministério da Fazenda em 1967, a política econômica abandonou gradualmente a rigidez do plano Campos-Bulhões e passou a priorizar o crescimento acelerado. Medidas de estímulo ao crédito, incentivos fiscais à indústria e grandes investimentos públicos em infraestrutura começaram a ser implementados, lançando as bases para o chamado "milagre brasileiro". As taxas de crescimento do PIB começaram a se elevar significativamente já em 1968. Esse novo dinamismo econômico, embora ainda incipiente, trazia consigo implicações potenciais para a política externa: a necessidade de garantir acesso a mercados externos para a crescente produção industrial, a busca por fontes diversificadas de financiamento para os grandes projetos (prenunciando o aumento do endividamento externo) e a demanda por recursos energéticos e matérias-primas. Essas novas demandas econômicas começariam, gradualmente, a pressionar por uma política externa mais flexível e pragmática do que o alinhamento rígido da fase Castelo Branco.

Ao mesmo tempo, o governo Costa e Silva enfrentava uma crescente contestação interna, com a intensificação de protestos estudantis, greves operárias e o surgimento da luta armada. A resposta do regime foi o endurecimento progressivo, que culminou com a edição do Ato Institucional n. 5 (AI-5) em dezembro de 1968, fechando o Congresso, suspendendo garantias constitucionais e inaugurando a fase mais brutal da repressão. Esse fechamento político interno contrastava com as tímidas tentativas de diversificação ou as nuances nacionalistas que pudessem estar surgindo na política externa, criando uma tensão latente. A imagem internacional do Brasil, já afetada pela natureza autoritária do regime, deteriorou-se ainda mais com o AI-5, embora a aliança estratégica com os Estados Unidos, no auge da Guerra Fria, ainda garantisse uma blindagem considerável contra condenações internacionais mais efetivas.

Em conclusão, o período 1964-8 foi decisivamente marcado pela redefinição da política externa brasileira sob o signo da segurança nacional e do realinhamento automático com os Estados Unidos. Sob Castelo Branco, essa orientação foi implementada de forma doutrinária e incondicional, rompendo com o passado recente e servindo aos objetivos de consolidação e legitimação do regime militar. No início do governo Costa e Silva, embora a estrutura fundamental do alinhamento tenha sido mantida, começaram a surgir nuances discursivas e, principalmente, uma nova dinâmica econômica voltada para o crescimento acelerado, que continha o germe de futuras reorientações na política externa. A segurança, contudo, ainda era a prioridade inconteste, como o endurecimento do regime e a edição do AI-5 deixariam evidentes ao final de 1968, preparando o terreno para uma nova fase em que o desenvolvimentismo autoritário buscaria conciliar, de maneira complexa e contraditória, segurança, desenvolvimento e uma nova forma de pragmatismo na arena internacional.

DA DIPLOMACIA DO INTERESSE NACIONAL AO PRAGMATISMO RESPONSÁVEL: A POLÍTICA EXTERNA BRASILEIRA ENTRE MÉDICI E GEISEL (1969-79)

A década que se inicia em 1969 representa um período de profundas contradições e complexidades na história do regime militar brasileiro e de sua política externa. Enquanto o país vivia internamente os chamados "anos de chumbo", marcados pelo auge da repressão política, da censura e da tortura institucionalizadas sob o governo do general Emílio Garrastazu Médici (1969-74), paradoxalmente experimentava também o apogeu do "milagre econômico", com taxas de crescimento do PIB que assombravam o mundo. Nesse cenário sombrio de autoritarismo exacerbado e crescimento econômico vertiginoso, a política externa brasileira, que havia se caracterizado por um alinhamento quase automático aos Estados Unidos nos primeiros anos pós-1964, passou por uma significativa reorientação.

Foi nesse período que a ideia de uma ação externa mais autônoma se tornou crescentemente central na concepção da política externa. Embora o governo Médici, sob a condução do ministro das Relações Exteriores Mário Gibson Barboza, tenha começado a buscar construções crescentemente pragmáticas, foi durante o governo do general Ernesto Geisel (1974-9), com Azeredo da Silveira no Itamaraty, que essa orientação se consolidou e se aprofundou, impulsionada pelas terríveis consequências do primeiro choque do petróleo e pelo impacto que uma desaceleração brusca do crescimento econômico teria para a estabilidade do regime. Essa fase ficou conhecida como "Pragmatismo Responsável" (associado a Gibson) e, em sua radicalização sob Geisel/Silveira, como "Pragmatismo Ecumênico".

Essa orientação, embora mantendo o Brasil firmemente no campo ocidental e anticomunista, buscava maximizar os interesses nacionais – definidos primordialmente em termos de desenvolvimento econômico, segurança energética e afirmação do Brasil como potência emergente – através de uma atuação mais flexível, diversificada e assertiva no cenário internacional. A política externa tornou-se mais complexa, marcada pela coexistência contraditória entre a busca por autonomia e diversificação de parceiros no exterior, e a manutenção de um regime internamente repressivo e ideologicamente conservador. Analisar essa década (1969-79) implica, portanto, desvendar as nuances dessa diplomacia pragmática, suas motivações, seus êxitos, seus limites e suas profundas contradições.

A Era Médici (1969-74) – pragmatismo emergente, nacionalismo assertivo e repressão

O governo do general Médici (de outubro de 1969 a março de 1974) personificou a dualidade do regime militar em seu apogeu: crescimento econômico acelerado e repressão política implacável. Enquanto a propaganda oficial celebrava o "milagre econômico" e promovia um nacionalismo ufanista sob *slogans* como "Ninguém segura este país", os porões da ditadura operavam em plena atividade, com os DOI-Codi (Destacamento de Operações de Informações-Centro de Operações de Defesa Interna) e outros órgãos de segurança empregando a tortura, a execução e o desaparecimento forçado como métodos sistemáticos de eliminação da oposição armada e de intimidação da sociedade civil. A censura prévia à imprensa, ao teatro, ao cinema e à música buscava controlar o fluxo de informações e ideias. Nesse ambiente interno sombrio, a política externa, sob o comando de Mário Gibson Barboza, desdobrava-se com um notável pragmatismo, voltada para a promoção dos interesses econômicos e a afirmação do Brasil como potência emergente.

Embora a denominação "Pragmatismo Responsável" seja mais frequentemente associada à gestão posterior de Azeredo da Silveira, foi sob Gibson Barboza que a ideia de uma ação internacional mais autônoma começou a ganhar corpo como orientação central, afastando-se da subordinação quase automática da fase Castelo Branco. É notável, nesse momento, que algumas das ideias centrais do período anterior ao golpe civil-militar ressurgissem, ainda que de maneira parcial. Percebe-se que nesse instante, em que pese o fato de ser contraditório, o regime que se embruteceu internamente começava a restaurar algumas ideias e conceitos que foram basilares da Política Externa Independente. Por exemplo, uma qualificação mais sofisticada da noção de autonomia decisória e de autonomia de ação, fortemente influenciada pelo nacionalismo característico do grupo militar que se assentou à frente do regime.

Gibson Barboza defendeu, em sucessivas manifestações públicas e em documentos diplomáticos, que não era possível haver "desenvolvimento dependente", como apregoavam os grupos liberais desde o fim da Segunda Guerra Mundial em torno da tese de desenvolvimento associado. Para ele, o único desenvolvimento econômico possível era aquele que se realizaria por meio das forças nacionais, sob o controle do Estado e com caráter autônomo. Essa sofisticação conceitual representava uma ruptura significativa com a ortodoxia liberal-associativista dos primeiros anos do regime militar e uma aproximação das teses nacional-desenvolvimentistas que haviam sido combatidas no plano doméstico.

Essa recuperação seletiva de princípios anteriormente rejeitados revelava uma tensão permanente na diplomacia brasileira do período: a busca por reconhecimento e relevância internacional contrastava com o isolamento causado pela deterioração da imagem do país em virtude da repressão política interna. Os setores nacionalistas das Forças Armadas, embora comprometidos com o combate ao comunismo no plano doméstico, advogavam por uma atuação externa menos dependente, recuperando paradoxalmente alguns dos elementos da política externa que haviam criticado durante os governos anteriores ao golpe de 1964.

A diplomacia de Gibson buscava "o útil sobre o agradável", priorizando resultados concretos, especialmente econômicos, sobre alinhamentos ideológicos rígidos, ainda que reafirmando sempre a inserção ocidental e anticomunista do Brasil. O "interesse nacional" era o critério supremo, e sua defesa justificava uma flexibilidade tática maior e a busca por novas parcerias.

A Diplomacia do Desenvolvimento foi, nesse sentido, intensificada. A necessidade de sustentar o "milagre" exigia a conquista agressiva de mercados para a crescente produção industrial e a garantia de acesso a recursos naturais e tecnologia. O Itamaraty e outros órgãos governamentais foram mobilizados para a promoção comercial, a atração de investimentos e a negociação de acordos que favorecessem as exportações brasileiras. A diversificação de mercados tornou-se um objetivo explícito, visando reduzir a dependência dos parceiros tradicionais.

Uma das manifestações mais assertivas desse nacionalismo pragmático e da busca por autonomia na gestão de recursos foi a extensão unilateral do mar territorial brasileiro para 200 milhas náuticas, por meio do Decreto-Lei n. 1.098, de março de 1970. A medida, justificada pela necessidade de proteger os recursos vivos e não vivos da plataforma continental e da coluna d'água adjacente contra a exploração por frotas estrangeiras tecnologicamente mais avançadas, e inspirada por iniciativas semelhantes de outros países sul-americanos do Pacífico, representou um ato de afirmação de soberania sobre uma vasta área marítima. Essa decisão unilateral, contudo, contrariava frontalmente a posição das grandes potências marítimas, lideradas pelos Estados Unidos, que defendiam um limite de 12 milhas para o mar territorial e a liberdade de pesca em alto-mar. A extensão para 200 milhas gerou atritos diplomáticos significativos e problemas notáveis nas relações com os Estados Unidos, incluindo protestos formais, a apreensão de barcos pesqueiros norte-americanos em águas reivindicadas pelo Brasil e negociações tensas para regular a atividade pesqueira estrangeira na nova zona. Embora um acordo bilateral sobre pesca tenha sido alcançado posteriormente, o episódio das 200 milhas marcou um ponto de divergência clara e pública entre o Brasil e seu principal aliado, demonstrando a disposição do governo Médici de priorizar seus interesses percebidos de soberania e recursos sobre a harmonia irrestrita da aliança.

Outra frente importante da política externa de Médici e Gibson Barboza foi a abertura para a África. Rompendo com a relativa indiferença ou a cautela excessiva dos períodos anteriores, a diplomacia brasileira passou a enxergar no continente africano um espaço estratégico para a afirmação política e econômica do país. Gibson Barboza desempenhou um papel pioneiro, tornando-se o primeiro chanceler brasileiro a empreender uma extensa viagem oficial por nove países da África Ocidental em novembro de 1972 (Costa do Marfim, Gana, Togo, Daomé - atual Benin -, Zaire - atual República Democrática do Congo -, Camarões, Nigéria, Senegal e Gabão). Essa missão visava a múltiplos objetivos: estabelecer uma presença diplomática mais efetiva; explorar oportunidades comerciais e de investimento (especialmente para produtos manufaturados e serviços de engenharia brasileiros); oferecer cooperação técnica; ressaltar laços históricos e culturais (a "vocação atlântica" e a herança africana do Brasil); e, politicamente, apresentar o Brasil como um interlocutor relevante e alternativo às antigas potências coloniais e às superpotências da Guerra Fria. Contudo, essa política africana nascente enfrentava um dilema delicado: a necessidade de conciliar a aproximação com a África independente e o apoio retórico à descolonização com as relações tradicionalmente fortes e complexas com Portugal, que ainda lutava para manter suas colônias (Angola, Moçambique, Cabo Verde, Guiné-Bissau e São Tomé e Príncipe).

O governo brasileiro tentou manter uma posição de equilíbrio, evitando condenar abertamente o colonialismo português para não antagonizar Lisboa, mas essa ambiguidade limitava a credibilidade brasileira junto aos países africanos e aos movimentos de libertação, evidenciando as dificuldades de se construir uma política autônoma em um tema tão sensível.

No Oriente Médio, antes do choque do petróleo de 1973 que forçaria uma redefinição mais drástica, a política do governo Médici caracterizou-se por uma tentativa de "equidistância" no conflito árabe-israelense. O Brasil buscava preservar seus interesses econômicos crescentes nos países árabes (principalmente como fornecedores de petróleo e de mercados potenciais) sem romper os laços históricos e políticos com Israel. Essa posição de neutralidade calculada refletia o pragmatismo da gestão Gibson Barboza, evitando tomar partido em um conflito distante e ideologicamente carregado, priorizando as relações bilaterais que pudessem trazer benefícios econômicos ou políticos diretos para o Brasil.

As relações com os Estados Unidos durante a Era Médici, embora mantendo a aliança estratégica fundamental e a cooperação na área de segurança, tornaram-se, portanto, mais complexas do que na fase Castelo Branco. A administração Nixon, concentrada na *détente* (relaxamento das tensões da Guerra Fria) com a URSS e na China, e adotando uma abordagem mais pragmática em relação a aliados autoritários, demonstrava certa tolerância com as manifestações de assertividade brasileira (como as 200 milhas), desde que o Brasil permanecesse um pilar anticomunista estável na região. Contudo, as divergências comerciais se avolumavam, bem como a questão dos direitos humanos começava a ganhar visibilidade internacional. A intensa repressão política interna promovida pelo regime Médici, embora justificada no país como combate ao terrorismo, acabou por criar uma crescente agenda negativa sobre direitos humanos, que repercutia de maneira direta nas opiniões públicas e nos Congressos dos Estados Unidos e da Europa Ocidental, gerando um constrangimento crescente para a imagem internacional do Brasil e para suas relações com as democracias ocidentais.

Regionalmente, o governo Médici aprofundou a visão do "Brasil Potência", buscando expandir sua influência econômica e política na

América do Sul. O apoio a regimes militares ideologicamente alinhados (como na Bolívia e no Uruguai) foi mantido, e a competição com a Argentina pela liderança regional intensificou-se, particularmente no que diz respeito aos projetos hidrelétricos na bacia do Prata, com o início efetivo das negociações para a construção de Itaipu em parceria com o Paraguai. A colaboração repressiva com as ditaduras vizinhas também se estreitou, lançando as bases formais para a Operação Condor que se consolidaria na gestão seguinte. A diplomacia, nesse contexto, era também um instrumento para projetar a imagem de um Brasil forte e em ascensão, contribuindo para a legitimação do regime autoritário através do sucesso econômico e do orgulho nacional.

A crise do petróleo de 1973, também conhecida como o primeiro choque do petróleo, foi desencadeada quando os países-membros da Organização dos Países Exportadores de Petróleo (Opep), com o Egito e a Síria, anunciaram um embargo petrolífero em outubro daquele ano, em resposta ao apoio ocidental a Israel na Guerra do Yom Kippur. O preço do barril de petróleo quadruplicou em poucos meses, saltando de aproximadamente US$ 3 para mais de US$ 12. Para o Brasil, que importava cerca de 80% do petróleo que consumia, esse choque representou um golpe devastador ao chamado "milagre econômico". O modelo de desenvolvimento brasileiro, fortemente dependente de energia importada, foi duramente atingido, gerando um déficit comercial significativo e acelerando a escalada inflacionária que já se insinuava.

O governo Médici, que havia apostado em grandes projetos de infraestrutura e industrialização intensiva em energia, viu-se obrigado a aumentar drasticamente o endividamento externo para financiar as importações do combustível a preços muito mais elevados. Esse endividamento, que já era uma estratégia de financiamento do crescimento, agravou-se substancialmente nos meses e nos anos subsequentes, e lançou as bases para a crise econômica dos anos seguintes. Assim, a crise do petróleo expôs a vulnerabilidade estrutural da economia brasileira e marcou o início do fim do "milagre", revelando os limites de um modelo de desenvolvimento que havia privilegiado o crescimento acelerado sem diversificação da matriz energética e sem redução da dependência externa.

A Era Geisel (1974-9) – pragmatismo ecumênico, crise econômica e afirmação de autonomia

A posse do general Ernesto Geisel em março de 1974 marcou uma nova etapa na evolução do regime militar e de sua política externa. Geisel assumiu enfrentando um duplo desafio: administrar os impactos severos do primeiro choque do petróleo (1973-4), que interrompeu bruscamente o "milagre econômico" e mergulhou o Brasil em dificuldades econômicas crescentes (inflação, déficit externo); e conduzir um projeto de "distensão lenta, gradual e segura", uma liberalização política controlada que visava aliviar as tensões internas, notadamente o descontrole de forças da denominada "linha dura" dos militares, além de encontrar novas formas de legitimação para um regime desgastado pela repressão.

Nesse cenário complexo, a política externa, sob o comando do influente chanceler Azeredo da Silveira, não apenas deu continuidade à abordagem pragmática anterior, mas também a consolidou e radicalizou, adotando uma postura ainda mais assertiva, diversificada e, por vezes, abertamente desafiadora. Foi essa fase que consagrou a expressão "Pragmatismo Ecumênico e Responsável", refletindo a disposição de buscar o interesse nacional em todas as direções, com mínima consideração por alinhamentos ideológicos prévios, impulsionada agora pela urgência da crise econômica.

A CRISE ECONÔMICA COMO VETOR DA REORIENTAÇÃO DIPLOMÁTICA

A crise do petróleo de 1973 gerou uma pressão sem precedentes sobre o setor externo brasileiro, criando um desequilíbrio abrupto na balança comercial e evidenciando a fragilidade de um modelo de desenvolvimento dependente de energia importada. Diante do colapso iminente do "milagre econômico", o Itamaraty foi impelido a uma reorientação estratégica, buscando diversificar parceiros comerciais e fontes energéticas.

Essa nova orientação diplomática precisava simultaneamente garantir o suprimento de petróleo a preços mais favoráveis; ampliar mercados para exportações brasileiras; e atrair investimentos e tecnologia para projetos de substituição energética, como o Proálcool e a expansão da hidreletricidade. Testemunhou-se, assim, uma articulação inédita entre política externa e estratégia econômica, com aproximação dos países árabes produtores de petróleo, intensificação das relações com a África Subsaariana, reconhecimento da China comunista, redesenho das posições políticas e econômicas na América Latina, e intensificação das correntes de comércio e financiamento com países da Europa Ocidental. A diplomacia brasileira tornou-se, nesse contexto, um instrumento fundamental para a tentativa de sustentação do projeto desenvolvimentista em condições internacionais adversas.

A resposta estrutural do governo Geisel à crise foi o ambicioso II Plano Nacional de Desenvolvimento (II PND), que visava aprofundar a industrialização em setores estratégicos (bens de capital, insumos básicos, energia) para reduzir a vulnerabilidade externa em longo prazo. Para financiar o II PND e cobrir os déficits crescentes na balança de pagamentos, o Brasil recorreu a uma estratégia de endividamento externo maciço nos mercados financeiros internacionais. A política externa foi vital para viabilizar essa estratégia: intensificaram-se a busca por mercados para exportações (inclusive serviços), a atração de investimentos e, sobretudo, a garantia do fluxo de empréstimos.

KISSINGER, SILVEIRA E A REDEFINIÇÃO DAS RELAÇÕES BRASIL-EUA

A relação do Brasil com os Estados Unidos durante o governo Geisel passou por uma transformação fundamental que merece análise detalhada. Como demonstra Matias Spektor (2009) em *Kissinger e o Brasil*, entre 1969 e 1977 houve uma complexa tentativa de estabelecer uma "relação especial" entre Washington e Brasília, que inicialmente parecia promissora, mas acabou se revelando insustentável.

Henry Kissinger, como conselheiro de Segurança Nacional e depois secretário de Estado, concebia o Brasil como um dos "pilares regionais" da arquitetura global norte-americana no período pós-*détente*, ao lado de países como Irã, Indonésia e África do Sul. Os documentos e os memorandos desclassificados do National Security Council (NSC) analisados por Spektor revelam que Washington considerava o Brasil o aliado "mais qualificado" na América Latina para assumir responsabilidades de segurança delegadas pelos EUA, preservando a ordem regional sem exigir o comprometimento direto de recursos americanos.

Inicialmente, houve uma notável convergência pragmática entre 1973 e 1976. A agenda do chanceler Azeredo da Silveira – articulada sob o rótulo de "Pragmatismo Ecumênico e Responsável" – encontrou pontos de contato com a estratégia global de Kissinger. Ambos os formuladores defendiam a diversificação de parceiros e mantinham postura anticomunista sem exigir alinhamento automático. A criação do Mecanismo de Consultas Políticas Brasil-EUA em 1974, um canal sigiloso de alto nível que sobreviveu inclusive à crise terminal do Vietnã, representou a institucionalização dessa aproximação temporária.

Contudo, Spektor identifica uma fundamental assimetria de expectativas que minava a sustentabilidade dessa aliança. Enquanto Kissinger enxergava o Brasil como um "aliado subsidiário" na contenção da influência soviética e cubana no hemisfério, os militares brasileiros e o Itamaraty pretendiam utilizar a parceria para potencializar seu próprio projeto de afirmação como potência emergente, não para simplesmente reforçar a hegemonia norte-americana. Os diários de Kissinger, analisados pelo autor, revelam crescente frustração com a recusa brasileira em apoiar sanções unilaterais contra Cuba e em aceitar inspeções nucleares ampliadas, evidenciando as divergências estratégicas fundamentais.

O núcleo do conflito que eventualmente desmantelaria essa aproximação bilateral foi o acordo nuclear Brasil-Alemanha de 1975. Esse episódio expôs os limites estruturais da convergência: Washington temia genuinamente a proliferação nuclear e a erosão do regime de não proliferação, enquanto Brasília considerava o domínio do ciclo completo do combustível nuclear como condição *sine qua non* para sua autonomia tecnológica e energética. Telegramas diplomáticos do Departamento de Estado analisados por Spektor demonstram a intensidade da pressão americana sobre a diplomacia alemã e as ameaças de bloquear créditos do Export-Import Bank como retaliação, sem sucesso em deter o acordo.

O colapso definitivo da "relação especial" veio com a política assertiva de direitos humanos implementada por Jimmy Carter a partir de 1977. A combinação dessa nova pressão com a persistente crise nuclear levou o governo Geisel à decisão dramática de denunciar unilateralmente o Acordo de Assistência Militar firmado em 1952. Esse episódio deixou dois legados duradouros na política externa brasileira: primeiro, uma profunda descrença mútua sobre a viabilidade de um vínculo verdadeiramente preferencial entre os dois países; segundo, um precedente histórico que permitiria à diplomacia brasileira nas décadas seguintes negociar em bases mais equipolentes com grandes potências, evitando tanto o alinhamento automático quanto o confronto estéril.

A reflexão de Spektor é particularmente valiosa ao demonstrar que a aproximação promovida por Kissinger foi essencialmente contingente e instrumental – buscava reforçar a arquitetura antissoviética global sem comprometer de maneira substancial recursos norte-americanos em um momento de retração pós-Vietnã. Para o Brasil, em contrapartida, o engajamento tinha natureza fundamentalmente tática – tratava-se de utilizar a relação com os EUA para acelerar a modernização industrial, garantir acesso a armamentos avançados e obter legitimação internacional, mantendo ao mesmo tempo margens significativas de autonomia em face do bloco ocidental.

Apesar do desgaste político, a trama econômico-financeira entre os dois países sobreviveu, ainda que sob tensão. Em 1979, o investimento direto norte-americano ainda representava aproximadamente 40% do total recebido pelo Brasil, enquanto grandes conglomerados dos EUA aceitavam cláusulas de conteúdo local em setores estratégicos, como petroquímica e telecomunicações. Esse quadro configurou uma peculiar "cooperação contenciosa" – o Brasil arcava com custos reputacionais em suas relações com Washington em nome da autonomia energética e tecnológica, sem renunciar aos fluxos de comércio, capital e *know-how* indispensáveis ao seu projeto de industrialização pesada.

DIVERSIFICAÇÃO DE PARCERIAS E NÃO ALINHAMENTO: ÁFRICA, ORIENTE MÉDIO E ÁSIA

A necessidade econômica e a busca por autonomia impulsionaram um aprofundamento notável da diversificação de parcerias e do não alinhamento automático, levando a política externa brasileira a alianças inesperadas:

- África: o reconhecimento pioneiro do governo do MPLA em Angola (novembro de 1975) foi o exemplo mais contundente. Desafiando a política norte-americana e sul-africana de apoio a grupos rivais (União Nacional para a Independência Total de

Angola/Frente Nacional de Libertação de Angola – Unita/FNLA), o Brasil apostou na vitória da força marxista, priorizando o pragmatismo (relações com o futuro governo) e os interesses econômicos (petróleo, mercados). A decisão, pessoalmente avalizada por Geisel contra a opinião de setores mais conservadores do regime, marcou a consolidação da política africana autônoma do Brasil. Os laços com a Nigéria, rica em petróleo, também foram estreitados consideravelmente nesse período.

- Oriente Médio: a dependência energética consolidou a inflexão pró-árabe. O Brasil não apenas condenou a ocupação israelense, mas também passou a defender explicitamente os "direitos nacionais" palestinos, permitiu a abertura de um escritório da Organização para a Libertação da Palestina (OLP) em Brasília (1975) e proferiu o polêmico voto na ONU equiparando sionismo a racismo (1975). Essa política visava garantir o suprimento de petróleo e atrair "petrodólares", mesmo sob críticas domésticas e internacionais.
- China: o pragmatismo levou ao estabelecimento de relações diplomáticas com a República Popular da China em 1974, superando as barreiras ideológicas anticomunistas em nome da abertura de um mercado potencialmente gigantesco, e da diversificação de parceiros comerciais e políticos no cenário internacional.

A QUESTÃO NUCLEAR E A COOPERAÇÃO COM A ALEMANHA OCIDENTAL

A questão nuclear emergiu como um ponto nevrálgico da política externa de Geisel. Motivada pela crise energética e pela ambição de dominar tecnologias estratégicas para consolidar o "Brasil Potência", a administração Geisel decidiu avançar na construção de um programa nuclear completo. Diante das restrições impostas pelos EUA à transferência de tecnologia de enriquecimento e reprocessamento nuclear (consideradas de risco proliferante), o Brasil buscou um parceiro alternativo.

Em junho de 1975, foi assinado o Acordo Nuclear Brasil-Alemanha Ocidental, um tratado de proporções inéditas que previa a construção de 8 reatores nucleares no Brasil ao longo de 15 anos, mas, fundamentalmente, incluía a transferência da tecnologia do ciclo completo do combustível nuclear. Para o Brasil, o acordo representava um salto qualitativo em direção à autonomia tecnológica e energética, um pilar essencial do projeto de desenvolvimento autônomo.

Contudo, a reação dos Estados Unidos, especialmente após a posse de Jimmy Carter em 1977, foi de intensa hostilidade. Carter elegeu a não proliferação nuclear como uma prioridade de sua política externa e via o acordo germano-brasileiro como uma ameaça direta a esse objetivo. Iniciou-se um período de forte pressão diplomática, econômica e tecnológica sobre Brasília e Bonn para cancelar ou modificar substancialmente o acordo. O governo Geisel, com forte apoio interno de setores nacionalistas (civis e militares), resistiu firmemente a essas pressões, defendendo o acordo como um direito soberano e inalienável do Brasil.

A deterioração das relações bilaterais culminou com a denúncia, pelo Brasil, do Acordo de Assistência Militar com os EUA em março de 1977. A medida foi uma retaliação direta à publicação, pelo Departamento de Estado americano, de um relatório sobre a situação dos direitos humanos no Brasil, e à tentativa da administração Carter de condicionar a ajuda militar ao respeito a esses direitos. O governo Geisel considerou a atitude americana uma ingerência inaceitável e respondeu com o rompimento do acordo militar formal, um gesto de forte impacto simbólico que evidenciava o grau de autonomia que o Brasil estava disposto a sustentar.

DISPUTAS REGIONAIS: ITAIPU E A COMPETIÇÃO COM A ARGENTINA

Nas relações regionais, o período Geisel foi dominado pela complexa e prolongada disputa com a Argentina pela bacia do Prata, centrada na construção da usina hidrelétrica de Itaipu. O projeto binacional Brasil-Paraguai, de dimensões colossais, despertou profundas preocupações na Argentina, que temia não só os impactos ambientais e sobre a navegação do rio Paraná (que afetariam seu próprio projeto de Corpus, a jusante), mas também a consolidação da hegemonia brasileira na região, bem como a aliança estratégica entre Brasil e Paraguai.

As divergências técnicas sobre a altura da barragem, o número de turbinas, a potência instalada e o regime de operação do reservatório alimentaram anos de negociações trilaterais tensas, marcadas por acusações mútuas, mobilização diplomática regional e até mesmo por uma velada corrida armamentista (incluindo a dimensão nuclear). A diplomacia brasileira atuou com extrema habilidade e firmeza para garantir a construção de Itaipu nos termos desejados pelo Brasil, utilizando sua influência sobre o Paraguai e explorando as divisões entre os países da bacia.

A crise técnico-diplomática teve origem na simultaneidade dos projetos de Itaipu, defendido pelo Brasil em parceria com o Paraguai, e de Corpus, proposto pela Argentina em conjunto com o Paraguai, ambos visando à construção de grandes usinas no alto rio Paraná. A disputa envolvia não apenas divergências sobre os níveis máximos de alagamento e os coeficientes de vazão dos reservatórios, mas também o controle estratégico de um dos maiores potenciais hidrelétricos da América do Sul, gerando tensões entre os governos militares de Brasília, Assunção e Buenos Aires.

Em outubro de 1979, já sob a nova presidência de João Figueiredo, foi assinado o Acordo Tripartite de Itaipu-Corpus, que instituiu uma comissão conjunta encarregada de fixar normas técnicas precisas – como as curvas de inundação de cada reservatório, os limites máximos de elevação das águas e os parâmetros de operação coordenada –, permitindo a coexistência dos dois empreendimentos em um mesmo trecho do rio. Embora esse arranjo tenha oferecido uma saída de compromisso e evitado conflitos mais graves, ele não dissolveu as rivalidades estruturais por influência e dominação regional, uma vez que cada país manteve sua necessidade de assegurar para si os maiores benefícios energéticos e geopolíticos derivados desses macrodrenos.

Simultaneamente, no governo Geisel (1974-9), a Operação Condor – a aliança clandestina entre os serviços de informação e repressão das ditaduras do Cone Sul – atingiu seu apogeu, contando com ativa participação brasileira. Sob a coordenação do Serviço Nacional de Informações (SNI) e das unidades DOI-Codi, o Brasil não só trocou sistematicamente listas de exilados e dissidentes com a Direção de Inteligência Nacional (Dina) chilena e a Secretaria de Inteligência do Estado (Side) argentino, mas também participou diretamente de atos de perseguição e sequestros transnacionais. Esse engajamento se expressou, por exemplo, no compartilhamento de relatórios sobre exilados políticos brasileiros alojados em Santiago ou Buenos Aires, e no auxílio logístico a operações de entrega de presos para "interrogatório" em países vizinhos, prática que resultou em custódia clandestina, tortura e execuções.

O envolvimento brasileiro na Condor revelou, de maneira contundente, a face sombria daquela cooperação regional: enquanto internamente o regime pretendia ensaiar uma "abertura lenta, gradual e segura", no campo externo se mantinha plenamente comprometido com a repressão autoritária. A convergência entre os regimes civis e militares do Cone Sul, formalizada em encontros secretos e memorandos de entendimento, mostrou que a solidariedade anticomunista servia igualmente à contenção de qualquer oposição, independentemente de fronteiras. Só com o enfraquecimento dos aparatos repressivos e a redemocratização progressiva, começando já no final dos anos 1970, esse *modus operandi* estatal começou a ser exposto e a perder eficácia, mas suas marcas e responsabilidades permaneceram como uma das páginas mais sombrias da história da cooperação interamericana.

Nesse contexto de rivalidade estratégica latente, a diplomacia brasileira operou ostensivamente sob o padrão da "cordialidade oficial", que funcionava como um mecanismo de contenção das tensões, sem transformá-las necessariamente em cooperação substantiva. A política externa brasileira utilizava esse expediente para manter canais diplomáticos ativos com a Argentina, ao mesmo tempo que buscava consolidar sua autonomia estratégica e sua primazia regional.

AS CONTRADIÇÕES ENTRE PRAGMATISMO EXTERNO E IDEOLOGIA INTERNA

A política externa de Geisel levou ao limite a tensão entre o pragmatismo externo e a ideologia interna. A aproximação com regimes marxistas ou comunistas contrastava com a persistência da repressão (embora mais seletiva) e do discurso anticomunista no plano doméstico. Essa contradição era administrada pela lógica da "razão de Estado" e pela prioridade conferida aos interesses de desenvolvimento e segurança definidos pelo núcleo do poder.

Ao mesmo tempo, a política de distensão interna, conduzida por Geisel, buscava criar uma nova base de legitimação para um regime que enfrentava o fim do "milagre" e o desgaste acumulado. A política externa assertiva e nacionalista, com seus enfrentamentos calculados e seus projetos grandiosos, também era mobilizada nesse esforço, visando gerar consenso interno e projetar uma imagem de força e soberania.

Em suma, o período de Geisel consolidou o Pragmatismo Ecumênico como a marca definitiva da política externa do regime militar brasileiro. Foi uma fase de intensa atividade diplomática, marcada pela busca assertiva por interesses nacionais (mercados, energia, tecnologia, poder), pela diversificação sem precedentes de parcerias e por uma crescente afirmação de autonomia em relação aos Estados Unidos, mesmo se mantendo no campo ocidental.

Essa projeção externa ocorreu em um quadro de repressão interna gradualmente declinante e foi sustentada por um modelo econômico que, apesar dos êxitos iniciais do II PND, gerou profundas vulnerabilidades (notadamente o crescimento exponencial do endividamento externo e da inflação). As contradições entre desenvolvimento e autoritarismo, autonomia e dependência, pragmatismo e ideologia definiram a complexa inserção internacional do Brasil nessa fase crucial do regime militar.

A experiência geiseliana legou à política externa brasileira um precedente histórico significativo e duradouro. Demonstrou que a Autonomia Assertiva exige confrontar seletivamente a potência hegemônica em questões de interesse vital, enquanto, ao mesmo tempo, preservam-se as bases materiais da interdependência econômica. Também evidenciou os limites estruturais dessa estratégia: dependente de liquidez internacional abundante e da rivalidade entre grandes potências, o modelo revelou-se especialmente vulnerável à alta mundial dos juros no final dos anos 1970 e à crescente convergência euro-americana contra a proliferação nuclear.

Ainda assim, representou uma redefinição fundamental na percepção estratégica brasileira: os Estados Unidos deixaram definitivamente de ser eixo automático de alinhamento e passaram a constituir uma variável complexa de cálculo diplomático, a ser negociada caso a caso conforme as prioridades nacionais de desenvolvimento. Esse legado complexo e, por vezes, contraditório seria herdado pela política externa brasileira nos anos de transição para a democracia, demonstrando a durabilidade dos padrões estabelecidos nesse período crucial da diplomacia brasileira.

TRANSIÇÃO DEMOCRÁTICA E RECONSTRUÇÃO DE PONTES (1979-90)

O período final do regime militar e os primeiros anos da Nova República (1979-90) representam uma fase de transição complexa e multifacetada para o Brasil e sua política externa. O governo do general João Baptista de Oliveira Figueiredo (1979-85) herdou a tarefa de administrar a "abertura lenta, gradual e segura" concebida por seu antecessor, ao mesmo tempo que enfrentava um cenário econômico interno e externo crescentemente adverso, marcado pelo segundo choque do petróleo (1979) e pela iminente crise da dívida externa. A subsequente posse de José Sarney (1985-90), primeiro presidente civil após 21 anos de regime militar, inaugurou a chamada Nova República, trazendo consigo as esperanças e os desafios da reconstrução democrática. A política externa brasileira nesse período, conduzida inicialmente por Ramiro Saraiva Guerreiro e depois por Olavo Setúbal e Roberto de Abreu Sodré, refletiu essa dupla realidade: a necessidade de adaptar-se às novas demandas políticas internas e externas geradas pela redemocratização e, simultaneamente, a urgência de gerenciar uma crise econômica avassaladora que limitava de maneira severa a margem de manobra do país.

Embora a transição para um governo civil em 1985 tenha sido um marco político fundamental, não se verifica uma mudança notável ou imediata na estratégia internacional geral do Brasil. As grandes linhas de orientação pragmática, a busca por diversificação de parceiros e a prioridade conferida aos interesses econômicos, consolidadas durante a gestão Geisel-Silveira, persistiram, em grande medida, condicionadas pela inércia das estruturas e, sobretudo, pela crise do superendividamento externo, que absorvia a maior parte da atenção e dos recursos diplomáticos. A política externa continuou sendo, em essência, uma política de administração de restrições e busca por soluções para os problemas econômicos herdados.

Contudo, seria um equívoco ignorar o impacto da variável democrática, que foi sim importante e introduziu alterações significativas no tom, nas prioridades e em algumas iniciativas da política externa. A redemocratização permitiu a valorização crescente de temas que eram marginais ou mesmo vistos como tabu durante a ditadura, com destaque para a agenda dos direitos humanos. O Brasil passou a adotar uma postura mais alinhada aos padrões internacionais nessa área, tanto internamente quanto em sua atuação multilateral, buscando reconstruir sua imagem e credibilidade junto às democracias ocidentais. Um exemplo concreto dessa mudança foi o restabelecimento das relações diplomáticas com Cuba em 1986, um ato politicamente impensável sob o regime militar, que sinalizava uma autonomia ideológica maior e o desejo de normalizar as relações hemisféricas sob a nova égide democrática.

No plano regional, as condições estratégicas também se alteravam. O modo como a questão de Itaipu e a negociação do potencial hidrelétrico no Prata foram conduzidas ao longo do governo Geisel, culminando no Acordo Tripartite de 1979, favoreceu claramente os interesses brasileiros, promovendo um rompimento do equilíbrio de forças multissecular na bacia do Prata em favor do Brasil. Esse novo cenário, somado à crise econômica compartilhada e às transições democráticas simultâneas, criou as condições para a histórica aproximação com a Argentina, superando décadas de rivalidade e lançando as bases para o Mercosul.

Essa reconfiguração regional positiva, no entanto, ocorria em um mundo que se tornava, em outros aspectos, mais perigoso e complexo. A fase final da Guerra Fria assistiu a uma "rebipolarização" temporária, com o acirramento da retórica e da competição estratégica entre EUA e URSS sob Reagan e seus sucessores imediatos. Adicionalmente, os efeitos devastadores da crise econômica global e do superendividamento externo atingiam em cheio o Brasil, gerando enorme fragilização externa e limitando sua capacidade de projeção. Nesse quadro, a perseverança da deterioração nas relações com os Estados Unidos, iniciada na gestão Geisel devido a contenciosos como a questão nuclear e os direitos humanos, e agora agravada pelas disputas em torno da dívida externa e de temas comerciais (como a reserva de mercado de informática), continuava a ser um fator relevante, limitando a cooperação com a principal potência ocidental.

Examinaremos neste capítulo como a política externa brasileira buscou navegar essas águas turbulentas da transição, equilibrando as novas demandas democráticas com as severas restrições econômicas e as complexas dinâmicas regionais e globais, focando os desafios da Abertura, a gestão da crise da dívida e a estratégica reconstrução das pontes com a América Latina.

A Abertura política e a política externa: os primeiros passos para a redemocratização da diplomacia brasileira

A política de Abertura, iniciada sob Geisel e continuada por Figueiredo, embora controlada e muitas vezes hesitante, começou a ter reflexos graduais no ambiente e na condução da política externa brasileira a partir de 1979. Medidas, como a Lei da Anistia (agosto de 1979), que permitiu o retorno de milhares de exilados políticos (incluindo intelectuais, políticos e diplomatas com visões alternativas sobre a inserção internacional do Brasil), e a reforma partidária (dezembro de 1979), que extinguiu o bipartidarismo artificial (Arena e MDB) e possibilitou a reorganização de novas legendas, contribuíram para alargar o espectro do debate público, inclusive sobre temas internacionais. A restauração das eleições diretas para governadores de estado em 1982 e a massiva campanha pelas Diretas Já em 1984, embora derrotada no Congresso, evidenciaram a crescente pressão da sociedade civil por redemocratização e maior participação política.

Esse processo de liberalização interna, ainda que incompleto e tutelado pelos militares, começou a impactar o ambiente de formulação da política externa. Embora o poder decisório permanecesse concentrado no Executivo (presidência e Itamaraty), com forte influência remanescente dos órgãos de segurança, observou-se a reemergência gradual de outros atores no debate sobre a inserção internacional do Brasil. O Congresso Nacional, com a eleição de uma oposição mais expressiva em 1982, passou a questionar com maior frequência as diretrizes da política externa, especialmente em relação à dívida externa, à política nuclear e às relações com regimes autoritários vizinhos. A imprensa, gradualmente se libertando da censura, ampliou a cobertura e a análise crítica dos temas internacionais. Setores da academia, que haviam sido marginalizados ou perseguidos, voltaram a produzir reflexões sobre a política externa, muitas vezes em contraponto às visões oficiais. Grupos da sociedade civil, como associações empresariais, sindicatos e as emergentes ONGs de direitos humanos, também passaram a articular interesses e a demandar maior transparência e influência na definição dos rumos externos do país. Esse pluralismo crescente, embora ainda distante de um modelo plenamente democrático de formulação de política externa, representou um contraste significativo com o monolitismo tecnocrático-militar que caracterizara os anos anteriores.

No plano do discurso diplomático, a gestão de Saraiva Guerreiro no Itamaraty refletiu essa adaptação ao novo contexto. Manteve-se a essência do pragmatismo herdado da fase Geisel-Silveira, com a defesa assertiva da definição dos interesses do país no plano internacional (principalmente econômico) e a continuidade da política de diversificação de parceiros (relações com África, Oriente Médio, China e Leste Europeu foram preservadas e, em alguns casos, aprofundadas, sempre focando oportunidades comerciais e energéticas). Contudo, o discurso passou a incorporar, de forma mais explícita e frequente, temas relacionados à democracia e aos direitos humanos.

Essa mudança era, em parte, uma resposta às pressões internacionais (especialmente da administração Carter, cujos efeitos ainda se faziam sentir) e à crescente sensibilidade da opinião pública global à questão dos direitos humanos na América Latina. Mas era também um reflexo da própria Abertura interna: um governo que se propunha a transitar para a democracia precisava ajustar sua retórica externa para ganhar credibilidade e legitimidade. O Brasil passou a adotar uma postura menos defensiva e mais cooperativa nos fóruns internacionais dedicados aos direitos humanos, embora ainda evitasse condenações diretas a vizinhos ou críticas contundentes à sua própria situação passada. Buscava-se projetar a imagem de um país em processo de normalização política, distanciando-se daquela negativa associada aos "anos de chumbo".

Apesar dessas mudanças, as continuidades e os constrangimentos eram evidentes. O núcleo de poder militar mantinha o controle sobre áreas consideradas estratégicas, como a política nuclear (que prosseguiu sob sigilo) e a de segurança. A crise econômica avassaladora impunha limites severos a qualquer iniciativa de política externa mais ambiciosa que exigisse recursos financeiros. O pragmatismo na busca por mercados e recursos continuou sendo a tônica das relações com diversas regiões, muitas vezes independentemente da natureza dos regimes políticos dos países parceiros. A enorme dificuldade em manejar as relações com os Estados Unidos deu a tônica da agenda diplomática ao longo da década – e, nesse sentido, não há diferenças substantivas entre Figueiredo e Sarney. A política externa do governo Figueiredo foi, assim, uma política de transição, equilibrando a herança pragmática e autoritária com as novas demandas e discursos gerados pela Abertura política e pela crise econômica.

A transição para o governo civil de José Sarney em 1985, embora resultante de uma eleição indireta e marcada pela trágica morte do presidente eleito Tancredo Neves, representou um marco simbólico fundamental. Pela primeira vez em 21 anos, o Brasil tinha um presidente civil. Isso conferiu, por si só, maior legitimidade internacional ao país e permitiu uma inflexão mais clara na política externa. O discurso diplomático, sob a gestão inicial de Olavo Setúbal no Itamaraty, passou a enfatizar abertamente os valores democráticos, o respeito aos direitos humanos e a necessidade de reinserção plena do Brasil na comunidade das nações democráticas. Buscou-se ativamente reconstruir a imagem do país, abalada por duas décadas de autoritarismo, e fortalecer os laços com as democracias da Europa Ocidental e da América do Norte.

A participação ativa do Brasil nos processos de redemocratização na América Latina se tornou um eixo importante da política regional. A promulgação da Constituição de 1988, elaborada por uma Assembleia Nacional Constituinte eleita democraticamente, foi um passo crucial nesse processo. Seu artigo 4º consagrou um conjunto de princípios para reger as relações internacionais do Brasil (independência nacional; prevalência dos direitos humanos; autodeterminação dos povos; não intervenção; igualdade entre os estados; defesa da paz; solução pacífica dos conflitos; repúdio ao terrorismo e ao racismo; cooperação entre os povos para o progresso da humanidade; e concessão de asilo político), além de estabelecer como objetivo a formação de uma comunidade latino-americana de nações através da integração econômica, política, social e cultural. Esses princípios procuravam refletir a nova identidade democrática do país e fornecer um marco normativo para sua política externa futura. Contudo, a implementação efetiva dessa nova agenda seria continuamente desafiada pela persistência da crise econômica e pelos complexos desafios da consolidação democrática interna.

As relações do Brasil com o mundo desenvolvido: EUA, Europa e Japão em tempos de crise e transição (1979-90)

As relações Brasil-Estados Unidos, entre 1979 e 1990, foram caracterizadas por uma complexa dinâmica de cooperação e divergência que refletia tanto as transformações políticas internas brasileiras quanto as mudanças no cenário internacional. O período iniciou-se com os esforços de abertura política do governo Figueiredo, passando pela redemocratização com José Sarney e culminando nos primeiros anos da Nova República. Durante essa transição, Washington manteve uma postura ambivalente: por um lado, apoiava o processo de redemocratização; por outro, frustrava-se com a continuidade de políticas econômicas nacionalistas e o não alinhamento automático do Brasil em questões regionais, como os conflitos na América Central, especialmente na Nicarágua e El Salvador, onde as posições brasileiras frequentemente divergiam das americanas.

As tensões econômicas e comerciais dominaram grande parte da agenda bilateral nesse período. A crise da dívida externa, que levou à moratória brasileira de 1987, colocou o Brasil em rota de colisão com os interesses financeiros norte-americanos e as instituições de Bretton Woods. Paralelamente, a Política Nacional de Informática, implementada oficialmente em 1984 através da Lei n. 7.232, tornou-se um dos principais pontos de atrito. Essa política estabelecia uma reserva de mercado para empresas nacionais de computadores e *softwares*, restringindo a atuação de multinacionais americanas – como IBM, Hewlett-Packard (HP), Burroughs Corporation e outras – no mercado brasileiro. A resistência americana foi imediata e contundente, com o governo Reagan abrindo, em 1985, uma investigação contra o Brasil sob a Seção 301 da Lei de Comércio americana, que culminou em 1987 com a imposição de sanções comerciais de US$ 105 milhões contra produtos brasileiros. Esse embate representava mais que uma disputa comercial: simbolizava o choque entre a visão brasileira de desenvolvimento tecnológico autônomo e a pressão americana por liberalização de mercados e proteção à propriedade intelectual, questão que se estenderia até meados da década de 1990.

A disputa sobre propriedade intelectual não se limitou ao setor de informática, ampliando-se para a questão das patentes farmacêuticas.

O Brasil, assim como outros países em desenvolvimento, não reconhecia patentes para medicamentos e processos farmacêuticos, política que permitia a produção de remédios genéricos a preços acessíveis. Essa postura brasileira colocava-se em oposição direta aos interesses da poderosa indústria farmacêutica americana, que pressionava o governo dos EUA por retaliações. A propriedade intelectual tornou-se, assim, parte central da agenda bilateral e multilateral, com os Estados Unidos introduzindo o tema nas negociações do GATT, que culminariam na criação da Organização Mundial do Comércio (OMC) e no acordo TRIPS (Aspectos dos Direitos de Propriedade Intelectual Relacionados ao Comércio) em 1994. O Brasil resistiu a essas pressões durante grande parte do período, mas a combinação de sanções comerciais, dependência de financiamento externo e mudanças na orientação econômica brasileira no início dos anos 1990 acabaria por levar a concessões significativas nessa área.

Diante das crescentes tensões com os Estados Unidos, o Brasil intensificou seus esforços para diversificar parcerias internacionais, com ênfase nas relações com a Europa Ocidental e o Japão. A aproximação com a Comunidade Econômica Europeia (CEE) representou uma alternativa estratégica tanto em termos comerciais quanto diplomáticos, especialmente com a Alemanha, a França e a Itália. O acordo nuclear Brasil-Alemanha de 1975 continuou a ser implementado, apesar das pressões americanas, ilustrando a busca brasileira por tecnologia e investimentos europeus em áreas consideradas sensíveis pelos EUA. No campo comercial, a Comunidade Econômica Europeia tornou-se, em determinados momentos do período, o principal destino das exportações brasileiras, superando os Estados Unidos. Essa diversificação foi facilitada pela postura relativamente mais flexível dos europeus em questões como propriedade intelectual e reserva de mercado, embora também existissem atritos significativos, principalmente quanto às barreiras agrícolas da Política Agrícola Comum europeia, que restringiam as exportações brasileiras de produtos como soja, café, suco de laranja e carne.

As relações com o Japão, por sua vez, ganharam densidade considerável durante o período, consolidando-se como o terceiro pilar da estratégia brasileira de diversificação de parcerias. O investimento japonês no Brasil se intensificou, particularmente, em projetos de infraestrutura e desenvolvimento industrial, como o Programa de Cooperação Nipo-Brasileira para o Desenvolvimento dos Cerrados (Prodecer), e em empreendimentos na área de mineração, como o Projeto Carajás. O Japão se transformou em importante fonte de financiamento para projetos de desenvolvimento em um momento de restrição de crédito internacional para o Brasil. No campo comercial, o mercado japonês absorvia quantidades significativas de produtos primários brasileiros, enquanto fornecia bens de capital e tecnologia avançada. Diferentemente dos Estados Unidos, o Japão se mostrava menos confrontativo em questões de propriedade intelectual, privilegiando acordos de transferência de tecnologia e *joint ventures* com empresas brasileiras. A comunidade nipo-brasileira, a maior fora do Japão, também exercia papel relevante na aproximação entre os dois países. Essa diversificação de parcerias, contudo, não foi o bastante para compensar integralmente as dificuldades nas relações com os EUA, em especial no contexto da crise da dívida externa, que afetava as relações do Brasil com todo o sistema financeiro internacional.

O contexto do fim da Guerra Fria transformou profundamente as bases das relações bilaterais. A queda do muro de Berlim em 1989 e o subsequente colapso da União Soviética reduziram a importância estratégica do Brasil na geopolítica americana de contenção ao comunismo. Simultaneamente, emergiram novas agendas como a questão ambiental, com pressões internacionais sobre a Amazônia, e o programa nuclear brasileiro, que continuava gerando desconfiança em Washington, apesar dos avanços brasileiros na não proliferação. Com o fim do confronto Leste-Oeste, os Estados Unidos passaram a priorizar a agenda econômica e comercial, pressionando por liberalização, desregulamentação e proteção à propriedade intelectual em sua política hemisférica. Para o Brasil, ainda lutando contra a hiperinflação e o peso da dívida externa, o início dos anos 1990 representaria um período de difíceis escolhas entre a manutenção de políticas desenvolvimentistas tradicionais e a adesão às reformas liberalizantes do Consenso de Washington, com profundos impactos na relação com os Estados Unidos e na própria estratégia de inserção internacional do país.

A questão da dívida externa e a retomada das relações com a América Latina: os desafios da transição

Se a Abertura política representava uma promessa de renovação, a crise da dívida externa foi a dura realidade que dominou a agenda internacional do Brasil durante toda a década de 1980, condicionando severamente sua política externa. A estratégia de crescimento acelerado com base em endividamento externo maciço, adotada durante os anos do "milagre" e aprofundada sob Geisel para enfrentar o choque do petróleo, tornou-se insustentável no início dos anos 1980. A combinação de altas taxas de juros internacionais (resultantes da política monetária restritiva dos EUA para combater a inflação), recessão nos países desenvolvidos (reduzindo a demanda por exportações brasileiras) e a própria magnitude da dívida acumulada (que ultrapassava os 100 bilhões de dólares em meados da década) levou o Brasil, assim como outros países latino-americanos, à beira da insolvência. O estopim da crise regional foi a moratória mexicana em agosto de 1982, que fechou abruptamente o acesso dos países da região aos mercados voluntários de crédito.

O Brasil, sendo o maior devedor do mundo em desenvolvimento, viu-se forçado a recorrer ao Fundo Monetário Internacional (FMI) em fins de 1982, e a iniciar um longo e penoso ciclo de negociações com seus credores internacionais (FMI, Banco Mundial, governos credores reunidos no Clube de Paris, além de centenas de bancos privados internacionais representados por um comitê de aconselhamento). Essas negociações, que se arrastaram por toda a década, consumiram uma parcela enorme da energia diplomática e econômica do país. A necessidade de obter empréstimos emergenciais para evitar a cessação de pagamentos, bem como de renegociar os prazos e os juros da dívida, implicou a aceitação de sucessivos programas de ajuste impostos pelo FMI. Esses programas exigiam a adoção de políticas de austeridade fiscal (cortes de gastos, aumento de impostos), aperto monetário (altas taxas de juros para conter a inflação, que explodiu nesse período), desvalorizações cambiais e reformas estruturais de cunho liberalizante. Tais políticas, além de provocarem profunda recessão econômica, desemprego e queda nos padrões de vida da população, geraram um forte sentimento de perda de soberania nacional, com decisões cruciais sobre os rumos da economia sendo percebidas como ditadas por tecnocratas estrangeiros em Washington.

Nesse contexto de crise severa, o Brasil viu sua margem de autonomia drasticamente reduzida, adotando, em grande medida, uma "diplomacia da dívida", voltada a gerenciar as relações com os credores e tentar obter algum alívio financeiro. Iniciativas em outras áreas foram frequentemente limitadas pela falta de recursos e pela prioridade absoluta conferida à questão financeira. A década de 1980 ficou marcada como a "década perdida" para o desenvolvimento brasileiro e latino-americano. Houve tentativas de criar uma frente unida de países devedores para aumentar o poder de barganha, como o Consenso de Cartagena (1984), mas essas iniciativas tiveram resultados limitados devido à diversidade de situações e interesses entre os devedores e à forte pressão dos credores. A moratória unilateral dos juros da dívida com os bancos privados, declarada pelo governo Sarney em fevereiro de 1987, foi uma tentativa audaciosa de romper o ciclo de negociações desfavoráveis, mas acabou isolando o Brasil financeiramente e teve que ser revertida em 1988, evidenciando os estreitos limites da autonomia brasileira diante da crise.

Paradoxalmente, foi nesse contexto de crise econômica compartilhada e de transição política que ocorreu uma das reorientações mais positivas e estratégicas da política externa brasileira no período: a retomada das relações com a América Latina, e, em particular, o processo histórico de aproximação e integração com a Argentina. Diversos fatores convergiram para essa mudança. A crise da dívida criou uma consciência de vulnerabilidade comum e a percepção da necessidade de respostas regionais coordenadas. As transições democráticas quase simultâneas nos dois países (Alfonsín eleito na Argentina em 1983, Sarney assume no Brasil em 1985) geraram uma afinidade política e ideológica sem precedentes entre os governos civis, facilitando o diálogo e a cooperação. A superação formal da longa disputa pela bacia do Prata, com a assinatura do Acordo Tripartite de Itaipu-Corpus em 1979, removeu um contencioso histórico e abriu espaço para a construção de confiança mútua.

Sob os governos Figueiredo e, de forma decisiva, Sarney, a política externa brasileira passou a atribuir prioridade máxima à reconstrução dos laços com os vizinhos, especialmente com a Argentina. Após gestos iniciais de reaproximação ainda sob Figueiredo, foi a forte vontade política dos presidentes José Sarney e Raúl Alfonsín que impulsionou o processo. A Declaração de Iguaçu, assinada pelos dois em novembro de 1985, é considerada o marco zero dessa nova era. Ela não apenas simbolizou o fim da rivalidade histórica, mas, sobretudo, lançou as bases concretas para a cooperação bilateral através do Programa de Integração e Cooperação Econômica (Pice). O Pice previa a negociação de protocolos setoriais para a liberalização gradual do comércio bilateral (começando por bens de capital), a coordenação de políticas econômicas e a cooperação em áreas estratégicas, como ciência, tecnologia e energia.

Um elemento fundamental dessa aproximação foi o estabelecimento de mecanismos de transparência e confiança mútua na área nuclear, com visitas recíprocas a instalações sensíveis (como o centro de enriquecimento de urânio de Aramar, no Brasil, e de Pilcaniyeu, na Argentina), visando dissipar as suspeitas de uma corrida armamentista nuclear na região. Essa aproximação bilateral evoluiu rapidamente, incorporando o Uruguai e, em seguida, o Paraguai, e culminou na assinatura do Tratado de Assunção em março de 1991, que criou formalmente o Mercado Comum do Sul (Mercosul). Essa virada estratégica na relação com a Argentina e o consequente impulso à integração regional representaram a mais significativa e duradoura inovação da política externa brasileira durante a difícil década de 1980. O Brasil também desempenhou um papel construtivo, embora secundário em comparação com outros atores regionais, no apoio aos processos de paz na América Central, integrando o Grupo de Apoio a Contadora.

Preservando espaços: universalismo pragmático e atuação multilateral na crise (1979-90)

A política externa brasileira do período 1979-90 refletiu as tensões e as contradições de um país em processo de redemocratização, enfrentando grave crise econômica e tentando preservar espaços de autonomia no cenário internacional em transformação. A diversificação de parcerias foi concebida como uma tentativa de reduzir vulnerabilidades externas e aumentar margens de manobra diplomática, e havia ampliado significativamente o alcance global da diplomacia brasileira, estabelecendo ou fortalecendo relações com países da África, da Ásia, do Oriente Médio e do bloco socialista.

No entanto, a grave crise econômica que se abateu sobre o país, especialmente após o segundo choque do petróleo em 1979, e a crise da dívida externa a partir de 1982 impuseram severas limitações à capacidade brasileira de sustentar uma política externa verdadeiramente universalista. Ainda assim, o Brasil buscou preservar e, em alguns casos, aprofundar relações estratégicas construídas no período anterior, adaptando sua atuação internacional às novas realidades domésticas e internacionais.

As relações entre Brasil e China, entre 1979 e 1990, evoluíram de forma consistente, consolidando os fundamentos de uma parceria que se tornaria estratégica nas décadas seguintes. A visita oficial do presidente João Figueiredo à China em maio de 1984, a primeira de um chefe de Estado brasileiro àquele país, simbolizou o amadurecimento dos laços bilaterais estabelecidos formalmente uma década antes. O comércio bilateral cresceu gradualmente, passando de US$ 200 milhões no início do período para quase US$ 1 bilhão ao final da década de 1980. A complementaridade entre as economias começou a se manifestar de forma mais evidente: o Brasil exportava principalmente minério de ferro, produtos siderúrgicos e óleo de soja, enquanto importava petróleo, carvão e produtos químicos da China. Além do aspecto comercial, a cooperação científica e tecnológica ganhou impulso significativo com o estabelecimento do programa sino-brasileiro de satélites (China-Brazil Earth Resources Satellite – CBERS) em 1988, um projeto pioneiro de cooperação Sul-Sul em alta tecnologia que demonstrava a convergência de interesses estratégicos entre dois países em desenvolvimento com ambições de maior autonomia tecnológica.

No Oriente Médio, a política brasileira caracterizou-se por um delicado equilíbrio entre interesses econômicos, principalmente relacionados ao suprimento de petróleo, e posicionamentos diplomáticos sobre questões sensíveis da região. Após o segundo choque do petróleo, o Brasil intensificou suas relações com países árabes produtores do produto, especialmente Iraque, Arábia Saudita e Líbia. Com o Iraque, desenvolveu-se uma parceria particularmente intensa durante os anos 1980, envolvendo fornecimento de petróleo em troca de produtos industrializados brasileiros e serviços de engenharia, com empresas como Mendes Júnior e Odebrecht realizando importantes obras naquele país. Essa aproximação, no entanto, foi severamente impactada pela Guerra Irã-Iraque (1980-8) e, posteriormente, pela Guerra do Golfo. Na questão palestina, o Brasil manteve sua posição tradicional favorável a uma solução pacífica do conflito árabe-israelense e ao direito de autodeterminação do povo palestino, tendo estabelecido, em 1975, um escritório da OLP em Brasília e votado a favor da resolução da ONU, que condenava o sionismo como forma de racismo, posições que geraram tensões ocasionais com Israel e Estados Unidos.

A criação da Zona de Paz e Cooperação do Atlântico Sul (Zopacas) em 1986, por iniciativa brasileira aprovada pela Assembleia Geral da ONU, representou um importante marco na política externa do período. Esse foro, reunindo países das costas sul-americana e africana do Atlântico Sul, refletia preocupações estratégicas brasileiras em um contexto de tensões regionais, como a Guerra das Malvinas (1982) e os conflitos na África Austral. A Zopacas tinha como objetivos principais promover a cooperação regional, preservar o Atlântico Sul como zona desnuclearizada e livre de ingerências das grandes potências, além de facilitar o diálogo entre o Brasil e os países africanos da costa atlântica. Embora seus resultados práticos tenham sido limitados nos primeiros anos, a iniciativa demonstrava a continuidade do interesse brasileiro pela África, mesmo em um período de restrições econômicas, e consolidava a concepção do Atlântico Sul como espaço geopolítico relevante para a atuação diplomática brasileira.

Na atuação em foros multilaterais, o Brasil manteve um posicionamento consistente em favor de um sistema internacional mais equilibrado, apesar das crescentes limitações impostas pela crise econômica. No GATT, o país adotou postura defensiva nas negociações da Rodada Uruguai (iniciada em 1986), resistindo às pressões por liberalização comercial e à inclusão de "novos temas", como propriedade intelectual e serviços, frequentemente articulando posições com outros países em desenvolvimento. Nas discussões sobre desarmamento, o Brasil defendeu ativamente o direito dos países em desenvolvimento ao acesso a tecnologias sensíveis para fins pacíficos, posicionando-se criticamente em relação aos regimes de não proliferação que considerava discriminatórios. Esse posicionamento refletia-se na resistência brasileira em aderir plenamente ao Tratado de Não Proliferação de Armas Nucleares (TNP), visto como um instrumento que congelava assimetrias de poder no sistema internacional. Paralelamente, o Brasil procurou vincular as questões de segurança internacional ao desenvolvimento, argumentando que a paz duradoura dependia da correção das desigualdades econômicas globais, embora essa abordagem encontrasse crescente resistência nos foros internacionais diante da ascensão do paradigma neoliberal.

A aproximação com a Argentina no campo nuclear representou uma inovação significativa na estratégia brasileira, resultando na criação da Agência Brasileiro-Argentina de Contabilidade e Controle de Materiais Nucleares (ABACC) em 1991. Esse arranjo bilateral permitiu que ambos os países mantivessem programas nucleares autônomos, ao mesmo tempo que ofereciam garantias mútuas de uso pacífico, reduzindo pressões externas. Na questão ambiental, o Brasil evoluiu de uma postura defensiva no início do período, quando temas como a proteção da Amazônia eram vistos como potenciais ameaças à soberania nacional, para uma posição mais proativa ao final da década, culminando na decisão de sediar a ECO-92. Essa transformação refletia tanto o reconhecimento da crescente importância dos temas ambientais na agenda internacional quanto uma estratégia para recuperar prestígio diplomático após anos de crise econômica e transição política.

O fim da Guerra Fria, que coincidiu com os últimos anos desse período, alterou profundamente o contexto da atuação multilateral brasileira. A dissolução do conflito Leste-Oeste enfraqueceu o poder de barganha dos países em desenvolvimento, que perderam a capacidade de explorar rivalidades entre as superpotências. Simultaneamente, observou-se uma acelerada "economização" da agenda internacional, com temas como liberalização comercial, propriedade intelectual e desregulamentação ganhando predominância sobre as tradicionais pautas desenvolvimentistas. Esse novo cenário exigiu do Brasil uma gradual adaptação de sua atuação multilateral, buscando preservar espaços de autonomia e desenvolvimento em um sistema internacional cada vez mais assimétrico, orientado por valores e interesses das potências ocidentais vencedoras da Guerra Fria.

CONCLUSÃO

O longo período que se estende de 1964 a 1990, abarcando os 21 anos do regime militar e o primeiro governo civil após a redemocratização, representa um capítulo de extraordinária complexidade e ambiguidade na história da política externa brasileira. Foi uma era marcada por profundas contradições: um autoritarismo interno brutal coexistindo com um projeto de desenvolvimento econômico acelerado e uma crescente assertividade na arena internacional; um alinhamento inicial quase incondicional aos Estados Unidos dando lugar a uma busca calculada por autonomia relativa; e um apogeu de poder e influência ("Brasil Potência"), seguido por uma crise econômica devastadora (a "década perdida" da dívida externa) que limitou severamente a capacidade de ação do país. Analisar a política externa desse período exige, portanto, navegar por essas tensões e reconhecer a coexistência de lógicas por vezes conflitantes – a da segurança nacional, a do desenvolvimento econômico e a da afirmação de poder.

Um dos desenvolvimentos mais significativos dessa era foi a emergência, bem como a consolidação, de uma concepção de política externa "despolitizada" (ou seja, especialmente voltada para temas econômicos e de interesse para a estratégia de desenvolvimento) e "desideologizada" (fazendo pouco caso da bipolaridade e notadamente das clivagens ideológicas no plano internacional), sobretudo a partir de 1969. Essa orientação representou uma notável sofisticação conceitual da política externa, afastando-se tanto do alinhamento automático da fase pós-1964 quanto do universalismo mais ideológico da PEI pré-64. O pragmatismo implicou uma crescente despolitização e desideologização das relações exteriores, no sentido de que as decisões passaram a ser crescentemente guiadas por uma avaliação calculada do "interesse nacional" – definido primordialmente em termos econômicos e de segurança – em detrimento de afinidades ideológicas ou constrangimentos de bloco. Essa abordagem foi fortemente inspirada e motivada pelas demandas econômicas geradas pelo próprio modelo de desenvolvimento: a necessidade de garantir mercados para a crescente produção industrial, a busca por fontes de energia e matérias-primas, a atração de investimentos e tecnologia, além do financiamento para grandes projetos de infraestrutura.

O legado notável dessa política pragmática foi a consolidação de um universalismo geográfico sem precedentes na história diplomática brasileira. Impulsionada pela necessidade de diversificação e pela percepção das oportunidades em um mundo multipolar emergente (para além da estrita bipolaridade), a diplomacia do país promoveu uma abertura de novos espaços geográficos e políticos. As relações com a África, o Oriente Médio, a China e, em menor medida, o Leste Europeu foram sistematicamente cultivadas, resultando em uma expansão significativa da presença diplomática e comercial do Brasil para além de seus parceiros tradicionais na América e na Europa. Essa diversificação, embora instrumental e guiada por interesses concretos, representou uma mudança estrutural na inserção internacional do país, conferindo-lhe maior resiliência e capacidade de manobra em longo prazo.

Contudo, essa busca por pragmatismo e autonomia ocorreu sob as severas limitações impostas pelo regime autoritário e pela conjuntura internacional. A tensão entre a política externa assertiva e a repressão interna gerou contradições e custos de imagem. Mais importante, a estratégia de desenvolvimento que impulsionava o pragmatismo baseou-se em um endividamento externo insustentável. A crise da dívida externa, a partir de 1982, reverteu drasticamente a percepção de "Brasil Potência" e impôs um longo período de vulnerabilidade e constrangimento externo, que marcou profundamente a política externa do governo Figueiredo e do primeiro governo civil de José Sarney. A autonomia conquistada diplomaticamente foi, em grande medida, erodida pela dependência financeira.

Do ponto de vista conceitual, esse ciclo histórico também consolidou diferentes acepções de autonomia. A Autonomia Compensatória dos anos iniciais do regime buscava ganhos marginais dentro da lógica de dependência estrutural, enquanto a Autonomia Assertiva dos anos Geisel projetava um Brasil com capacidade de confronto seletivo e diversificação estratégica. Em ambos os casos, a autonomia foi menos um estado a ser alcançado e mais uma orientação relacional que definia a postura do país frente às pressões externas. Ao longo do período, a noção de autonomia ganhou densidade e se tornou um eixo organizador da política externa, mesmo quando submetida a tensões internas e a limitações materiais. Tais formulações não só moldaram as práticas diplomáticas do período, mas também permaneceram como herança conceitual e estratégica para as décadas seguintes.

Assim, o período 1964-90 legou ao Brasil democrático um cenário complexo: não apenas uma presença internacional geograficamente mais diversificada e uma diplomacia conceitualmente mais sofisticada em sua capacidade de cálculo pragmático, mas também uma economia fragilizada pela dívida e uma sociedade marcada pelas cicatrizes do autoritarismo. A notável reaproximação com a Argentina, iniciada nos últimos anos do período, apontava para um novo caminho de cooperação regional. Definir como o Brasil democrático utilizaria esses legados – inclusive as múltiplas concepções de autonomia como instrumento de ação estratégica –, bem como enfrentaria os desafios de uma nova ordem internacional pós-Guerra Fria, seria a tarefa central da política externa a partir de 1990, tema do capítulo "Inserção global do Brasil: crise de paradigma e busca por um novo modelo (1990- 2025)".

CRONOLOGIA ESSENCIAL (1964-90)

A seguir, uma listagem expandida dos principais eventos com relevância para a política externa brasileira entre 1964 e 1990:

- **1964**: Golpe militar (março/abril); rompimento de relações com Cuba (maio); criação do SNI. (Ruptura com a PEI; alinhamento com os EUA; segurança nacional.)
- **1965**: Intervenção militar brasileira na República Dominicana (abril). (Alinhamento automático; papel regional sob tutela dos EUA.)
- **1966**: Acordo Básico de Cooperação Técnica Brasil-EUA.
- **1967**: Promulgação de nova Constituição e Lei de Segurança Nacional; posse de Costa e Silva (março); Delfim Netto assume Ministério da Fazenda. (Consolidação jurídica da DSN; início das bases do "milagre".)
- **1968**: Edição do Ato Institucional n. 5 (AI-5) (dezembro). (Endurecimento do regime; auge da repressão.)
- **1969**: Posse da Junta Militar (agosto/outubro); posse de Emílio G. Médici (outubro); Mário Gibson Barboza assume Itamaraty. (Início formal do Pragmatismo Responsável.)

- **1970**: Extensão do mar territorial para 200 milhas náuticas (março). (Afirmação de soberania; atrito com os EUA.)
- **1971**: Visita do presidente dos EUA, Richard Nixon, ao Brasil (dezembro). (Simboliza bom momento da relação bilateral na Era Médici.)
- **1972**: Visita do chanceler Gibson Barboza a nove países da África Ocidental (novembro). (Início da política africana pragmática.)
- **1973**: Assinatura do Tratado de Itaipu (Brasil-Paraguai) (abril); primeira crise do petróleo (outubro). (Grandes projetos; choque externo com impacto no "milagre".)
- **1974**: Posse de Ernesto Geisel (março); Azeredo da Silveira assume Itamaraty; reatamento de relações diplomáticas com a China Popular (agosto). (Início da "distensão"; aprofundamento do pragmatismo.)
- **1975**: Assinatura do Acordo Nuclear Brasil-Alemanha (junho); voto brasileiro na ONU equiparando sionismo a racismo (novembro); reconhecimento do governo do MPLA em Angola (novembro). (Busca de autonomia tecnológica; inflexão no Oriente Médio; política africana assertiva.)
- **1976**: Visitas do presidente Geisel ao Japão, à França e ao Reino Unido; formalização da Operação Condor. (Busca por parcerias diversificadas; cooperação repressiva regional.)
- **1977**: Denúncia do Acordo Militar Brasil-EUA (março). (Auge do atrito com a administração Carter; afirmação de autonomia.)
- **1978**: Assinatura do Tratado de Cooperação Amazônica (julho). (Iniciativa de cooperação regional.)
- **1979**: Posse de João Figueiredo (março); Ramiro Saraiva Guerreiro assume Itamaraty; segundo choque do petróleo; Lei da Anistia (agosto); assinatura do Acordo Tripartite Itaipu-Corpus (outubro); reforma partidária (fim do bipartidarismo). (Continuidade da Abertura; crise econômica se aprofunda; solução da disputa regional.)
- **1980**: Criação da Associação Latino-Americana de Integração (Aladi). (Tratado de Montevidéu.)
- **1981**: Visita do presidente Figueiredo a países africanos.
- **1982**: Guerra das Malvinas (Brasil mantém neutralidade pragmática); moratória do México (início da crise da dívida externa

latino-americana) (agosto); Brasil recorre ao FMI (dezembro). (Crise regional; crise da dívida domina agenda.)

- **1983**: Criação do Grupo de Contadora. (Busca de paz na América Central.)
- **1984**: Visita do presidente Figueiredo à China (maio); criação do Consenso de Cartagena (coordenação de países devedores). (Consolidação da relação com a China; tentativa de coordenação na crise da dívida.)
- **1985**: Posse de José Sarney (março); fim formal do regime militar; criação do Grupo de Apoio a Contadora (Brasil participa); declaração de Iguaçu (Sarney-Alfonsín) (novembro). (Retorno à democracia civil; marco da integração Brasil-Argentina.)
- **1986**: Assinatura da Ata para a Integração Argentino-Brasileira (Pice) (julho); criação da Zopacas na ONU (outubro); reatamento de relações diplomáticas com Cuba. (Avanço na integração bilateral; iniciativa diplomática Sul-Atlântica; normalização pós-ditadura.)
- **1987**: Moratória unilateral da dívida externa brasileira (fevereiro). (Confronto com credores.)
- **1988**: Promulgação da nova Constituição Federal (outubro); assinatura do Tratado de Integração, Cooperação e Desenvolvimento Brasil-Argentina; criação do programa CBERS (Satélite Sino-Brasileiro). (Marco da redemocratização; aprofundamento da integração; cooperação tecnológica Sul-Sul.)
- **1989**: Queda do muro de Berlim (novembro); eleição presidencial direta (Collor eleito). (Fim da Guerra Fria; consolidação democrática.)
- **1990**: Posse de Fernando Collor de Mello (março); assinatura da Ata de Buenos Aires (Brasil-Argentina – fixa prazo para mercado comum). (Início de nova fase política e econômica; rumo ao Mercosul.)

Inserção global do Brasil: crise de paradigma e busca por um novo modelo (1990-2025)

INTRODUÇÃO

O colapso do muro de Berlim em 1989 e a subsequente dissolução da União Soviética em 1991 não apenas marcaram o fim da Guerra Fria, mas também inauguraram uma era de profunda reconfiguração da ordem internacional. O desaparecimento da estrutura bipolar, que por mais de quatro décadas havia servido como principal eixo de referência para as relações internacionais e para a formulação das políticas externas dos Estados, deu lugar a um cenário fluido e incerto. A princípio percebido por alguns como o prenúncio de um "momento unipolar" sob a égide dos Estados Unidos e do triunfo do modelo liberal-democrático e da economia de mercado – o chamado Consenso de Washington –, o sistema internacional rapidamente revelou uma complexidade crescente. Emergiu um mundo caracterizado pela aceleração da globalização econômica e cultural, pela ascensão de novos polos de poder, pela proliferação de atores não estatais e por uma agenda internacional expandida, que passou a incorporar com mais força temas como direitos humanos, democracia, meio ambiente, terrorismo transnacional e segurança sanitária global.

Para o Brasil, assim como para muitos outros países, o fim da Guerra Fria representou um ponto de inflexão crítico, deflagrando o que se pode denominar uma "crise de paradigma" em sua política externa. As coordenadas que haviam orientado a inserção internacional do país nas décadas anteriores – marcadas pelo desenvolvimentismo, pela busca de autonomia em um contexto de rivalidade Leste-Oeste e por certo terceiro-mundismo pragmático – perderam subitamente sua validade ou necessitaram de reinterpretação radical. Essa crise externa coincidiu, ademais, com um período de intensa turbulência doméstica: a redemocratização recente convivia com a hiperinflação crônica, a crise fiscal do Estado desenvolvimentista e a necessidade premente de reformas estruturais. Nesse contexto de vácuo estratégico global e de desafios internos agudos, o Brasil se viu compelido a redefinir seu projeto nacional e, consequentemente, seu modelo de inserção no mundo. A busca por um novo paradigma tornou-se, assim, o fio condutor da política externa brasileira a partir dos anos 1990, uma trajetória marcada por adaptações, continuidades, rupturas e uma constante tensão entre as demandas do ambiente internacional e os imperativos da política e da economia domésticas.

O período que se segue ao fim da Guerra Fria inaugurou uma encruzilhada para a política externa brasileira, numa conjuntura em que a euforia da abertura econômica e da adesão a regimes multilaterais conviveu com a persistente fragilidade das instituições domésticas e a dependência de mercados externos. Problematiza-se aqui como o país, lançado em meio ao colapso dos antigos blocos, buscou simultaneamente se integrar ao sistema global e salvaguardar suas margens de autonomia, mas cedo se viu dilacerado entre escolhas contrapostas: promover o regionalismo – sobretudo via Mercosul – ou apostar em articulações Sul-Sul; defender a liberalização plena ou resguardar instrumentos de proteção ao nascente parque industrial; alinhar-se aos interesses norte-americanos ou cultivar uma retórica de liderança dos países em desenvolvimento. Essas tensões, longe de se dissolverem, reemergiram periodicamente, revelando a dificuldade de conciliar projeto nacional e imperativos externos num mundo cada vez mais fragmentado.

Nas décadas seguintes, essa dicotomia só se aprofundou, à medida que o Brasil oscilou entre fases de maior protagonismo multilateral – com candidaturas a assentos permanentes no Conselho de Segurança da ONU e preeminência em fóruns como os Brics – e momentos de retração, associados à politização intensa da agenda internacional. O desafio central que este capítulo coloca é entender como as clivagens ideológicas internas, agravadas pela polarização contemporânea, transbordaram para o plano externo, questionando consensos sobre temas-chave (mudanças climáticas, direitos humanos, governança financeira) e obrigando o Itamaraty a redimensionar alianças previamente consideradas "estratégicas". Em última instância, você verá que, mesmo quando o Brasil buscou afirmar-se como ator global autônomo, cada avanço foi acompanhado por retrocessos, evidenciando os limites e as contradições de um projeto de inserção internacional cuja bússola permanece oscilante entre ambição de protagonismo e condicionantes estruturais.

A BUSCA POR AUTONOMIA ESTRATÉGICA NA ERA DE ESTABILIDADE (1994-2002)

Se o período anterior (1989-94) foi marcado pela urgência da adaptação a um cenário internacional em convulsão e pela luta desesperada contra a crise doméstica, os anos de 1994 a 2002 representaram uma nova fase para a política externa brasileira. A chegada ao poder de Fernando Henrique Cardoso, eleito na esteira do sucesso inicial do Plano Real do qual fora o principal artífice, inaugurou um período de relativa estabilidade econômica e política interna, que permitiu a formulação e a implementação de uma estratégia de inserção internacional mais coerente, proativa e ambiciosa. O fim da Guerra Fria havia criado um "vácuo estratégico", desorientando os paradigmas anteriores de inserção internacional pelos quais o Brasil tinha se guiado, mas a estabilização interna abriu espaço para uma reflexão mais profunda sobre como o Brasil deveria se posicionar e agir no novo contexto global.

Esse período testemunhou um esforço concentrado para reconstruir a credibilidade internacional do país e para buscar uma forma de autonomia adaptada às realidades da globalização e da interdependência. Analisaremos aqui como o Brasil, sob os governos Fernando Henrique Cardoso, navegou nesse cenário, utilizando a estabilidade recém-conquistada como plataforma para engajar-se ativamente em foros multilaterais e consolidar a integração regional, num esforço contínuo a fim de ampliar sua capacidade de ação independente no cenário internacional – um processo que pode ser compreendido à luz do conceito de Autonomia Estratégica.

A estabilização econômica como uma credencial da política externa

O ponto de partida indispensável para compreender a reorientação da política externa brasileira, a partir de meados da década de 1990, é o impacto transformador do Plano Real. Lançado em sua plenitude em julho de 1994, ainda no final do governo Itamar Franco, mas sob a condução de Fernando Henrique Cardoso como ministro da Fazenda, o plano representou um marco fundamental na história econômica e social do Brasil. Seu sucesso em debelar a hiperinflação crônica, que por mais de uma década havia assolado o país, foi quase imediato e duradouro. A introdução da nova moeda, o real, ancorada a princípio em uma paridade próxima ao dólar e sustentada por um conjunto de medidas de ajuste fiscal (ainda que parciais inicialmente) e de política monetária mais restritiva, quebrou a inércia inflacionária e restaurou a previsibilidade econômica.

Os efeitos foram profundos e multifacetados. Internamente, o fim da hiperinflação gerou um ganho expressivo no poder de compra da população, especialmente das camadas de mais baixa renda que não tinham acesso a mecanismos de proteção financeira, levando a uma redução inicial da pobreza e a um *boom* de consumo. A estabilidade de preços permitiu a retomada do planejamento por parte das famílias e das empresas, estimulando o investimento produtivo e o crescimento econômico nos primeiros anos do plano. A popularidade decorrente do sucesso do real foi o principal trunfo que elegeu e reelegeu Fernando Henrique Cardoso em primeiro turno em 1994 e 1998, conferindo-lhe um capital político significativo para levar adiante sua agenda de governo, incluindo as reformas constitucionais e a política externa.

Externamente, o Plano Real teve um impacto igualmente crucial. A estabilização da economia restaurou a credibilidade internacional do Brasil. O país deixou de ser visto como o "gigante de pés de barro", cronicamente instável e imprevisível, e passou a ser percebido como um mercado emergente promissor, com uma economia em processo de modernização e um governo comprometido com a responsabilidade fiscal e a abertura econômica iniciada no período anterior. Essa nova percepção foi imprescindível para a reintegração do Brasil aos fluxos financeiros internacionais. O país voltou a ter acesso a crédito externo em condições mais favoráveis e, sobretudo, tornou-se um dos principais destinos de Investimento Estrangeiro Direto (IED) no mundo emergente durante a segunda metade da década de 1990. A entrada maciça de IED foi estimulada não apenas pela estabilidade, mas também pela continuidade do programa de privatizações (agora abrangendo setores estratégicos, como telecomunicações, energia e mineração) e pela própria abertura comercial e financeira. Esse influxo de capital ajudou a financiar o déficit em conta corrente (gerado em parte pela valorização cambial inicial do real) e a modernizar setores da economia brasileira.

Essa combinação de estabilidade macroeconômica, fluxo de investimentos e capital político conferido pelo sucesso do plano criou a plataforma indispensável para uma política externa mais assertiva, estratégica e consistente. Pela primeira vez em muitos anos, o governo brasileiro dispunha de condições mínimas de previsibilidade interna e de uma imagem externa positiva, que lhe permitiam olhar para além da gestão de crises imediatas. A estabilidade econômica liberou recursos (ainda que limitados) e, mais importante, a atenção da alta administração para a formulação de uma estratégia de inserção internacional de mais longo prazo. A credibilidade restaurada abriu portas em fóruns multilaterais, bem como facilitou o diálogo com as grandes potências e outros parceiros. O governo podia agora negociar a partir de uma posição de maior fortaleza relativa, em discussões comerciais, financeiras ou políticas. A própria figura de Fernando Henrique Cardoso, um sociólogo de renome internacional antes de se tornar político, contribuiu para essa nova projeção, conferindo um verniz intelectual e cosmopolita à liderança brasileira. Em suma, o Plano Real não foi só um plano econômico; foi também o alicerce sobre o qual se pode analisar a busca brasileira por uma capacidade maior de ação estratégica no cenário internacional, fornecendo os meios materiais e simbólicos para que o país buscasse um novo lugar no mundo.

Autonomia Estratégica como marco analítico

A busca por autonomia é, reconhecidamente, uma linha de força histórica na política externa brasileira e no pensamento internacional latino-americano desde, pelo menos, meados do século XX. Ela se manifestou em formulações teóricas influentes, como a teoria da dependência, e nos esforços práticos de promoção de um desenvolvimento autônomo impulsionados por instituições como a Cepal. Essa tradição reflete a condição estrutural de países da região, procurando ampliar sua margem de manobra e capacidade decisória frente às assimetrias de poder e às vulnerabilidades da inserção periférica no sistema internacional.

Contudo, o fim da Guerra Fria e a consequente reconfiguração do sistema internacional – com a proeminência unipolar inicial dos Estados Unidos, a aceleração da globalização e a ascensão de novas agendas – impuseram uma profunda revisão de caminhos e instrumentos para a busca dessa autonomia. O cenário bipolar e as referências do Terceiro Mundo desapareceram, exigindo novas leituras e estratégias. A redefinição do papel relativo dos Estados Unidos e de suas relações com parceiros regionais, como o Brasil, estimulou um renovado interesse acadêmico e político pela natureza e pelas possibilidades da ação autônoma no novo contexto.

Diante disso, a literatura especializada sobre a política externa brasileira pós-1990 viu florescerem diversas formulações conceituais que buscaram capturar as especificidades das estratégias do país em diferentes momentos – como "autonomia pela participação", "autonomia pela integração" ou, posteriormente, "autonomia pela diversificação". Embora essas etiquetas sejam úteis para caracterizar ênfases particulares de determinados períodos ou governos, elas podem se mostrar parciais ou insuficientes para oferecer um marco analítico unificado e coerente para um estudo de longa duração, capaz de integrar as continuidades e as rupturas na busca brasileira por autonomia ao longo das últimas décadas.

Por essa razão, propõe-se aqui o conceito de Autonomia Estratégica como ferramenta analítica central para compreender a trajetória da política externa brasileira desde 1990. Entende-se por Autonomia Estratégica a capacidade relacional de ação estratégica de um Estado no sistema internacional. Essa definição procura enfatizar três aspectos fundamentais:

1. Natureza Relacional: a autonomia não é um estado absoluto de isolamento ou autossuficiência (impossível no mundo contemporâneo), mas uma *capacidade* que se constrói e se exerce na *relação* com outros atores e com as estruturas do sistema internacional. Ela depende da gestão inteligente das interdependências.

2. Dimensão Estratégica: a autonomia não se resume à mera capacidade de dizer "não" ou de resistir a pressões externas. Implica a capacidade de formular e implementar *estratégias* no longo prazo, de definir objetivos próprios e de mobilizar recursos (materiais e simbólicos) para alcançá-los, adaptando-se às mudanças do cenário global e buscando moldá-lo ativamente na medida do possível.
3. Foco na Capacidade de Ação: o conceito centra-se na *habilidade* do Estado de agir de forma independente e propositiva, preservando e ampliando sua margem de manobra para perseguir seus interesses nacionais, mesmo em contextos de constrangimentos externos.

A Autonomia Estratégica, assim definida, oferece um caminho intermediário entre os extremos do isolacionismo irrealista e do alinhamento automático ou acrítico. Ela pressupõe a gestão deliberada das interdependências, reconhecendo que a inserção no mundo globalizado traz tanto oportunidades quanto vulnerabilidades, e que o desafio reside em maximizar as primeiras e minimizar as segundas através de escolhas estratégicas conscientes. Implica, portanto, um esforço contínuo para diversificar parcerias, fortalecer capacidades nacionais (econômicas, tecnológicas, diplomáticas), participar ativamente de regimes e instituições internacionais para influenciar suas regras, e construir coalizões com outros atores que compartilhem interesses semelhantes.

Esse conceito permite integrar analiticamente diferentes fases da atuação internacional do Brasil pós-1990. Os distintos governos podem ter adotado ênfases e instrumentos variados (ora privilegiando o multilateralismo, ora a integração regional, ora a diversificação Sul-Sul), mas todos podem ser vistos como engajados, com maior ou menor sucesso e coerência, na construção dessa capacidade relacional de ação estratégica. A Autonomia Estratégica serve, assim, como um fio condutor que conecta os esforços brasileiros para navegar as complexidades do sistema internacional contemporâneo, procurando preservar um espaço próprio de decisão e ação em prol de seus objetivos de desenvolvimento, soberania e projeção internacional construtiva. É sob essa ótica que analisaremos a política externa dos governos Fernando Henrique Cardoso.

A diplomacia da Autonomia Estratégica: engajamento global e soberania no Brasil de Fernando Henrique Cardoso

Com a plataforma de estabilidade e credibilidade fornecida pelo Plano Real, os dois governos de Fernando Henrique Cardoso (1995-2002) implementaram uma política externa que pode ser interpretada como uma busca consciente pela construção da Autonomia Estratégica do Brasil. Embora não utilizassem explicitamente esse termo, a lógica subjacente à sua atuação internacional refletia a compreensão de que, no novo cenário global, a capacidade de ação independente do país passava necessariamente pelo engajamento ativo e pela construção de credibilidade dentro das estruturas multilaterais e regionais. Tratava-se de gerir a interdependência de forma estratégica, utilizando a participação em foros internacionais não como um fim em si mesma, mas como um meio para ampliar a influência brasileira, defender interesses nacionais e garantir maior margem de manobra futura.

A busca por credibilidade foi um elemento central dessa estratégia. Após anos de instabilidade econômica e certa ambiguidade em relação a normas internacionais (como na área de não proliferação), era fundamental reconstruir a confiança da comunidade internacional. Ganhar essa credibilidade era visto como um passo imprescindível para que o Brasil fosse levado a sério como parceiro e pudesse exercer sua Autonomia Estratégica de modo eficaz. Isso implicava demonstrar responsabilidade fiscal, honrar compromissos internacionais, alinhar-se (ainda que com nuances próprias) às agendas emergentes de direitos humanos, democracia e meio ambiente, e participar construtivamente dos esforços de governança global. A credibilidade, nesta ótica, não era submissão, mas um ativo estratégico a ser acumulado para fortalecer a capacidade de ação futura.

Esse esforço traduziu-se em um engajamento ativo e multifacetado nos foros multilaterais:

- Organização Mundial do Comércio (OMC): o Brasil apostou fortemente no sistema multilateral de comércio como instrumento para garantir acesso a mercados e se proteger contra o unilateralismo. Tornou-se um dos países mais ativos no mecanismo de solução de controvérsias da OMC, utilizando-o para defender seus interesses em setores como aeronaves (contra o Canadá), açúcar e algodão (contra EUA e União Europeia). Participou de maneira intensa das negociações comerciais, notadamente na área agrícola, na qual buscou, em coalizão com outros países em desenvolvimento (Grupo de Cairns), pressionar por maior liberalização nos países desenvolvidos. Essa atuação na OMC exemplifica a busca por Autonomia Estratégica: usar as regras do sistema para ampliar o espaço econômico do país e fortalecer sua capacidade de negociação.

- Nações Unidas (ONU): o Brasil buscou aumentar sua presença e influência na ONU. Intensificou sua participação em operações de manutenção da paz (Angola, Moçambique, Timor-Leste), o que, além de contribuir para a segurança internacional, servia para projetar a imagem de um país responsável e aumentar seu capital político dentro da organização. Iniciou também, de maneira mais sistemática, a defesa da reforma do Conselho de Segurança, pleiteando um assento permanente como forma de adequar a estrutura de poder da ONU às realidades do século XXI, bem como garantir maior representatividade e legitimidade – uma clara manifestação da busca por maior capacidade de influenciar as decisões estratégicas globais.
- Regimes de Segurança e Não Proliferação: a consolidação da inserção do Brasil nesses regimes foi um passo fundamental para construir a credibilidade necessária à Autonomia Estratégica. A adesão formal ao Tratado de Não Proliferação de Armas Nucleares (TNP) em 1998, complementando o acordo bilateral com a Argentina (ABACC) e o Acordo Quadripartite com a Agência Internacional de Energia Atómica (AIEA), foi a decisão mais emblemática. Justificada como forma de dissipar quaisquer desconfianças e facilitar a cooperação tecnológica internacional, essa adesão (juntamente à assinatura do Tratado de Proibição Completa de Testes Nucleares - CTBT - Comprehensive Nuclear Test Ban Treaty, em 1996; e à adesão às convenções sobre armas químicas e biológicas) sinalizava o compromisso brasileiro com as normas globais de segurança, fortalecendo sua imagem de ator previsível e responsável – condição imprescindível para agir estrategicamente no cenário internacional.

- Instituições Financeiras Internacionais: a normalização das relações com o FMI e o Banco Mundial, após a estabilização, permitiu ao Brasil participar mais ativamente dos debates sobre a arquitetura financeira global. Contudo, a necessidade de recorrer a pacotes de ajuda do FMI durante as crises financeiras da segunda metade da década (asiática, russa, brasileira) evidenciou os limites dessa autonomia e a complexidade da gestão da interdependência financeira. As negociações com o FMI, embora bem-sucedidas em evitar colapsos, impuseram condicionalidades que geraram debates internos sobre os custos dessa interdependência para a soberania econômica.

Em todas essas arenas, a diplomacia brasileira sob Fernando Henrique Cardoso operou com a lógica de que a participação ativa e o cumprimento de normas não eram contraditórios com a busca de autonomia, mas pré-requisitos para exercê-la de maneira estratégica e eficaz no longo prazo. O engajamento multilateral era visto como um investimento na construção da capacidade relacional de ação do Brasil, procurando acumular credibilidade e influência para futuras negociações e para a defesa assertiva dos interesses nacionais dentro de uma ordem internacional baseada em regras.

O Mercosul como projeto estratégico central: avanços e desafios na integração

A integração regional, materializada principalmente no Mercosul, constituiu outro pilar fundamental da busca brasileira por Autonomia Estratégica durante os governos Fernando Henrique Cardoso. O bloco era percebido não apenas como um arranjo comercial, mas também como um projeto político de longo alcance, essencial para consolidar um espaço de cooperação na América do Sul; ampliar a escala do mercado para as empresas brasileiras; fortalecer a posição negociadora conjunta dos países-membros em fóruns internacionais; e projetar a influência do Brasil na região. O Mercosul era, portanto, um instrumento-chave para aumentar a capacidade relacional de ação estratégica do país.

O período inicial da gestão Fernando Henrique Cardoso coincidiu com a fase de maior dinamismo do Mercosul. O Protocolo de Ouro Preto

(1994) conferiu ao bloco personalidade jurídica e uma estrutura institucional mais definida, formalizando a união aduaneira com a adoção da Tarifa Externa Comum (TEC) em 1995. A relativa estabilidade macroeconômica nos dois maiores sócios, Brasil e Argentina, impulsionou uma expansão expressiva do comércio intrabloco. O Mercosul tornou-se um destino crucial para as exportações brasileiras de bens manufaturados, estimulando investimentos e a formação de cadeias produtivas regionais. Esse sucesso econômico inicial reforçou a aposta política no projeto.

A dimensão política foi constantemente enfatizada. A "diplomacia presidencial" entre Fernando Henrique Cardoso e Carlos Menem foi um motor importante para superar entraves e dar impulso político à integração. O compromisso com a democracia foi formalizado no Protocolo de Ushuaia (1998); a "cláusula democrática", que previa sanções em caso de ruptura institucional em um Estado-parte, foi acionada preventivamente na crise paraguaia de 1996. Essa cláusula reforçava a identidade do Mercosul como um espaço de estabilidade política e valores compartilhados, contribuindo para a credibilidade externa do bloco e de seus membros. O Mercosul também buscou expandir sua influência regional através de acordos de associação com Chile (1996) e Bolívia (1997), e iniciou negociações com outros países e blocos (Comunidade Andina, União Europeia), atuando como uma plataforma para a projeção externa conjunta – um exercício de fortalecimento da capacidade de ação coletiva.

Contudo, a partir de 1997-8, essa trajetória de sucesso foi abalada por crescentes desafios, que puseram à prova a solidez do projeto e a capacidade de gestão estratégica da interdependência regional. Os choques financeiros internacionais (Ásia, Rússia) impactaram negativamente as economias do bloco. A maxidesvalorização do real em 1999 criou uma forte assimetria cambial com a Argentina (presa à convertibilidade), gerando tensões comerciais agudas e o ressurgimento de medidas protecionistas bilaterais, que enfraqueceram a união aduaneira. Setores sensíveis em ambos os países foram afetados, minando o apoio político à integração.

O golpe mais severo veio com o aprofundamento da crise econômica e política na Argentina a partir de 2000, culminando no colapso de 2001-2002. A crise argentina paralisou o Mercosul, derrubou o comércio intrarregional e gerou enorme incerteza sobre o futuro do bloco. O

Brasil, embora também enfrentando suas próprias vulnerabilidades, viu-se na posição de principal sustentáculo político do projeto, buscando evitar sua desintegração. A crise expôs as fragilidades estruturais do Mercosul: a dificuldade em avançar na coordenação de políticas macroeconômicas, a lentidão de suas instituições intergovernamentais para resolver disputas e a persistência de assimetrias entre os membros.

Apesar dessas severas dificuldades na segunda metade do período, a avaliação estratégica do governo brasileiro sobre a importância do Mercosul não se alterou fundamentalmente. O bloco continuou sendo visto como um pilar insubstituível para a Autonomia Estratégica do Brasil, tanto como plataforma de projeção regional quanto como instrumento de negociação externa. A crise, embora dolorosa, foi interpretada como um desafio conjuntural a ser superado, reforçando a necessidade de maior coordenação e institucionalização no futuro. O Mercosul, portanto, encerrou o período como um projeto estratégico central, porém severamente testado e precisando de redefinição para continuar a servir como instrumento eficaz na busca por autonomia.

As relações exteriores diante da "nova agenda" internacional: direitos humanos, democracia, meio ambiente

A partir da década de 1990, temas como direitos humanos, democracia e meio ambiente deixaram de figurar como meras preocupações setoriais para se converterem em pilares da governança global. Conferências mundiais – como a Conferência de Viena (1993), que consolidou o princípio da indivisibilidade dos direitos humanos ao reconhecer a interdependência de direitos civis, políticos, econômicos, sociais e culturais –, tratados multilaterais e cortes internacionais passaram a ditar padrões de legitimação do poder estatal e da atuação externa. Nesse contexto, a busca brasileira por Autonomia Estratégica – concebida originalmente como diversificação de parcerias e redução de dependências – incorporou essas pautas emergentes não como obrigações reativas, mas como plataformas de construção de prestígio e influência. Ao assumir postura propositiva, o Brasil não só aderiu a novas normas, mas também se esforçou por moldá-las em função de seus interesses de desenvolvimento, projetando-se como ator capaz de articular legitimidade normativa e objetivos estratégicos.

No campo dos direitos humanos, a instituição da Secretaria Nacional dos Direitos Humanos, em 1996, e a elaboração do primeiro Programa Nacional de Direitos Humanos (PNDH-1) sinalizaram compromisso interno e intenção de liderar debates externos. A origem dessas iniciativas remonta às pressões de organismos internacionais e de organizações da sociedade civil, que passaram a associar a imagem democrática do Brasil à eficácia de seus mecanismos de proteção. Em 1998, o Estatuto de Roma criou o Tribunal Penal Internacional, em vigor desde 2002, e o Brasil foi signatário do tratado ainda em 1998, ratificando-o em 2002. Ao aceitar também, em 1998, a jurisdição contenciosa da Corte Interamericana de Direitos Humanos, o país rompeu com posturas anteriores de reserva soberana e sujeitou-se a eventuais denúncias - um gesto corajoso que mereceu reconhecimento em Genebra. Paralelamente, missões de observação de eleições em El Salvador (2001) e Nicarágua (2006), bem como treinamentos oferecidos a tribunais eleitorais africanos, demonstraram o esforço real de traduzir discurso em prática, ampliando a rede de parcerias e fortalecendo a percepção de um Brasil comprometido com padrões democráticos e com a proteção integral dos direitos.

No eixo da democracia, o Brasil procurou transformar valores compartilhados em instrumentos de estabilidade regional. A introdução da cláusula democrática no Protocolo de Ushuaia (1998) - que previu a suspensão de membros que violassem normas constitucionais, como ocorreu com o Paraguai em 1996 - e o forte apoio à Carta Democrática Interamericana (2001) refletiram o entendimento de que a alternância pacífica de governos seria pré-requisito à cooperação. A atuação diplomática em crises, seja pela suspensão temporária de Assunção no Mercosul, seja pela mediação na Bolívia em 2003, evidenciou o uso dessa ferramenta como forma preventiva de contenção de conflitos, reforçando o papel do Brasil como pivô de ordem constitucional na América do Sul.

Já no campo ambiental, o legado da Eco-92 impulsionou o país a assumir protagonismo nas negociações climáticas. Na Terceira Conferência das Partes (COP-3), realizada em 1997, o Brasil defendeu vigorosamente o princípio das "responsabilidades comuns, porém diferenciadas", articulando-se com outras nações em desenvolvimento para resistir a metas de redução de emissões impostas sem contrapartidas financeiras. A proposição do Mecanismo de Desenvolvimento Limpo (MDL) alinhou-se às necessidades de financiar projetos verdes no Sul Global e criou oportunidades de investimentos em energia renovável e reflorestamento, antecipando debates que viriam a se consolidar no REDD+. Na COP-4 (2000), a defesa do conceito de floresta como sumidouro de carbono rendeu ao Brasil reconhecimento internacional e abriu caminho para iniciativas como o Fundo Amazônia. Na Convenção sobre Diversidade Biológica (1992), o país lutou por cláusulas de acesso e repartição de benefícios, reconhecendo a biodiversidade como ativo estratégico e fonte de inovação sustentável.

Em suma, o engajamento brasileiro com a "nova agenda" internacional fundiu adesão normativa e instrumentalização estratégica. Ao incorporar os direitos humanos – em sua dimensão indivisível –, a democracia e o meio ambiente em sua pauta externa, o Brasil ampliou sua legitimidade e fortaleceu sua capacidade de influência, convertendo potenciais constrangimentos em plataformas de projeção. Essa combinação de normatividade e pragmatismo permanece como traço definidor da Autonomia Estratégica, evidenciando a habilidade de transformar desafios globais em vetores de fortalecimento de sua posição relacional no sistema internacional.

O "teste de identidades": o Brasil buscando se afirmar como ator estratégico e relevante

Os anos de governo Fernando Henrique Cardoso representaram um esforço consciente de forjar e projetar uma nova identidade internacional para o Brasil, alinhada com a busca por Autonomia Estratégica. O objetivo era superar a imagem de instabilidade e imprevisibilidade do passado e afirmar o país como um ator moderno, democrático, economicamente estável e, fundamentalmente, estratégico e relevante na ordem pós-Guerra Fria.

A construção dessa identidade passava pela demonstração de responsabilidade e de previsibilidade. A estabilização econômica, a adesão a normas e regimes internacionais e o engajamento construtivo em foros multilaterais e regionais visavam consolidar a credibilidade do país. Essa credibilidade não era vista como um fim em si, mas como um ativo estratégico essencial, necessário para que o Brasil pudesse exercer sua autonomia de modo eficaz, ter acesso a mercados e tecnologias, atrair investimentos e ter sua voz ouvida nas grandes questões globais. Era a base sobre a qual se poderia construir uma capacidade de ação estratégica mais robusta.

A aspiração por relevância internacional também era central. O Brasil buscava um protagonismo condizente com suas dimensões e potencialidades, mas essa busca se diferenciava de abordagens puramente fundamentadas em poder material ou confronto. A relevância era almejada através da capacidade de contribuir positivamente para a governança global e regional, de apresentar propostas (como o MDL), de participar de operações de paz, de defender o multilateralismo e de atuar como um construtor de pontes entre diferentes grupos de países (Norte-Sul, por exemplo). Tratava-se de ganhar influência e respeito por meio da demonstração de capacidade e de responsabilidade, consolidando um *soft power* com base na imagem de um país democrático, culturalmente diverso e diplomaticamente hábil.

Na América do Sul, essa busca por relevância traduziu-se no esforço de consolidação de uma liderança regional baseada na cooperação e no consenso, tendo o Mercosul como principal instrumento. A ideia era construir um entorno estratégico estável e cooperativo, que servisse de plataforma para a projeção global do Brasil.

Essa estratégia de construção identitária e busca por relevância como ator estratégico obteve resultados significativos. O Brasil conseguiu melhorar substancialmente sua imagem internacional, sendo reconhecido como uma democracia estável e uma economia emergente importante. Sua participação nos foros globais tornou-se mais ativa e sua capacidade de influenciar certos debates aumentou. No entanto, os limites também eram claros. A vulnerabilidade econômica persistente, as crises regionais e as próprias estruturas de poder do sistema internacional impunham restrições à capacidade de ação autônoma do Brasil. A Autonomia Estratégica almejada ainda estava em processo de construção, dependente de fatores internos e externos que continuariam a evoluir. O "teste de identidades" do período resultou em uma afirmação importante do Brasil como ator responsável, mas a plena realização de seu potencial estratégico permanecia como um desafio para o futuro.

A Autonomia Estratégica em transição: o legado da Era Cardoso

Os oito anos dos governos Cardoso foram marcados por um esforço consistente de construir a Autonomia Estratégica do Brasil em novas bases, adaptadas ao cenário pós-Guerra Fria e pós-hiperinflação. Alavancado pela estabilidade econômica do Plano Real, o país buscou fortalecer sua capacidade relacional de ação estratégica através de um engajamento ativo no multilateralismo, da consolidação do Mercosul como projeto regional central e de um posicionamento mais propositivo em relação à "nova agenda" internacional.

A busca por credibilidade e relevância foi um componente essencial dessa estratégia, visando acumular os ativos simbólicos e políticos necessários para uma atuação internacional mais influente e independente no longo prazo. Ao final do período, o Brasil havia logrado aumentar sua credibilidade, aprofundar sua inserção internacional e regional, e projetar uma identidade mais moderna e responsável.

Significativamente, os governos Cardoso estabeleceram fundamentos cruciais que permitiriam a continuidade e a evolução da Autonomia Estratégica brasileira durante o Ciclo do Partido dos Trabalhadores (PT). Essa transição foi facilitada por múltiplos fatores desenvolvidos durante os anos Cardoso:

1. A institucionalização diplomática ocorrida no período representou uma recuperação significativa do papel do Itamaraty na formulação da política externa, após o enfraquecimento ocorrido durante o governo Collor. O fortalecimento do Ministério das Relações Exteriores, combinado com a criação de órgãos de assessoramento, como a Câmara de Comércio Exterior, estabeleceu um arcabouço institucional que proporcionou continuidade e profissionalismo à diplomacia brasileira. Essa estrutura seria fundamental para que os governos subsequentes pudessem implementar uma política externa mais assertiva, sem precisar reconstruir a capacidade operacional do aparelho diplomático.
2. A ação consolidada nos espaços multilaterais constituiu outro legado importante. O engajamento ativo do Brasil em foros multilaterais durante a Era Cardoso – incluindo a participação nas conferências da ONU sobre temas sociais e ambientais, nas negociações da

OMC e na adesão a regimes de segurança e direitos humanos – estabeleceu o país como um participante respeitado e confiável na governança global. Essa presença sistemática criou espaços que seriam posteriormente aproveitados para uma atuação mais propositiva e reformista nos governos Lula, particularmente na OMC (Rodada Doha), no Conselho de Segurança da ONU e no G20 Financeiro.

3. Embora com ênfases diferentes, a diversificação geográfica inicial de parcerias já havia sido iniciada nos anos Cardoso, por meio das aproximações com China, Índia, África do Sul e Rússia. Esses movimentos criaram aberturas diplomáticas que seriam significativamente aprofundadas pelos governos petistas. As sementes plantadas nesse período floresceriam posteriormente em formações como a do Fórum de Diálogo Índia-Brasil-África do Sul (Ibas) e a do Brics, que se tornariam plataformas centrais para a projeção internacional do Brasil.
4. A estratégia de Cardoso de construir credibilidade internacional através da adesão a regimes internacionais – como o Tratado de Não Proliferação de Armas Nucleares (TNP), o Regime de Controle de Tecnologia de Mísseis (Missile Technology Control Regime - MTCR) e convenções de direitos humanos – estabeleceu um capital diplomático que seria essencial para a fase seguinte. Essa credibilidade permitiu que o Brasil adotasse posteriormente posturas mais ambiciosas e assertivas sem ser visto como uma força disruptiva no sistema internacional, facilitando a aceitação do protagonismo brasileiro em diversas iniciativas multilaterais.
5. No âmbito da integração regional, a prioridade conferida ao Mercosul e o início da concepção da América do Sul como espaço geopolítico próprio (evidenciada na I Reunião de Presidentes da América do Sul em 2000) estabeleceram bases sólidas que seriam expandidas nos governos subsequentes. O paradigma de regionalismo aberto do período Cardoso seria reinterpretado e ampliado nos governos do PT, resultando em iniciativas como a União das Nações Sul-Americanas (Unasul), o Conselho de Defesa Sul-Americano e a intensificação da infraestrutura regional, mas partindo de estruturas e relações já consolidadas.

6. Por fim, o reformismo gradual que caracterizou a crítica moderada de FHC à ordem internacional e sua defesa de reformas nos organismos multilaterais abriram caminho para uma postura mais enfática na década seguinte. As posições brasileiras em temas como a reforma do Conselho de Segurança, a crítica às assimetrias comerciais na OMC e a defesa de uma arquitetura financeira internacional mais equilibrada já estavam delineadas no período FHC, embora com um estilo diplomático mais discreto, e seriam amplificadas no ciclo PT através da articulação com outros países emergentes.

Essa continuidade fundamental na busca pela Autonomia Estratégica não significa ausência de diferenças significativas entre os períodos. Como veremos nas seções seguintes deste capítulo, os governos do PT imprimiriam sua marca própria ao enfatizar o Sul Global, adotar posturas mais assertivas em foros multilaterais e buscar um protagonismo mais explícito para o Brasil. No entanto, essas novas ênfases puderam se desenvolver precisamente porque encontraram um terreno fértil e bem-preparado pela estabilidade econômica e pelo reposicionamento internacional operado durante os anos Cardoso.

As vulnerabilidades econômicas expostas pelas crises financeiras e os desafios enfrentados pelo Mercosul demonstraram, contudo, os limites e as complexidades da inserção internacional inspirada pela Autonomia Estratégica. As bases haviam sido lançadas, mas a consolidação dessa capacidade relacional de ação estratégica permanecia como uma tarefa em aberto, cujo desenvolvimento seria objeto de ambições e ênfases distintas dadas pelos governos do período subsequente.

DIVERSIFICAÇÃO E ATIVISMO GLOBAL: A AUTONOMIA ESTRATÉGICA NO CICLO DO PARTIDO DOS TRABALHADORES (2003-16)

O período compreendido entre 2003 e 2016, abarcando os dois mandatos presidenciais de Luiz Inácio Lula da Silva e o mandato e meio de Dilma Rousseff, constitui um ciclo de notável intensidade e ambição na história das Relações Exteriores do Brasil, marcado por uma busca explícita e multifacetada por Autonomia Estratégica. Esse conceito, entendido aqui como a capacidade relacional de ação estratégica, orientou um esforço deliberado do Brasil para gerir suas interdependências, de forma a ampliar sua margem de manobra no sistema internacional, buscando um caminho próprio que evitasse tanto o isolamento quanto o alinhamento automático a centros de poder estabelecidos.

A política externa dos governos do que denominamos Ciclo do Partido dos Trabalhadores caracterizou-se por um ativismo sem precedentes; pela busca de diversificação geográfica e temática das relações políticas e econômicas; e por uma tentativa constante de vincular a projeção externa aos objetivos de desenvolvimento socioeconômico interno, como a redução das desigualdades e a construção de um país mais justo e influente. A aposta residia em transformar o Brasil de um ator que meramente reage às dinâmicas globais em um que ativamente busca moldá-las, fortalecendo sua capacidade de definir e perseguir seus próprios interesses em um cenário internacional em reconfiguração.

Um dos traços mais distintivos dessa busca por Autonomia Estratégica, especialmente durante os anos de Lula da Silva (2003-10), foi a proeminência e a intensificação da diplomacia presidencial. O envolvimento direto e pessoal do presidente na condução das relações exteriores tornou-se a principal força motriz da política externa. Lula da Silva empreendeu um número extraordinário de viagens internacionais – estima-se que tenha visitado mais de 80 países durante seus 8 anos de mandato, passando mais de 400 dias fora do Brasil –, estabelecendo diálogos diretos com uma gama diversificada de líderes globais, de potências tradicionais a nações emergentes e países em desenvolvimento. Esse ativismo presidencial foi complementado por uma expansão significativa da rede diplomática brasileira, com a abertura de dezenas de novas embaixadas e consulados (mais de 75 novos postos diplomáticos, segundo algumas contagens), focando particularmente a África, o Caribe e a Ásia, sinalizando uma clara intenção de universalizar a presença brasileira e de multiplicar os canais de interação.

O estilo carismático e a origem popular de Lula, combinados com uma narrativa que enfatizava o sucesso brasileiro no combate à pobreza, na consolidação democrática e na busca por uma ordem mundial mais justa e multipolar, conferiram ao país um considerável *soft power* e facilitaram a construção de pontes e coalizões. Essa diplomacia personalista e itinerante foi fundamental para projetar a imagem de um Brasil assertivo e disposto a ocupar novos espaços no cenário global. Contudo, a análise desse ciclo revela uma trajetória complexa, não linear. É possível distinguir uma Fase Ascendente (2003-10), marcada por grande dinamismo, expansão da capacidade relacional e percepção de crescente protagonismo brasileiro, seguida por uma Fase Descendente (2011-16), caracterizada por um declínio relativo dessa capacidade, perda de ímpeto e crescentes constrangimentos internos e externos, como será detalhado a seguir.

A Fase Ascendente: expansão da capacidade relacional e busca por protagonismo (2003-10)

CONDICIONANTES EXTERNOS E INTERNOS FAVORÁVEIS

A primeira fase do Ciclo do Partido dos Trabalhadores foi impulsionada por uma confluência particularmente favorável de fatores externos e internos, que criou um ambiente propício para a expansão da Autonomia Estratégica brasileira. No plano internacional, o período foi dominado pelo *boom* das *commodities*, alimentado pela voraz demanda de economias emergentes, com destaque absoluto para a China. Essa conjuntura resultou em termos de troca favoráveis para o Brasil, gerando expressivos superávits na balança comercial e permitindo um acúmulo recorde de reservas internacionais, o que conferiu maior resiliência macroeconômica ao país. Além disso, a ordem internacional pós-Guerra Fria permanecia fluida, com a unipolaridade americana sendo crescentemente contestada e a ascensão de novos polos de poder reconfigurando o equilíbrio global. Esse cenário multipolar em gestação parecia abrir "janelas de oportunidade" para que países como o Brasil pudessem ambicionar um papel mais ativo e influente na definição de regras e instituições globais. Internamente, o país colhia os frutos da estabilidade econômica conquistada na década anterior, com inflação sob controle e um ambiente de maior previsibilidade.

O governo Lula da Silva implementou políticas sociais inovadoras e de grande escala, como o programa Bolsa Família, que contribuíram significativamente para a redução da pobreza e da desigualdade, a expansão de um vibrante mercado de consumo de massas e o fortalecimento da coesão social. Essa combinação de crescimento econômico com inclusão social conferiu alta popularidade e legitimidade política ao governo, criando uma base de apoio sólida para a implementação de uma política externa ambiciosa. A estabilidade democrática consolidada, o carisma pessoal de Lula e a narrativa de um Brasil que superava seus desafios históricos para se tornar um modelo de desenvolvimento inclusivo e democrático para o Sul Global compuseram um quadro que não apenas permitia, mas também incentivava uma projeção externa mais assertiva, vista como um componente imprescindível do próprio projeto nacional de desenvolvimento e afirmação.

DIPLOMACIA PRESIDENCIAL E UNIVERSALISMO GEOGRÁFICO

Essa busca ativa por Autonomia Estratégica teve uma de suas manifestações mais evidentes na profunda reconfiguração da geografia econômica externa do Brasil. O período assistiu a uma transformação radical nos padrões de comércio e investimento, com a ascensão meteórica da China, o principal parceiro comercial, ultrapassando os Estados Unidos e a Argentina. As correntes de comércio bilateral Brasil-China explodiram, multiplicando-se várias vezes em menos de uma década (saindo de US$ 6,6 bilhões em 2003 para valores que se aproximariam de US$ 60 bilhões ao final do mandato de Lula). Essa mudança drástica foi resultado de uma estratégia deliberada de diversificação de mercados, visando reduzir a dependência histórica em relação aos EUA e à Europa, e aproveitar o dinamismo incomparável da economia chinesa. Os superávits comerciais com a China contribuíram decisivamente para o saldo positivo da balança comercial brasileira durante grande parte do período, e os investimentos chineses no Brasil, embora ainda incipientes em comparação com fontes tradicionais, começaram a ganhar volume, especialmente em setores ligados a recursos naturais e infraestrutura. No entanto, essa aproximação vertiginosa também gerou novas e complexas interdependências, além de desafios estruturais. A pauta exportadora brasileira para a China concentrou-se avassaladoramente em produtos primários – soja, minério de ferro e, depois, petróleo –, intensificando um preocupante processo de reprimarização da economia. Enquanto as importações da China eram majoritariamente de bens manufaturados, muitas vezes competindo de maneira direta com a indústria nacional, as exportações brasileiras perdiam densidade tecnológica. Essa dinâmica, embora gerasse divisas no curto prazo, acendeu sinais de alerta sobre a sustentabilidade do modelo e a inserção qualitativa do Brasil nas cadeias globais de valor. Gerenciar essa nova e assimétrica interdependência com a potência asiática tornou-se, assim, um dos desafios centrais para nosso país, exigindo políticas que fossem além da mera celebração dos volumes comerciais crescentes.

Paralelamente a essa reorientação econômica, a busca por Autonomia Estratégica na Fase Ascendente manifestou-se através de um renovado e vigoroso universalismo geográfico, concebido como meio fundamental para multiplicar as opções diplomáticas e construir uma rede de relacionamentos que conferisse maior flexibilidade e capacidade de ação ao país. A já mencionada expansão da rede diplomática, com a abertura de embaixadas em países africanos, caribenhos e asiáticos onde o Brasil antes não tinha representação residente, foi a expressão mais concreta dessa política. O objetivo era claro: estar presente, dialogar diretamente, identificar oportunidades de cooperação e negócios, bem como construir alianças políticas com um espectro muito mais amplo de nações, rompendo com a concentração geográfica tradicional da inserção internacional do Brasil.

O universalismo ativo redefiniu a abordagem das relações bilaterais com os principais parceiros. Com os Estados Unidos, principal potência global, o governo Lula buscou estabelecer uma relação complexa e madura, procurando combinar a cooperação pragmática com a firme afirmação de sua autonomia e interesses. Essa estratégia se refletiu na identificação e na exploração de áreas de convergência pragmática, ao mesmo tempo que se defendiam posições divergentes em temas considerados sensíveis aos interesses nacionais ou à visão brasileira de ordem mundial. Entre as áreas de convergência destacou-se, especialmente durante a administração de George W. Bush, a agenda dos biocombustíveis. Brasil e EUA lançaram conjuntamente, em 2007, uma ambiciosa iniciativa para promover a produção e o uso sustentável de etanol e de outras fontes renováveis de energia em escala global, incluindo cooperação técnica com países terceiros, especialmente na América Central e no Caribe.

Essa parceria refletia interesses econômicos e energéticos de ambos os países. Outro ponto de entendimento tácito ou coordenação pragmática ocorreu em relação à estabilidade no Haiti, onde a liderança brasileira na Missão das Nações Unidas para a Estabilização no Haiti (MINUSTAH), embora autônoma, contava com o apoio logístico e financeiro norte-americano, e era vista por Washington como uma contribuição importante para a segurança regional. A cooperação rotineira em áreas como combate ao terrorismo, narcotráfico e crime organizado também prosseguiu, assim como os fluxos significativos de comércio e investimento, que mantiveram os EUA como um parceiro econômico crucial, apesar da ascensão da China. Após a crise financeira de 2008, já sob a administração de Barack Obama, houve também convergência na atuação dentro do G20 Financeiro, com ambos os países buscando soluções coordenadas para a estabilização econômica global.

No entanto, os pontos de divergência foram igualmente numerosos e significativos, marcando os limites da cooperação e a afirmação da autonomia brasileira. Talvez o mais emblemático tenha sido a postura brasileira em relação à Área de Livre-Comércio das Américas (Alca). Desde o início, o governo Lula expressou ceticismo em relação ao projeto nos moldes propostos por Washington, priorizando o fortalecimento do Mercosul e a integração sul-americana. A atuação brasileira, em coordenação com outros países da região, foi decisiva para o fracasso da Cúpula das Américas de Mar del Plata (2005) e o consequente sepultamento da iniciativa da Alca, o que representou uma clara contrariedade aos objetivos da política externa norte-americana para o hemisfério.

Nas negociações comerciais da Rodada de Doha na OMC, a liderança brasileira no G20 Comercial frequentemente colocou o país em rota de colisão com os EUA, particularmente no que diz respeito à demanda por redução de subsídios agrícolas e maior acesso a mercados para produtos dos países em desenvolvimento. O embate em Cancún (2003) foi um momento agudo dessa divergência. No plano da segurança internacional, o Brasil se opôs veementemente à invasão do Iraque em 2003, liderada pelos EUA sem autorização do Conselho de Segurança da ONU, alinhando-se à posição de países como França e Alemanha e defendendo a primazia do Direito Internacional e das soluções multilaterais. A busca brasileira por uma reforma do Conselho de Segurança da ONU via G4 também encontrou resistências ou, no mínimo, falta de apoio entusiástico por parte dos EUA, que preferiam modelos de reforma distintos ou hesitavam em endossar a criação de novos membros permanentes com poder de veto.

A relação com a União Europeia (UE), parceiro tradicional e importante fonte de investimentos, manteve sua relevância, mas perdeu certo dinamismo comparativo em face da emergência de novos parceiros. A parceria estratégica Brasil-União Europeia, estabelecida formalmente em julho de 2007 durante a Primeira Cúpula Brasil-UE em Lisboa, representou um salto qualitativo nas relações bilaterais durante o governo Lula, marcando o reconhecimento europeu do crescente protagonismo brasileiro no cenário internacional. Essa iniciativa, a primeira do tipo entre a UE e um país latino-americano, institucionalizou mais de 30 diálogos setoriais em áreas diversas, como comércio, energia, mudança climática e direitos humanos, além de fortalecer a dimensão política de um relacionamento tradicionalmente centrado em aspectos econômicos e comerciais. Apesar de o intercâmbio comercial ter mais que duplicado no período e de a UE ter se consolidado como principal fonte de investimentos estrangeiros diretos no Brasil, a parceria enfrentou limitações decorrentes tanto das prioridades brasileiras em fortalecer a cooperação Sul-Sul quanto dos desafios internos europeus após a crise econômica de 2008, não alcançando todo seu potencial, inclusive na conclusão do acordo Mercosul-UE, que se estenderia pelas décadas seguintes.

Mesmo com o Japão, uma das maiores economias globais e tradicional parceiro do Brasil, a relação foi cuidadosamente cultivada durante esse período, inserindo-se na estratégia mais ampla de diversificação de laços com potências de diferentes regiões e de busca por cooperação tecnológica. A existência da maior comunidade de descendentes de japoneses fora do Japão (Nikkei) no Brasil conferia uma dimensão humana e cultural única a essa relação bilateral, facilitando o diálogo e a cooperação. Além dos fluxos estabelecidos de comércio e investimento, o Brasil via no Japão um parceiro crucial para a incorporação de tecnologia e para a coordenação política em temas da agenda global, como a reforma das instituições de governança. Nesse contexto, a estratégica decisão brasileira de adotar, em 2006, o padrão de TV digital nipo-brasileiro (ISDB-T) foi um exemplo claro da procura por diversificação tecnológica e por parcerias que ampliassem a autonomia decisória do país em áreas estratégicas. A escolha não se baseou apenas em critérios técnicos, mas também em compromissos de transferência de tecnologia, instalação de fábricas e desenvolvimento conjunto de inovações, além de representar um alinhamento político com um importante ator asiático, reforçando a multipolaridade almejada pela política externa brasileira. A posterior adoção do mesmo padrão por diversos outros países sul-americanos, influenciada pela decisão brasileira, também abriu perspectivas de cooperação regional e de mercado para as empresas envolvidas. Além dessa cooperação tecnológica, Brasil e Japão mantinham uma parceria política relevante no âmbito do G4, grupo formado também por Alemanha e Índia, que atuava conjuntamente na defesa da reforma do Conselho de Segurança da ONU e na reivindicação de assentos permanentes para seus membros.

A diversificação de parcerias em direção ao Sul Global e a formação de novas coalizões entre países emergentes e em desenvolvimento foram, talvez, a marca registrada mais distintiva da estratégia brasileira para ampliar sua Autonomia Estratégica durante a Fase Ascendente. Indo além da retórica, a aposta no eixo Sul-Sul se materializou em iniciativas concretas e inovadoras.

No plano regional, como já mencionado na seção "A Autonomia Estratégica em transição: o legado da Era Cardoso", além dos esforços no Mercosul, a criação da Unasul representou o ápice do projeto brasileiro de construir um espaço sul-americano de concertação e cooperação mais autônomo. Todo esse ativismo multilateral e regional refletia a convicção de que a Autonomia Estratégica não se constrói apenas pela ação unilateral ou bilateral, mas também pela capacidade de participar ativamente e influenciar a definição de regras e instituições que governam as Relações Internacionais.

A América Latina, muito especialmente a América do Sul, foi reafirmada como prioridade geográfica absoluta da política externa brasileira durante toda a Fase Ascendente (2003-10). Essa priorização não era meramente retórica, mas se traduziu em um intenso engajamento diplomático, político e econômico, visando consolidar um entorno regional estável, cooperativo e mais autônomo em relação a potências extrarregionais. A estratégia brasileira combinou esforços de fortalecimento institucional com uma diversificada agenda bilateral e iniciativas concretas de integração física e econômica.

Na dimensão institucional, o Brasil dedicou atenção à tentativa de revitalizar o Mercosul, embora o bloco enfrentasse desafios crescentes relacionados a assimetrias econômicas entre os membros, disputas comerciais pontuais (especialmente entre Brasil e Argentina) e dificuldades em avançar para etapas mais profundas de integração. Apesar dos percalços, o governo Lula buscou preservar o Mercosul como plataforma política e econômica, apoiando a criação do Fundo para a Convergência Estrutural do Mercosul (Focem) para mitigar as assimetrias e defendendo a expansão do bloco (com a controversa entrada da Venezuela, articulada nesse período, embora só efetivada formalmente depois).

Mais ambicioso e característico da visão brasileira para a região foi o protagonismo na concepção e na criação da Unasul, cujo tratado constitutivo foi assinado em Brasília em 2008. A Unasul nasceu como um projeto abrangente, idealizado para ser o principal foro de concertação política da América do Sul, englobando todos os países do subcontinente e buscando promover a integração em áreas estratégicas, como defesa (com a criação do Conselho de Defesa Sul-Americano), infraestrutura (apoiando projetos da Iniciativa para a Integração da Infraestrutura Regional Sul-Americana – IIRSA), energia, saúde e políticas sociais, com o objetivo explícito de consolidar um espaço de cooperação "livre da tutela de potências extrarregionais", numa clara referência à influência histórica dos Estados Unidos.

Na dimensão econômica, a América Latina, em particular os vizinhos sul-americanos, continuou a ser um destino crucial para as exportações brasileiras de bens manufaturados e serviços, apresentando um perfil comercial de maior valor agregado em comparação com as vendas para a China. O Banco Nacional de Desenvolvimento Econômico e Social (BNDES) desempenhou um papel central na promoção da presença econômica brasileira na região, financiando vultosos projetos de infraestrutura (estradas, hidrelétricas, portos, aquedutos) executados por grandes construtoras brasileiras em diversos países vizinhos. Essa expansão econômica, parte da estratégia dos "campeões nacionais", visava não só criar oportunidades para as empresas brasileiras, mas também impulsionar a integração física da

América do Sul, considerada imprescindível para o desenvolvimento regional. Iniciativas como a IIRSA foram fortemente apoiadas pelo Brasil como forma de superar gargalos logísticos e energéticos. Houve também esforços para aprofundar a integração financeira, como a implementação do Sistema de Pagamentos em Moeda Local (SML) com a Argentina, buscando reduzir a dependência do dólar no comércio bilateral.

A agenda bilateral com os vizinhos foi marcada por intensa diplomacia presidencial e pela gestão de relações complexas. A parceria estratégica com a Argentina foi mantida como eixo fundamental, com encontros presidenciais frequentes e coordenação em temas regionais e globais, apesar das já mencionadas fricções comerciais recorrentes. Com a Venezuela de Hugo Chávez, o Brasil adotou uma política de diálogo constante e cooperação pragmática, especialmente no setor energético, buscando moderar posições e integrar Caracas aos mecanismos regionais, numa postura que contrastava abertamente com a política norte-americana de isolamento. Essa mesma lógica de engajamento e de não isolamento foi aplicada em relação a Cuba. Um momento delicado ocorreu com a Bolívia em 2006, quando o governo de Evo Morales nacionalizou as instalações da Petrobras no país; a resposta brasileira priorizou a negociação diplomática e a busca por uma solução negociada, evitando uma escalada de conflito e preservando a relação bilateral e a estabilidade regional, ainda que a custo de críticas internas no Brasil.

A integração energética com a Bolívia (via gasoduto) e com o Paraguai (via Itaipu e novas linhas de transmissão financiadas pelo Brasil) também foi central na agenda. Com a Colômbia, apesar das diferenças de orientação política e da preocupação brasileira com acordos que permitiam o aumento da presença militar dos EUA no país andino, buscou-se manter canais de diálogo abertos e cooperação em temas de fronteira e segurança. Em suma, a política para a América Latina no período combinou a promoção de projetos institucionais de longo prazo (Mercosul, Unasul), a expansão da presença econômica brasileira (com forte apoio estatal) e uma diplomacia ativa e pragmática, visando construir um entorno regional mais coeso, integrado e alinhado, sob uma liderança brasileira percebida como benigna e construtiva, elemento essencial para a projeção global do país.

A África recebeu atenção política e diplomática sem precedentes por parte do Brasil durante a Fase Ascendente (2003-10), representando um dos pilares mais distintivos da estratégia de diversificação de parcerias e de fortalecimento da cooperação Sul-Sul, elementos-chave na busca por Autonomia Estratégica. É relevante notar que essa ênfase não surgiu do vácuo com a chegada de Lula da Silva ao poder. O Partido dos Trabalhadores (PT) destacou-se por ser uma das poucas grandes legendas políticas brasileiras a manter, de forma consistente ao longo dos anos, uma linha programática que valorizava as relações com o continente africano, mesmo durante a década de 1990, um período de maiores dificuldades econômicas no Brasil e de intensas crises em diversas partes da África, quando a região perdeu relevância para muitos atores internacionais. De maneira adicional, é inegável que os movimentos sociais historicamente vinculados ao partido, com destaque para o Movimento Negro brasileiro, tiveram também responsabilidade significativa ao pautar o resgate dos laços com a África e advogar por eles, enfatizando não apenas as dívidas históricas e culturais, mas também o potencial estratégico dessa reaproximação. Essa confluência entre uma orientação programática partidária de longa data e a pressão de atores sociais relevantes ajudou a criar as bases políticas e a legitimidade para que a África se tornasse, de fato, uma prioridade estratégica central, uma vez que o PT assumiu o governo federal.

Essa priorização traduziu-se em um intenso engajamento diplomático, político e econômico, visando consolidar um entorno atlântico mais cooperativo, e afirmar a identidade do Brasil como ponte entre a América do Sul e a África. O presidente Lula da Silva realizou um número recorde de viagens ao continente – mais de 30 visitas a mais de 20 países africanos –, sinalizando o altíssimo nível de prioridade política atribuído à região. Essa diplomacia presidencial foi acompanhada pela já citada expansão da rede diplomática brasileira na seção "Diversificação e ativismo global: a autonomia estratégica no Ciclo do Partido dos Trabalhadores (2003-16)", com a abertura de numerosas embaixadas em países onde o Brasil antes não tinha representação residente (chegando a mais de 35 embaixadas no continente ao final do período), garantindo uma presença mais capilar e canais diretos de diálogo. Iniciativas, como o perdão ou a renegociação de dívidas bilaterais de países africanos com o Brasil, também foram utilizadas como gesto de boa vontade e solidariedade.

A dimensão econômica também ganhou impulso significativo. O comércio bilateral entre Brasil e África cresceu exponencialmente durante o período (quintuplicando, segundo algumas estimativas), embora partindo de uma base baixa. Países como Nigéria, Angola (importantes fornecedores de petróleo), África do Sul e nações do Norte da África tornaram-se parceiros comerciais mais relevantes. Mais notável ainda foi a expansão dos investimentos e da presença de empresas brasileiras no continente, com destaque para as grandes construtoras (como Odebrecht, Andrade Gutierrez, Camargo Corrêa), que conquistaram importantes contratos de infraestrutura (estradas, barragens, aeroportos, habitação), frequentemente financiadas por linhas de crédito do BNDES. Empresas como a Petrobras (com a exploração de petróleo em Angola e Nigéria) e a Vale (com a mineração, especialmente em Moçambique) também ampliaram suas operações. Essa penetração econômica, concentrada a princípio nos países lusófonos (Angola e Moçambique), mas buscando expandir-se, era vista como estratégica para abrir novos mercados para bens e serviços brasileiros e garantir acesso a recursos naturais.

No plano político-diplomático, a aproximação com a África visava construir alianças Sul-Sul para fortalecer posições comuns em fóruns globais (como na OMC e nas discussões sobre a reforma da ONU), angariar apoio para candidaturas brasileiras em organismos internacionais e consolidar a imagem do Brasil como líder do Sul Global. A criação do Fórum de Diálogo Índia-Brasil-África do Sul (Ibas), em 2003, e a revitalização da Comunidade dos Países de Língua Portuguesa (CPLP) como plataforma de diálogo político e cooperação com os países africanos lusófonos foram instrumentos importantes nessa estratégia. Além disso, o Brasil promoveu a criação de mecanismos de diálogo birregional, como as Cúpulas América do Sul-África (ASA), buscando aproximar os dois continentes. Essa multifacetada e intensa política africana, portanto, combinava elementos históricos, culturais, de solidariedade, de cooperação técnica e interesses econômicos e políticos, constituindo um dos eixos mais inovadores e ambiciosos da política externa brasileira no período.

COOPERAÇÃO PARA O DESENVOLVIMENTO E PROTAGONISMO GLOBAL

As relações com Índia e Rússia ganharam um impulso notável durante esse período, sendo alçadas à condição de parcerias estratégicas na visão brasileira de um mundo multipolar. Essa aproximação foi vitaminada, principalmente, pela criação de novos clubes e siglas, como o Fórum Ibas (Índia, Brasil, África do Sul) e, especialmente, o Bric (formado em princípio por Brasil, Rússia, Índia, China). Havia uma percepção de afinidade: todos eram países continentais, com grandes populações, desafios de desenvolvimento, além de um desejo comum de ter mais voz e vez na ordem global, contestando hierarquias estabelecidas. Com a Índia, além da sintonia no Ibas e no Bric, a parceria era reforçada pela identidade democrática e pelo objetivo compartilhado de reformar o Conselho de Segurança da ONU via G4. Buscou-se avançar em cooperações pontuais em ciência, tecnologia espacial e defesa, mas apesar do discurso estratégico e da crescente coordenação política em fóruns internacionais, a verdade é que, na prática, os laços bilaterais concretos, sobretudo na dimensão econômica (comércio e investimentos), permaneceram relativamente modestos se comparados à densidade das relações que o Brasil mantinha com parceiros como China, EUA, UE ou mesmo Argentina.

Com a Rússia, a lógica era semelhante, mas com outras nuances. Moscou era um parceiro-chave na contestação da ordem unipolar e, como membro permanente do Conselho de Segurança, um ator indispensável em qualquer reconfiguração da governança global. Houve iniciativas de cooperação em áreas como tecnologia espacial (que resultou na missão do primeiro astronauta brasileiro), energia e defesa, e um comércio bilateral relevante em produtos específicos (carne brasileira por fertilizantes russos). Contudo, assim como no caso indiano, a relação bilateral Rússia-Brasil, embora politicamente valorizada dentro do esquema Bric, não se traduziu em fluxos econômicos ou em uma interdependência estrutural comparável à existente com outros parceiros prioritários. Portanto, o fortalecimento dos laços com Índia e Rússia nesse período teve um peso muito mais geopolítico e simbólico – fundamental para a estratégia brasileira de diversificar relações; construir coalizões alternativas; e aumentar seu cacife na arena global através do Ibas e do Bric – do que propriamente um impacto transformador nas relações bilaterais substantivas do Brasil.

A cooperação Sul-Sul, promovida pela Agência Brasileira de Cooperação (ABC) em parceria com órgãos técnicos de excelência, como a Empresa Brasileira de Pesquisa Agropecuária (Embrapa) e a Fundação Oswaldo Cruz (Fiocruz), tornou-se um instrumento central da política externa. O Brasil consolidou seu perfil como um importante provedor de cooperação técnica horizontal, compartilhando gratuitamente com outros países em desenvolvimento, em especial na África e na América Latina, suas experiências bem-sucedidas e tecnologias adaptadas às realidades locais em áreas como agricultura tropical sustentável, saúde pública (incluindo produção de medicamentos e combate a endemias), programas de transferência de renda, biocombustíveis e formação profissional. Essa cooperação, baseada nos princípios da horizontalidade, do benefício mútuo e da não condicionalidade, diferenciava-se dos modelos tradicionais de ajuda Norte-Sul e gerava dividendos importantes em termos de *soft power*, solidariedade política e abertura de novos mercados para bens e serviços brasileiros.

Além da cooperação técnica, o Brasil foi um articulador-chave na criação de novos arranjos intergovernamentais Sul-Sul. O Fórum de Diálogo Índia-Brasil-África do Sul (Ibas), lançado em 2003, reuniu três grandes democracias multiétnicas de três continentes distintos, com o objetivo de coordenar posições em temas globais (como a reforma da ONU e da OMC) e impulsionar projetos trilaterais de cooperação. Ainda mais impactante foi o engajamento brasileiro na consolidação do grupo Bric (Brasil, Rússia, Índia e China), que realizou sua primeira cúpula formal em 2009 e rapidamente se afirmou como uma plataforma crucial para a coordenação política e econômica entre as principais potências emergentes.

O Brasil desempenhou um papel ativo na definição da agenda e na institucionalização gradual do grupo (que se tornaria Brics com a entrada da África do Sul em 2011), vendo-o como um contrapeso potencial à hegemonia ocidental e um motor para a construção de uma ordem internacional mais multipolar. Embora as principais instituições financeiras do Brics – o Novo Banco de Desenvolvimento (NBD) e o Arranjo Contingente de Reservas (ACR) – só viessem a ser formalmente estabelecidas na fase seguinte, suas bases conceituais e políticas foram lançadas durante esse período de intenso ativismo, sinalizando a disposição de criar alternativas às instituições financeiras dominadas pelo Ocidente. Essas novas coalizões eram vistas como ferramentas essenciais para amplificar a voz do Brasil e de seus parceiros no cenário mundial, aumentando seu poder de barganha coletivo e, consequentemente, a Autonomia Estratégica de cada um de seus membros. A Cooperação Internacional para o Desenvolvimento (CID), nesse contexto, transcendia a mera assistência, tornando-se um instrumento estratégico de projeção de influência e construção de alianças.

Finalmente, a busca por protagonismo global e a explícita vinculação entre a política externa e o projeto de desenvolvimento interno foram elementos indissociáveis da estratégia de Autonomia Estratégica perseguida na Fase Ascendente. O Brasil demonstrou uma ambição crescente de transcender seu papel tradicional de potência regional para se afirmar como um ator global relevante, capaz de contribuir para a discussão e a solução das grandes questões da agenda internacional. O exemplo mais audacioso dessa ambição foi a tentativa de mediar, em parceria com a Turquia, um acordo sobre o programa nuclear iraniano em 2010. A Declaração de Teerã, negociada por Lula e o então primeiro-ministro turco Recep Tayyip Erdoğan com o presidente iraniano Mahmoud Ahmadinejad, buscava oferecer uma solução diplomática para o impasse, mas foi rapidamente rejeitada pelas potências ocidentais, que impuseram novas sanções ao Irã.

Apesar do insucesso final, a iniciativa demonstrou a disposição brasileira de se engajar ativamente em temas complexos de paz e segurança fora de sua esfera de influência tradicional, desafiando o monopólio das grandes potências na gestão dessas crises. Contudo, essa mesma audácia foi também alvo de intensas críticas internacionais, sendo interpretada por muitos analistas e pelas potências estabelecidas como um sinal de que, apesar de sua crescente projeção internacional, o Brasil ainda não era visto como detentor das credenciais diplomáticas e dos ativos estratégicos (como poder de pressão ou acesso a inteligência) considerados necessários e suficientes para atuar com eficácia em uma agenda de segurança internacional tão complexa, sensível e de alto risco quanto a da não proliferação nuclear.

Internamente, a política externa foi, de maneira consistente, apresentada e justificada como um instrumento fundamental para alavancar o desenvolvimento nacional. A diplomacia econômica foi intensificada, com o objetivo de abrir mercados para os produtos brasileiros (agrícolas e industriais); atrair investimentos estrangeiros produtivos que agregassem tecnologia e gerassem empregos; e promover a internacionalização de grandes empresas brasileiras. Este último ponto tornou-se particularmente relevante e controverso, materializando-se na chamada "política dos campeões nacionais". Através dessa estratégia, o BNDES desempenhou um papel crucial, canalizando volumes expressivos de financiamento público, muitas vezes com condições favorecidas, para apoiar a expansão internacional de um grupo selecionado de grandes companhias nacionais, especialmente em setores como construção civil, energia, mineração e processamento de alimentos (frigoríficos). A lógica ostensiva era que, ao criar ou fortalecer empresas brasileiras capazes de competir em escala global, o país ganharia em termos de acesso a mercados, incorporação de tecnologia, competitividade internacional e geração de divisas, com benefícios que transbordariam para a economia nacional como um todo.

Essa conexão buscava garantir que os dividendos da projeção externa se traduzissem em melhorias concretas para a sociedade brasileira, reforçando a legitimidade popular da política externa e, em última análise, sustentando a própria capacidade do país de agir com autonomia no longo prazo. A Autonomia Estratégica, nessa visão, não era um objetivo abstrato, mas uma ferramenta essencial para alcançar um desenvolvimento mais dinâmico, integrando a projeção internacional à indissociabilidade do crescimento econômico e da justiça social. No entanto, a política de fomento aos "campeões nacionais" via BNDES revelaria, posteriormente, aspectos problemáticos e geraria intensas críticas. Questionamentos foram levantados sobre a excessiva concentração de recursos públicos em poucos e já grandes conglomerados empresariais, sobre a transparência dos critérios de seleção e das condições de financiamento, e sobre potenciais distorções de mercado. De maneira ainda mais grave, essa estratégia acabaria por ter sua imagem irremediavelmente associada aos escândalos de corrupção que eclodiriam com força na década seguinte. Muitas das empresas que mais se beneficiaram desses financiamentos para sua expansão internacional, especialmente na América Latina e na África, viriam a ser protagonistas centrais em investigações como a Operação Lava Jato, acusadas de envolvimento em esquemas de pagamento de propinas e outras irregularidades, tanto no Brasil quanto nos países onde atuavam. Essas revelações futuras não apenas lançariam uma sombra sobre a política de internacionalização implementada na Fase Ascendente, mas também teriam repercussões negativas significativas para a imagem do Brasil e para suas relações com países vizinhos e parceiros africanos, afetando a credibilidade do próprio BNDES e do modelo de desenvolvimento que se buscava projetar.

MULTILATERALISMO E COALIZÕES EMERGENTES

A busca por Autonomia Estratégica durante a Fase Ascendente (2003-10) encontrou no multilateralismo um palco privilegiado e uma ferramenta central para a projeção internacional do Brasil. Longe de ser apenas mais um instrumento diplomático, o engajamento ativo e propositivo nos fóruns multilaterais tornou-se um eixo fundamental da estratégia brasileira. Em um mundo percebido como crescentemente interdependente e em transição para uma multipolaridade ainda incerta, as arenas multilaterais ofereciam ao Brasil a oportunidade de amplificar sua voz para além do seu peso material individual; construir coalizões com outros países emergentes e em desenvolvimento para contrabalançar a influência dos centros tradicionais de poder; e legitimar suas aspirações por um papel de maior relevo na governança global. Para um país que procurava um caminho próprio, evitando tanto o isolacionismo quanto o alinhamento automático, o multilateralismo representava o espaço ideal para defender seus interesses, influenciar a formação de normas internacionais (em comércio, meio ambiente, segurança, direitos humanos) e projetar seus valores e seu *soft power* – a imagem de uma democracia multiétnica, comprometida com o desenvolvimento inclusivo e a solução pacífica de controvérsias. Assim, a disposição brasileira para agir de forma mais assertiva e autônoma manifestou-se de maneira contundente na atuação em diversas frentes multilaterais e regionais, abandonando uma postura tradicionalmente mais reativa e discreta para buscar ativamente liderar debates, formar coalizões e influenciar a agenda global, desafiando hierarquias consolidadas e propondo reformas na arquitetura da governança mundial.

Na Organização das Nações Unidas (ONU), o Brasil desenvolveu uma campanha intensa e sistemática pela reforma do Conselho de Segurança (CSNU), um argumento central na concepção de que as estruturas de governança global criadas no pós-Segunda Guerra não refletiam mais a realidade do poder mundial no século XXI. O governo brasileiro articulou sua candidatura a um assento permanente no CSNU a partir de uma narrativa que associava representatividade, legitimidade e eficácia: somente um Conselho reformado, com maior representação dos países em desenvolvimento da Ásia, da África e da América Latina, poderia responder adequadamente aos desafios contemporâneos de paz e segurança. A formação do G4 (Brasil, Alemanha, Índia e Japão) como mecanismo de pressão mútua consolidou a estratégia brasileira, permitindo coordenar posições com outros candidatos naturais e ampliar o impacto político da demanda por reforma.

Os diplomatas brasileiros argumentavam que o país reunia credenciais únicas: um histórico de compromisso com a solução pacífica de controvérsias; participação relevante em operações de paz; aderência aos regimes internacionais de não proliferação nuclear e direitos humanos; e uma posição de liderança regional que lhe permitiria atuar como ponte entre diferentes sensibilidades políticas no sistema internacional. Embora o objetivo final da reforma não tenha sido alcançado durante esse período, devido principalmente às resistências de membros permanentes e à complexa dinâmica de apoios e oposições regionais, a campanha pelo assento permanente elevou de modo significativo o perfil diplomático brasileiro e inseriu o país no centro de um dos debates mais importantes sobre o futuro da governança global. Essa atuação refletia a convicção de que o Brasil não poderia aceitar passivamente uma ordem internacional em que não tivesse voz e voto proporcionais ao seu peso político e econômico emergente.

Na Organização Mundial do Comércio (OMC), o país foi um protagonista decisivo na criação e na liderança do G20 Comercial, um grupo heterogêneo de países em desenvolvimento que emergiu de forma coordenada na Conferência Ministerial de Cancún (2003) para fazer frente às posições dos países desenvolvidos, especialmente no tema crucial dos subsídios agrícolas que distorciam o comércio internacional. A formação e a atuação coesa dessa coalizão representaram uma inovação diplomática de grande impacto, demonstrando a capacidade brasileira de articular interesses diversos do Sul Global em torno de objetivos comuns, e de desafiar a tradicional hegemonia dos Estados Unidos e da União Europeia nas negociações comerciais. A postura firme do G20, frequentemente sob a liderança intelectual e política do Brasil e da Índia, foi imprescindível para a reconfiguração da dinâmica negociadora da Rodada Doha, forçando os países desenvolvidos a levar a sério as demandas por um comércio agrícola mais justo e equilibrado. Paralelamente, o Brasil consolidou sua reputação como um usuário sofisticado e eficaz dos mecanismos de solução de controvérsias da OMC, obtendo vitórias emblemáticas em disputas contra subsídios considerados ilegais, como nos casos do algodão norte-americano e do açúcar europeu. Essas vitórias não só trouxeram benefícios econômicos diretos, mas também demonstraram a capacidade crescente do Brasil de dominar as regras do sistema multilateral de comércio e utilizá-las estrategicamente a seu favor, reforçando sua imagem de ator assertivo e tecnicamente capacitado.

A crise financeira global de 2008 abriu outra frente relevante de atuação multilateral. O G20 Financeiro, que incluía as principais economias desenvolvidas e emergentes, foi elevado à condição de principal fórum de deliberação e coordenação macroeconômica global. O Brasil, como membro fundador e uma economia que demonstrou relativa resiliência nos momentos iniciais da crise, participou ativamente das discussões sobre a necessária regulação do sistema financeiro internacional e sobre a reforma das instituições de Bretton Woods (FMI e Banco Mundial). O país defendeu consistentemente o aumento das quotas e do poder de voto dos países emergentes nessas instituições, argumentando que sua estrutura de governança precisava ser urgentemente adequada à nova realidade econômica global, em que o peso dos emergentes era cada vez maior. Além disso, o Brasil advogou por maior coordenação nas políticas macroeconômicas entre os países do G20 para evitar desequilíbrios excessivos e garantir uma recuperação econômica global mais estável e inclusiva, que não prejudicasse as perspectivas de crescimento das economias em desenvolvimento. A participação ativa no G20 Financeiro consolidou a percepção do Brasil como um ator relevante na definição dos rumos da economia global pós-crise.

Paralelamente à atuação nos fóruns políticos e econômicos, o Brasil assumiu responsabilidades crescentes em operações de manutenção da paz da ONU, com destaque absoluto para a decisão de aceitar o comando militar da MINUSTAH a partir de 2004. Essa decisão foi particularmente emblemática da nova postura brasileira de buscar maior protagonismo e responsabilidade no cenário internacional. Foi a primeira vez que o Brasil aceitou liderar uma operação de paz de grande complexidade, multidimensional e de longo prazo, arcando com os significativos custos financeiros, logísticos e políticos associados a uma presença militar substancial em um país vizinho. A liderança da MINUSTAH, que se estendeu por mais de uma década, não apenas serviu para demonstrar a capacidade operacional e logística das Forças Armadas brasileiras em um ambiente desafiador, mas também permitiu ao Brasil desenvolver e projetar uma abordagem distintiva para operações de paz. Essa abordagem procurava integrar as dimensões de segurança, desenvolvimento socioeconômico e fortalecimento institucional, com ênfase na cooperação com as autoridades locais, no respeito aos direitos humanos e na busca por soluções políticas sustentáveis. Essa experiência, frequentemente contrastada com intervenções percebidas como mais impositivas por parte de potências tradicionais, tornou-se um componente importante do *soft power* brasileiro e da narrativa sobre sua contribuição singular para a paz e a segurança internacionais, especialmente no hemisfério ocidental.

De forma igualmente estratégica, nas questões ambientais globais, particularmente nas negociações sobre mudança climática, o Brasil aos poucos se convenceu de sua condição de ator incontornável e fundamentalmente importante, buscando capitalizar seu vasto patrimônio natural e seus avanços relativos em energias renováveis para exercer protagonismo. A combinação de fatores, como a posse da maior floresta tropical do planeta (a Amazônia), uma matriz energética com alta participação de fontes renováveis (hidreletricidade e biomassa) e a experiência pioneira e bem-sucedida com biocombustíveis (etanol de cana-de-açúcar), conferiu ao país credenciais únicas e uma crescente autoridade moral nesse campo. O Brasil percebeu que a agenda climática era não só um desafio, mas, sobretudo, uma oportunidade estratégica para projetar influência e liderança. Essa autopercepção foi reforçada por uma crescente capacidade científica nacional na área ambiental e pela pressão de setores da sociedade civil. A atuação brasileira, no entanto, foi marcada por uma complexa busca de equilíbrio: ao mesmo tempo que defendia ativamente o princípio das "responsabilidades comuns, porém diferenciadas e respectivas capacidades" (CBDR-RC), argumentando que os países desenvolvidos tinham a maior responsabilidade histórica e deveriam arcar com os custos elevados da mitigação, o Brasil também passou a adotar uma postura mais proativa.

Isso se manifestou claramente na preparação para a Conferência das Partes da Convenção-Quadro das Nações Unidas sobre a Mudança do Clima (United Nations Framework Convention on Climate Change – UNFCCC, na sigla em inglês) em Copenhague (COP-15), em 2009. Antecipando-se à Conferência, o Brasil anunciou voluntariamente metas ambiciosas de redução de suas emissões, voltadas principalmente para a diminuição do desmatamento na Amazônia, através de políticas como o Plano de Ação para Prevenção e Controle do Desmatamento na Amazônia Legal (PPCDAm). Essa iniciativa, embora insuficiente para garantir um acordo global ambicioso em Copenhague, posicionou o Brasil como uma ponte potencial entre os países desenvolvidos e em desenvolvimento, e reforçou sua imagem de ator responsável e engajado. O país também desempenhou um papel central na articulação do grupo BASIC (Brasil, África do Sul, Índia e China), que se tornou um bloco negociador influente, coordenando posições e defendendo os interesses das grandes economias emergentes nas negociações climáticas. A gestão da agenda ambiental tornou-se, assim, um componente-chave da estratégia brasileira de Autonomia Estratégica, utilizada tanto para defender interesses nacionais quanto para projetar liderança em um tema de crescente centralidade global.

No campo dos direitos humanos, observou-se também uma evolução na postura brasileira, com um engajamento mais visível e ativo nas instituições multilaterais dedicadas ao tema, como o recém-criado Conselho de Direitos Humanos da ONU (estabelecido em 2006). O Brasil buscou consistentemente se posicionar como defensor de uma abordagem cooperativa, não seletiva e baseada no diálogo para a promoção dos direitos humanos, criticando o que percebia como politização excessiva e "dois pesos, duas medidas" no tratamento de certos países por parte das potências ocidentais. Essa postura, contudo, não esteve isenta de controvérsias, atraindo críticas internas e externas quando resultou em posições consideradas ambíguas ou excessivamente lenientes em relação a violações cometidas por regimes autoritários aliados ou parceiros no Sul Global. Nas questões complexas de intervenção humanitária e a emergente norma da "responsabilidade de proteger" (R2P), o Brasil adotou uma posição marcada pela cautela, refletindo sua tradicional e arraigada defesa dos princípios da soberania estatal e da não intervenção nos assuntos internos de outros países.

No entanto, a própria experiência brasileira na liderança da MINUSTAH e os debates acesos sobre intervenções controversas (como a da Líbia em 2011, já no início da fase descendente) levaram o país a desenvolver e apresentar o conceito de "responsabilidade ao proteger" (RwP ou RWP). Essa foi uma contribuição diplomática original que não negava a R2P, mas buscava complementá-la, enfatizando a necessidade de critérios mais rigorosos e transparentes para autorizar o uso da força; a importância de explorar todas as soluções pacíficas antes de recorrer a medidas coercitivas; e a exigência de maior *accountability* por parte daqueles que realizam as intervenções.

Em relação ao desarmamento e à não proliferação nuclear, o Brasil manteve sua posição histórica de defesa de um desarmamento nuclear global, completo, transparente e verificável, criticando o que considerava uma postura assimétrica por parte das potências nucleares reconhecidas pelo Tratado de Não Proliferação de Armas Nucleares (TNP) – exigir compromissos estritos de não proliferação dos demais países sem apresentar avanços significativos em seu próprio desarmamento, conforme previsto no artigo VI do tratado. O compromisso brasileiro com o uso exclusivamente pacífico da energia nuclear, incluindo o domínio do ciclo completo do combustível nuclear, foi frequentemente destacado como exemplo de como um país pode desenvolver tecnologia nuclear avançada dentro dos marcos do regime internacional de não proliferação, reforçando as credenciais do Brasil para participar ativamente dos debates nessa área.

Essa política externa multifacetada e ambiciosa, que se desdobrou em múltiplas frentes simultâneas – busca por reforma da governança global; protagonismo em negociações comerciais e financeiras; liderança de uma complexa operação de paz; ativismo na agenda ambiental; engajamento em direitos humanos e debates sobre intervenção; diplomacia presidencial intensa; extensão da malha diplomática; e ampliação da cooperação internacional para o desenvolvimento –, pode ser compreendida como parte de um projeto coerente de construção de uma nova imagem e de um novo papel internacional para o Brasil. Nessa visão, cultivada e projetada pelo governo Lula, o país se apresentava como um ator comprometido com a construção de regras mais justas e equitativas para a governança global, um provedor responsável de estabilidade regional e internacional, além de um parceiro confiável e dialogante tanto para as potências estabelecidas quanto para os países emergentes e em desenvolvimento.

Tratava-se de uma projeção fundamentalmente construtiva e cooperativa de poder, com base muito mais em *soft power* – na capacidade de influenciar pela atração de seu modelo de desenvolvimento, pela persuasão de seus argumentos e pela articulação de consensos – do que em capacidades militares ou econômicas coercitivas. Essa estratégia implicava custos significativos, tanto materiais quanto políticos, e exigia uma coordenação interna complexa. Contudo, refletia a convicção de que a influência internacional no século XXI não decorria apenas do poder bruto, mas também, e talvez principalmente, da capacidade de articular visões e propostas sobre a organização do sistema internacional que encontrassem ressonância em uma ampla gama de atores. O Brasil procurava, assim, consolidar-se como um "construtor de consensos", um "formador de agenda" e uma "ponte" entre diferentes mundos em múltiplos foros, uma imagem que, embora nem sempre correspondesse integralmente à realidade de sua capacidade de implementação ou à unanimidade interna, representou sem dúvida uma transformação profunda no perfil externo do país.

Em última análise, a multidimensionalidade e o ativismo da política externa brasileira nesse período refletiram a ambição de consolidar o Brasil não só como uma potência emergente, mas, sobretudo, como um ator global relevante e indispensável, capaz de influenciar os rumos da ordem internacional em um momento de transformações profundas na distribuição de poder mundial. Os resultados práticos dessa estratégia foram, como se veria adiante, mistos e sujeitos a reversões, mas seu impacto na percepção internacional sobre o país e, talvez mais importante, em sua própria autocompreensão como ator global foram inegáveis e deixariam marcas duradouras.

A Fase Descendente: declínio relativo e contração da capacidade estratégica (2011-6)

CRISES INTERNAS, CHOQUE EXTERNO E RETRAÇÃO

A transição presidencial no início de 2011, com a posse de Dilma Rousseff, coincidiu com o início de uma nova fase para a política externa brasileira, que seria progressivamente marcada por uma contração da capacidade estratégica e um declínio relativo do protagonismo internacional arduamente construído na década anterior. Essa inflexão descendente não pode ser atribuída a um único fator, mas resultou de uma complexa interação entre mudanças no cenário internacional, o agravamento de problemas estruturais domésticos e alterações no estilo e nas prioridades da liderança política. Externamente, o ambiente tornou-se menos favorável: o superciclo das *commodities* chegou ao fim, impactando negativamente as contas externas do Brasil e de outros exportadores de produtos primários; a recuperação das economias desenvolvidas após a crise de 2008 foi lenta e desigual; e a instabilidade geopolítica aumentou em várias regiões do mundo.

Internamente, o Brasil enfrentou uma forte desaceleração econômica, que evoluiu para uma severa recessão a partir de 2014, acompanhada de deterioração fiscal, aumento da inflação e do desemprego. O clima social também se tornou mais tenso, com as grandes manifestações de junho de 2013 expressando uma insatisfação difusa com a qualidade dos serviços públicos, a corrupção e os gastos com grandes eventos internacionais. A Operação Lava Jato, deflagrada em 2014, expôs uma crise de representatividade política e ética sem precedentes, aprofundando a polarização e paralisando partes da administração pública e do setor privado. Esse cenário doméstico crescentemente adverso absorveu a maior parte da atenção e da energia do governo, relegando a política externa a um plano secundário, e minando as bases materiais e políticas que haviam sustentado o ativismo da fase anterior. A capacidade relacional de ação estratégica, que fora o foco da expansão anterior, começou a se erodir visivelmente.

A análise desse processo de declínio relativo aponta para um conjunto de fatores interligados que comprometeram a busca por Autonomia Estratégica. Em primeiro lugar, constatou-se uma ausência de visão estratégica clara e de liderança presidencial na área externa, em contraste marcante com o período anterior. A presidente Dilma Rousseff, com um perfil mais técnico, gerencial e voltado para as questões domésticas, não demonstrou o mesmo interesse, prioridade ou habilidade para a diplomacia que o seu antecessor. As viagens internacionais diminuíram significativamente em número e impacto político, e a formulação da política externa perdeu centralidade na agenda presidencial, tornando-se mais fragmentada entre diferentes ministérios. Faltava uma narrativa mobilizadora ou conceitos-força que orientassem a ação externa e engajassem os diversos atores estatais e sociais, resultando em uma política externa percebida como mais burocrática, reativa e carente de grandes iniciativas. O Itamaraty, embora mantendo quadros qualificados, perdeu influência política dentro do governo, e viu sua capacidade de iniciativa ser limitada pela falta de direcionamento estratégico claro vindo do Planalto.

Em segundo lugar, observou-se uma ruptura no diálogo entre Estado e sociedade no que tange à política externa, revertendo a aproximação que havia sido construída na década anterior. O processo decisório tornou-se menos permeável à participação de setores empresariais, sindicais, acadêmicos e da sociedade civil organizada. Missões comerciais conjuntas entre governo e setor privado tornaram-se menos frequentes e eficazes. Essa menor interlocução não apenas reduziu a base de apoio social e a legitimidade da política externa, mas também privou o governo de informações, diagnósticos e propostas relevantes para a formulação de estratégias mais eficazes. A percepção de um distanciamento entre a agenda externa e as prioridades internas da população foi agravada por críticas aos custos de eventos como a Copa do Mundo de 2014 e as Olimpíadas de 2016, contribuindo para um clima de ceticismo em relação aos benefícios da projeção internacional do país.

Terceiro, houve um declínio na capacidade de gestão do próprio Itamaraty e do aparato estatal relacionado à política externa, impactado por restrições orçamentárias crescentes e por uma percepção de perda de eficiência na máquina pública como um todo. Cortes de gastos afetaram o funcionamento da chancelaria, a manutenção da rede de postos no exterior (apesar da expansão anterior) e a implementação de programas de cooperação. Projetos de infraestrutura com parceiros internacionais e iniciativas de integração regional sofreram atrasos ou foram paralisados por dificuldades burocráticas e financeiras. Essa deterioração da capacidade administrativa e orçamentária limitou concretamente a habilidade do Brasil de implementar as políticas definidas e de responder com agilidade aos desafios e às oportunidades do cenário internacional, comprometendo a credibilidade e a efetividade da ação externa.

Quarto, a ausência de uma política comercial externa proativa e o aprofundamento da reprimarização minaram a dimensão econômica da Autonomia Estratégica. O governo Rousseff manteve uma postura defensiva em negociações comerciais, priorizando a preservação do mercado interno e a rigidez na defesa das regras do Mercosul, o que dificultou o avanço em acordos de livre-comércio com outros blocos ou países relevantes. O Brasil ficou relativamente isolado em um momento em que proliferavam acordos comerciais regionais e bilaterais no mundo. Ao mesmo tempo, a dependência das exportações de *commodities* se acentuou, tornando a economia brasileira extremamente vulnerável às flutuações dos preços internacionais e à desaceleração da economia chinesa. A falta de políticas industriais e de inovação eficazes para agregar valor à produção e diversificar a pauta exportadora contribuiu para a perda de competitividade da indústria nacional e aprofundou a inserção subordinada do país em algumas cadeias globais de valor. Essa falta de dinamismo na agenda comercial contrastava fortemente com as ambições de protagonismo global.

Quinto, a baixa capacidade de inovação e desenvolvimento tecnológico persistiu como um entrave estrutural crítico, limitando as perspectivas de o Brasil ascender na hierarquia econômica global. Apesar de alguns programas e iniciativas setoriais, o país não conseguiu promover um salto qualitativo em direção a uma economia mais baseada no conhecimento. O investimento em Pesquisa & Desenvolvimento (P&D) permaneceu baixo em comparação com países desenvolvidos e outras potências emergentes, e o ambiente de negócios continuou a apresentar obstáculos à inovação e ao empreendedorismo tecnológico. Essa debilidade estrutural restringiu o potencial de diversificação econômica, a competitividade internacional de setores de maior valor agregado e, consequentemente, a capacidade de sustentar uma Autonomia Estratégica com base em fundamentos econômicos mais sólidos e dinâmicos.

REVISÃO DA DIPLOMACIA ECONÔMICA E ESCÂNDALOS DE CORRUPÇÃO

Sexto, manifestou-se um declínio relativo da influência brasileira nos Brics e na esfera regional. Dentro do Brics, embora o Brasil tenha participado da formalização do Novo Banco de Desenvolvimento e do Arranjo Contingente de Reservas, sua capacidade de liderar a agenda política e econômica do grupo foi crescentemente ofuscada pelo peso da China e pelo ativismo geopolítico da Rússia, especialmente após a crise da Ucrânia em 2014. Na América do Sul, o Mercosul enfrentou longos períodos de estagnação, marcados por barreiras comerciais internas e divergências políticas entre os membros. A Unasul, principal aposta institucional da fase anterior, perdeu coesão e relevância, afetada por crises políticas em vários países-membros (incluindo a Venezuela) e pela falta de liderança e de projetos concretos. O projeto de construção de um espaço regional autônomo sob a liderança brasileira perdeu força e credibilidade.

Finalmente, o impacto avassalador das crises internas (econômica e política) a partir de 2014-5 selou a trajetória descendente da capacidade estratégica do Brasil. A profunda recessão, combinada com a crise fiscal, o aumento do desemprego e a paralisia decisória gerada pela crise política que culminaria no *impeachment* de Dilma Rousseff em 2016, consumiu toda a atenção e os recursos do governo. A instabilidade doméstica projetou uma imagem de fragilidade e incerteza no exterior, contrastando brutalmente com a narrativa de sucesso e otimismo da década anterior. A capacidade de formular e implementar novas iniciativas de política externa foi severamente reduzida, e a credibilidade do Brasil como parceiro e ator global foi abalada. Embora alguns setores, como o agronegócio, tenham mantido seu dinamismo exportador, e certos princípios diplomáticos tenham sido preservados, a tendência geral e inegável foi de retração, perda de influência e redução da capacidade de exercer a Autonomia Estratégica de forma efetiva, encerrando melancolicamente um ciclo que havia começado com grande ímpeto e ambição.

Balanço e legados do ciclo (2003-16)

O Ciclo do Partido dos Trabalhadores (2003-16) representa um período de extraordinária intensidade e complexidade na trajetória da política externa brasileira e em sua perene busca por Autonomia Estratégica. A análise das duas fases distintas que o compõem revela tanto o potencial quanto os limites dessa busca em um país emergente com as características do Brasil. Na Fase Ascendente (2003-10), impulsionado por uma conjuntura internacional favorável, estabilidade doméstica, liderança presidencial carismática e uma visão estratégica clara, o Brasil logrou expandir significativamente sua capacidade relacional de ação estratégica.

A diversificação de parcerias geográficas e econômicas; a aposta assertiva no multilateralismo e na formação de coalizões Sul-Sul; a intensificação da cooperação para o desenvolvimento; e a projeção de uma imagem positiva no cenário global permitiram ao país ampliar sua margem de manobra, desafiar hierarquias e buscar um papel de maior protagonismo na governança mundial. A Autonomia Estratégica foi perseguida ativamente através da gestão das interdependências e da conexão entre a ação externa e um projeto de desenvolvimento interno inclusivo.

Contudo, a Fase Descendente (2011-16) demonstrou a fragilidade desse modelo e a persistência de vulnerabilidades estruturais. A reversão do ciclo econômico externo, combinada com a deterioração do cenário doméstico (econômico, social e político), a ausência de uma liderança com o mesmo foco na política externa e a erosão da capacidade de gestão estatal levaram a uma contração dessa capacidade estratégica. A perda de dinamismo, a dificuldade em manter o diálogo Estado-sociedade, a falta de avanços na agenda comercial e de inovação, e o declínio relativo da influência regional e em coalizões como os Brics evidenciaram os limites da projeção brasileira quando confrontada com adversidades internas e externas.

O legado do ciclo é, portanto, profundamente ambivalente. Por um lado, deixou uma rede diplomática mais ampla, novas plataformas de cooperação (como Ibas e Brics), uma consciência maior sobre o potencial global do Brasil e experiências valiosas de ativismo multilateral e cooperação Sul-Sul. Por outro, evidenciou a dificuldade em sustentar essa projeção de forma consistente, a persistência de dependências econômicas (como a reprimarização ligada à China) e a crucial importância da estabilidade política e da capacidade estatal interna como alicerces para qualquer estratégia de autonomia de longo prazo. As lições e os desafios herdados desse período de ascensão e declínio continuariam a reverberar nas turbulentas reorientações da política externa brasileira que se seguiriam, marcadas pela fratura interna e pela politização, como será explorado na seção subsequente.

A FRATURA INTERNA E A POLITIZAÇÃO DA POLÍTICA EXTERNA (DESDE 2016 ATÉ 2025)

O período iniciado a partir de 2016 marca uma nova inflexão na trajetória da política externa brasileira, caracterizada por uma profunda influência das dinâmicas políticas e sociais internas sobre a condução das relações internacionais do país. Se a fase anterior de 2011 a 2016 já evidenciava um declínio relativo da capacidade estratégica em meio a dificuldades econômicas e políticas, os anos subsequentes testemunharam o aprofundamento dessas crises, começando com o *impeachment* presidencial de 2016 e culminando na intensificação de uma polarização ideológica que transbordou agressivamente para o debate sobre o lugar do Brasil no mundo.

A política externa, tradicionalmente percebida como uma área de relativo consenso e continuidade, tornou-se um campo de batalha para disputas partidárias e ideológicas, refletindo uma fratura interna que questionou pilares históricos da diplomacia brasileira e impactou diretamente a busca por Autonomia Estratégica. Os governos de Michel Temer (2016-8), Jair Bolsonaro (2019-22) e o governo de Luiz Inácio Lula da Silva (que teve início em 2023) operaram sob esse signo da politização, cada um à sua maneira, respondendo às pressões domésticas e reconfigurando, por vezes radicalmente, a inserção internacional do Brasil em um cenário global também em transformação. Analisar esse período exige, portanto, compreender a intrincada relação entre a crise doméstica, a polarização ideológica e as escolhas de política externa, avaliando suas consequências para a capacidade relacional de ação estratégica do país.

O aprofundamento da crise política e econômica doméstica e o *impeachment* de 2016 (2014-6)

A transição para esse novo período foi catalisada pelo agravamento da crise multifacetada que já marcava a Fase Descendente do ciclo anterior.

A recessão econômica iniciada em 2014 aprofundou-se, gerando desemprego em massa, queda da renda e forte impacto fiscal. Essa deterioração econômica afetou diretamente instrumentos importantes de projeção internacional do Brasil, como os financiamentos do BNDES para obras de infraestrutura na América Latina e na África, que sofreram cortes substanciais. As empresas brasileiras de engenharia, que haviam se tornado importantes atores da internacionalização econômica do país, foram severamente atingidas pela crise e pelos desdobramentos das investigações de corrupção, comprometendo décadas de construção de capacidades no exterior.

Simultaneamente, a Operação Lava Jato expunha esquemas de corrupção envolvendo amplos setores da classe política e empresarial, erodindo a confiança nas instituições e alimentando um sentimento generalizado de insatisfação popular. A dimensão internacional desse processo investigativo, com cooperações judiciais com diversos países e repercussões globais, conferiu à crise política brasileira uma visibilidade externa sem precedentes. Analistas internacionais e instituições multilaterais, que antes celebravam o "modelo brasileiro" de desenvolvimento inclusivo, passaram a questionar a sustentabilidade das conquistas do período anterior e a estabilidade das instituições do país.

A perda de apoio parlamentar e social do governo Dilma Rousseff, combinada com as pressões econômicas e as investigações de corrupção, criou um ambiente de ingovernabilidade que culminou no controverso processo de *impeachment* em agosto de 2016. Esse evento não foi apenas uma mudança de governo, mas também representou um ponto de ruptura no sistema político brasileiro, intensificando a polarização e abrindo espaço para reorientações drásticas em diversas áreas de política pública, incluindo a política externa. As repercussões internacionais do *impeachment* foram significativas: enquanto alguns países, especialmente aqueles governados por forças progressistas, questionaram a legitimidade do processo, classificando-o como um "golpe parlamentar", outros o viram como uma demonstração de funcionamento das instituições democráticas em meio à crise. Essa divisão de percepções externas espelhava, em muitos aspectos, a própria polarização doméstica.

A intensificação da polarização ideológica e sua transposição para o debate sobre a inserção internacional (2016-25)

A crise doméstica, portanto, não foi só um pano de fundo, mas, sobretudo, o motor principal das transformações que se seguiriam. O *impeachment*, percebido por diferentes espectros políticos como um golpe ou como um remédio necessário, deixou cicatrizes profundas na sociedade brasileira, fragmentando consensos e criando um ambiente onde a própria legitimidade das instituições e dos processos políticos passou a ser questionada. Esse caldo de instabilidade e desconfiança interna foi o terreno fértil sobre o qual a política externa seria subsequentemente redesenhada, muitas vezes em resposta direta às clivagens e às demandas geradas por essa crise fundamental. A capacidade do Estado de formular e implementar uma estratégia de longo prazo para a Autonomia Estratégica foi severamente comprometida por essa turbulência interna.

O processo de *impeachment* e seus desdobramentos aceleraram e aprofundaram uma polarização ideológica que vinha crescendo no Brasil. De um lado, setores progressistas e de esquerda denunciavam o que consideravam uma ruptura democrática e a imposição de uma agenda neoliberal e conservadora. De outro, forças conservadoras e de direita, incluindo novos movimentos sociais e políticos que emergiram com força, celebravam o fim do ciclo petista e defendiam uma agenda de reformas econômicas liberais, valores tradicionais e um realinhamento geopolítico do país.

Nesse contexto interno, cumpre notar que 2016 assinala também, no plano externo, o início de uma fase que vem sendo caracterizada por vários autores como "Contestação Pós-Liberal". A deflagração simultânea do referendo do Brexit e da eleição de Donald Trump, ancorada na doutrina America First, rompeu o compromisso de Washington e de Londres com os pilares multilaterais da Ordem Liberal Internacional (OLI) e legitimou, em outras democracias avançadas, plataformas nacional-populistas avessas à globalização, à imigração e à integração normativa.

A partir de então, a rivalidade sino-americana passou a estruturar as principais agendas. De um lado, a China consolidou sua ascensão – saltando de 11% do PIB mundial em 2016 para cerca de 18% em 2023, dominando cadeias de fornecimento de minerais críticos, 5G e energias renováveis; de outro, os Estados Unidos responderam com uma série de instrumentos de geoeconomia coercitiva: "listas-entidade" do Departamento de Comércio, restrições ao Investimento Direito Estrangeiro (IDE) chinês em setores sensíveis, sanções secundárias e coalizões minilaterais (com a Aukus – Austrália, Reino Unido, Estados Unidos –, Quad – aliança geopolítica entre Estados Unidos, Japão, Austrália e Índia –, e Ipef – Quadro Econômico Indo-Pacífico). O objetivo explícito passou a ser conter o avanço tecnológico de Pequim e garantir redundância de cadeias – *friendshoring* –, sobretudo em semicondutores, baterias e fármacos.

A pandemia de covid-19 (2020-1) operou como um acelerador dessas tendências. A escassez de respiradores, máscaras e vacinas gerou nacionalismos sanitários, quebras contratuais e bloqueios de exportação, minando a narrativa cooperativa da OLI. Simultaneamente, governos expandiram prerrogativas de vigilância digital, abrindo um novo flanco para a competição de normas sobre dados e biotecnologia. Quando a crise sanitária parecia arrefecer, a invasão russa da Ucrânia (em fevereiro de 2022) recolocou a guerra de conquista no coração da Europa e motivou sanções financeiras sem precedentes – congelamento de reservas do Banco Central russo, *oil price cap*, exclusão seletiva do Swift (Sociedade de Telecomunicações Financeiras Mundial) –, medidas que se, por um lado, reforçaram a coesão do Ocidente, por outro estimularam esforços de desdolarização e diversificação de sistemas de pagamentos no Sul Global.

A guerra em Gaza (20234) agravou a percepção de seletividade normativa: sucessivos vetos cruzados no Conselho de Segurança evidenciaram a incapacidade do sistema ONU de prover respostas humanitárias mínimas, enquanto discrepâncias na cobertura midiática e na mobilização de sanções aprofundaram a desconfiança de países do Sul em relação ao universalismo liberal. Some-se a isso a crise energética europeia, a volatilidade de preços de alimentos e o imperativo da transição ecológica – todos convertidos em arenas de barganha geopolítica – e o resultado é um ambiente de multipolarismo competitivo, fragmentação regulatória e diplomacia de coalizões *ad hoc*.

Em síntese, desde 2016 a política mundial deixou de ser regida por um núcleo relativamente estável de normas liberais para funcionar como sistema de "anarquia administrada por blocos", no qual grandes potências recorrem a sanções, controle de tecnologias e gestão seletiva de interdependências para expandir influência. Esse cenário amplia pressões contraditórias sobre a definição dos interesses brasileiros - entre alinhamento ocidental, diversificação Sul-Sul e busca de autonomia - e aprofunda a disputa doméstica sobre os rumos da atuação internacional do Brasil.

Essa polarização, amplificada exponencialmente pelas redes sociais e por uma mídia cada vez mais segmentada, rapidamente contaminou o debate sobre a política externa. O papel das novas tecnologias de comunicação nesse processo foi fundamental: plataformas como o Twitter (agora X), o Facebook e, posteriormente, o WhatsApp tornaram-se arenas para a disseminação de narrativas simplificadas e antagonistas sobre as relações internacionais do Brasil. A "diplomacia digital" ganhou relevância inédita, com atores políticos utilizando essas plataformas para comunicação direta sobre temas internacionais, frequentemente contornando os canais diplomáticos tradicionais e apelando de maneira direta ao público doméstico. Temas que antes eram discutidos em círculos mais restritos da diplomacia, na academia e em setores empresariais – como a relação com a China e os EUA, o papel do multilateralismo, a integração regional, as políticas ambientais e de direitos humanos – tornaram-se munição na guerra cultural e política doméstica.

Debates específicos exemplificam claramente essa politização: a relação com a Venezuela, que sempre envolvera considerações pragmáticas além das ideológicas, transformou-se em um divisor de águas simbólico, com a defesa de posturas mais duras ou mais dialogantes servindo como marcador de posicionamento no espectro político doméstico. Similarmente, a participação brasileira em fóruns como os do Brics, antes vista predominantemente como uma estratégia de diversificação de parcerias, passou a ser interpretada através de lentes ideológicas polarizadas – ora como submissão a "regimes autoritários", ora como resistência necessária à "hegemonia ocidental". Formaram-se, assim, correntes de opinião claramente antagônicas sobre o papel internacional do Brasil. De um lado, defensores de uma abordagem "ocidentalista" e liberal, priorizando relações com EUA e Europa, além da abertura econômica; de outro, proponentes de uma visão "autonomista" e desenvolvimentista, privilegiando a integração sul-americana, a cooperação Sul-Sul e uma postura mais independente frente às grandes potências. Essas visões contrastantes não eram novas na história da política externa brasileira, mas a intensidade da polarização e sua transposição para um debate público mais amplo e áspero passaram a constituir uma novidade significativa.

A política externa brasileira deixou de ser vista como uma política de Estado, relativamente imune às flutuações partidárias, para ser percebida como uma expressão direta das preferências ideológicas do governo de turno e, consequentemente, um alvo legítimo para a contestação política. Criticar a política externa do governo anterior ou do governo vigente passou a ser uma forma de sinalizar a própria posição no espectro ideológico doméstico. Termos como "globalismo" foram importados e adaptados para desqualificar o apoio ao multilateralismo e a agendas internacionais percebidas como progressistas, enquanto defensores de uma abertura econômica maior e do alinhamento com o Ocidente eram acusados de "entreguismo". Essa transposição da polarização interna para o campo da política externa fragmentou ainda mais qualquer possibilidade de consenso mínimo sobre os interesses nacionais e as melhores estratégias para promover a Autonomia Estratégica do Brasil no longo prazo.

Rupturas conceituais: contestação ao multilateralismo e realinhamentos ideológicos (2016-22)

Antes de analisarmos as rupturas ocorridas no período entre o final da década de 2010 e início da de 2020, cabe uma reflexão crítica sobre o que constitui, efetivamente, a "tradição" da política externa brasileira. Frequentemente evocada tanto por diplomatas quanto por acadêmicos, a noção de uma política externa caracterizada por estabilidade, continuidade e previsibilidade merece ser problematizada. Seria essa uma construção narrativa elaborada pela própria corporação diplomática, interessada em preservar suas prerrogativas institucionais? Ou uma "invenção mitológica" da academia? Diversos estudos recentes têm apontado para a natureza socialmente construída dessa percepção de continuidade, questionando até que ponto essa narrativa serve a interesses institucionais específicos.

De fato, o que comumente se designa como "tradição" das Relações Exteriores consiste em um conjunto de princípios, valores e práticas que, historicamente, foram consolidados como marcas distintivas da atuação internacional brasileira: o juridicismo, o multilateralismo, a não intervenção, a solução pacífica de controvérsias, o universalismo e o pragmatismo. Esses elementos teriam sido institucionalizados através de décadas de prática diplomática e legitimados por uma produção acadêmica que, muitas vezes, reforçou a narrativa de excepcionalidade da política externa brasileira. Independentemente de sua origem narrativa, esses princípios constituíram, na prática, parâmetros operacionais que orientaram a busca por Autonomia Estratégica ao longo de diferentes períodos históricos.

O que torna o período iniciado em 2016, e intensificado a partir de 2019, particularmente significativo é precisamente o questionamento explícito desses parâmetros tradicionalmente aceitos, com consequências tangíveis para a inserção internacional do Brasil. Verificou-se, de fato, uma profunda miséria conceitual que assolou tanto a formulação quanto a implementação da política externa brasileira nesse período que, como instrumento estratégico do Estado brasileiro, foi reduzida a um campo de batalha ideológica, esvaziada de suas ambições históricas de longo prazo e desprovida de fundamentos analíticos consistentes.

A diplomacia bolsonarista não representou apenas uma mudança de orientação estratégica, mas também uma degradação qualitativa do próprio pensamento sobre Relações Internacionais na esfera governamental. Termos como "globalismo" eram empregados com imprecisão conceitual, sem definição clara, servindo mais como rótulos para mobilização política do que como categorias analíticas úteis à compreensão do cenário internacional. A simplificação binária do mundo entre "patriotas" e "globalistas", "conservadores" e "marxistas culturais", substituiu análises complexas sobre o balanceamento de poder, interdependências econômicas ou desafios transnacionais.

Esse empobrecimento do aparato conceitual manifestou-se concretamente na contestação ao multilateralismo, historicamente entendido como um instrumento privilegiado para a projeção dos interesses brasileiros e para a busca de uma ordem internacional mais equitativa. Durante o governo Bolsonaro, a retórica "antiglobalista" classificava os organismos multilaterais não como arenas para a ampliação da influência nacional, mas como ameaças à soberania. O então ministro das Relações Exteriores chegou a caracterizar o multilateralismo como parte de um projeto "globalista", que subordinaria os interesses nacionais a uma agenda supranacional progressista.

Essa visão reducionista se materializou em medidas concretas que comprometeram a participação brasileira em fóruns importantes: ameaças de saída da Organização Mundial da Saúde em plena pandemia, críticas contundentes a mecanismos da ONU (especialmente aqueles relacionados a direitos humanos), distanciamento do regime internacional do clima e restrições à participação brasileira em negociações comerciais multilaterais. Como resultado, o Brasil experimentou uma diminuição significativa de sua capacidade de influenciar a agenda global e de construir coalizões para defender seus interesses, contrariando a lógica histórica de atuação multilateral como pilar da Autonomia Estratégica.

Paralelamente à contestação multilateral, observou-se um abandono progressivo do universalismo que tradicionalmente caracterizava a política externa brasileira. Esse princípio, entendido como a capacidade de manter relações com uma ampla gama de parceiros independentemente de seus regimes políticos ou orientações ideológicas, havia historicamente permitido ao Brasil reduzir vulnerabilidades e ampliar margens de manobra diplomática através da diversificação de parcerias. O período que compreende o início dos anos 2020, contudo, testemunhou uma significativa reorientação desse princípio em favor de alinhamentos ideológicos explícitos.

O alinhamento preferencial com os Estados Unidos sob a administração Trump representou a manifestação mais evidente dessa ruptura conceitual. A tradicional equidistância pragmática foi substituída por uma convergência ideológica explícita, baseada em afinidades valorativas conservadoras e na oposição compartilhada ao "globalismo". Esse realinhamento não se limitou aos EUA, estendendo-se a outros governos de perfil nacionalista e conservador, como Israel sob Netanyahu, Hungria sob Orbán e Polônia sob o partido Lei e Justiça. Essa priorização de parceiros por critérios predominantemente ideológicos contradiz frontalmente a tradição brasileira de universalismo e pragmatismo, reduzindo a capacidade do país de navegar em múltiplas arenas e aproveitar oportunidades diversificadas.

Vale ressaltar que essa ruptura brasileira com tradições diplomáticas estabelecidas não ocorreu isoladamente, mas no contexto de um movimento global mais amplo de contestação ao liberalismo internacional. A ascensão de correntes nacionalistas, soberanistas e antiglobalistas em diversos países criou um ambiente internacional propício a revisionismos e questionamentos a consensos estabelecidos. A política externa brasileira do período, portanto, alinhava-se a um fenômeno mais amplo, embora com características específicas derivadas do contexto nacional.

A comparação com reorientações similares em outros países revela padrões significativos que ajudam a contextualizar a experiência brasileira. Nos Estados Unidos, durante o governo Trump, a retórica do America First resultou em uma política externa que não apenas se distanciava de compromissos multilaterais, mas também questionava ativamente a legitimidade e a utilidade da ordem internacional que os próprios norte-americanos haviam arquitetado e liderado. Na Hungria sob Orbán e na Polônia sob o partido Lei e Justiça, valores tradicionais e identidade nacional eram enfatizados em oposição ao que percebiam como imposições liberais da União Europeia. O Brasil compartilhava com esses países não apenas convergências ideológicas, mas também estratégias semelhantes de mobilização política interna através da instrumentalização da política externa.

Esse alinhamento a movimentos conservadores internacionais transcendeu o nível governamental, manifestando-se em conexões entre atores não estatais. Conceitos como "globalismo" e narrativas sobre "marxismo cultural" circulavam em redes transnacionais conservadoras, influenciando tanto o discurso quanto a prática diplomática brasileira. A aproximação com *think tanks* e movimentos conservadores internacionais, particularmente nos EUA, sinalizava a inserção da política externa do Brasil em um ecossistema ideológico mais amplo, que buscava reconfigurar a ordem liberal internacional.

As decisões diplomáticas resultantes desse novo quadro conceitual frequentemente aparentavam estar desconectadas de uma avaliação estratégica de custos e benefícios, sendo determinadas primordialmente por seu valor simbólico nas disputas domésticas. A política externa tornou-se menos um instrumento para a promoção dos interesses nacionais no exterior e mais uma ferramenta para sinalização ideológica interna, comprometendo sua eficácia na projeção internacional do Brasil e, consequentemente, reduzindo sua capacidade de buscar Autonomia Estratégica em um sistema internacional cada vez mais complexo e fragmentado.

Manifestações práticas da ruptura: tensões diplomáticas e novas agendas (2016-22)

As rupturas conceituais analisadas não permaneceram no campo retórico, manifestando-se concretamente em tensões diplomáticas significativas e na promoção de novas agendas valorativas nos fóruns internacionais. As consequências práticas dessas reorientações foram particularmente evidentes no deterioramento de relações estratégicas construídas ao longo de décadas pela diplomacia brasileira.

O realinhamento ideológico teve como consequência direta a deterioração de parcerias fundamentais para a estratégia de inserção internacional do Brasil. Na América do Sul, tradicional espaço prioritário da política externa brasileira, as tensões com a Argentina durante o governo Fernández comprometeram seriamente a dinâmica do Mercosul, justamente quando o bloco se encontrava em fase crucial das negociações com a União Europeia. As declarações publicamente hostis do presidente brasileiro e a ausência de uma diplomacia presidencial construtiva – historicamente um diferencial positivo da atuação regional brasileira – diminuíram de maneira drástica a capacidade do país de exercer liderança em seu entorno geográfico imediato, contrariando décadas de investimento na integração sul-americana como plataforma para a projeção global.

Esse padrão de tensionamento estendeu-se para além do contexto regional. Com potências europeias, como França e Alemanha, parceiros tradicionais e influentes, as relações foram severamente prejudicadas pela postura brasileira em relação às questões ambientais, particularmente o aumento do desmatamento na Amazônia. O episódio emblemático do incêndio florestal, quando autoridades brasileiras questionaram abertamente dados científicos sobre o desmatamento e rejeitaram de forma agressiva críticas internacionais, exemplifica como a instrumentalização da política externa para fins de mobilização interna comprometeu parcerias estratégicas construídas ao longo de gerações de diplomatas.

Surpreendentemente, até mesmo a relação com a China, principal parceiro comercial do Brasil desde 2009 e potência central no reordenamento global em curso, foi submetida a pressões inéditas. Declarações hostis de membros do governo, incluindo o próprio presidente e seus filhos com atuação política, somadas a tentativas de restringir a participação chinesa em setores estratégicos como o 5G, contradiziam frontalmente a lógica pragmática que havia caracterizado a aproximação com Pequim desde o governo Geisel. Essa postura ignorava a realidade da crescente interdependência econômica bilateral, evidenciando como considerações ideológicas suplantavam análises estratégicas baseadas em interesses nacionais objetivos.

Paralelamente ao tensionamento de relações bilaterais tradicionais, outra dimensão significativa da ruptura com a tradição diplomática manifestou-se na incorporação explícita de agendas valorativas conservadoras como eixos orientadores da política externa. O Brasil passou a utilizar fóruns internacionais, anteriormente vistos como espaços para a promoção de seu *soft power* progressista, para defender posições contrárias à chamada "ideologia de gênero", opondo-se a avanços em direitos sexuais e reprodutivos, e enfatizando valores familiares tradicionais e a identidade cristã ocidental como fundamentos de sua diplomacia.

Essa abordagem, materializada em discursos oficiais em fóruns como a Assembleia Geral da ONU e em nomeações diplomáticas claramente alinhadas à agenda conservadora, representou um desvio considerável da tradição brasileira de apoio a agendas progressistas de direitos humanos, construída desde a redemocratização. Essa reorientação valorativa dificultou significativamente a manutenção de coalizões tradicionais do Brasil com diversos países em desenvolvimento, e prejudicou a imagem do país como ator moderador e construtor de consensos em temas sensíveis – um ativo diplomático valioso em décadas anteriores.

As rupturas práticas analisadas produziram consequências diretas para a busca brasileira por Autonomia Estratégica, tradicionalmente entendida como a capacidade de ampliar margens de manobra e reduzir vulnerabilidades externas. Em um paradoxo revelador, o discurso intensamente soberanista e nacionalista resultou, na prática, em considerável diminuição da capacidade autônoma de ação internacional. A contestação ao multilateralismo privou o Brasil de espaços importantes para influenciar regras e normas globais. O alinhamento preferencial com um polo específico (EUA sob Trump) reduziu a diversificação de parcerias sem contrapartidas significativas. A deterioração de relações regionais comprometeu a base de apoio necessária para uma projeção global consistente.

A redução da capacidade de atuação do país como mediador em conflitos internacionais ilustra claramente esse comprometimento da Autonomia Estratégica. O Brasil, que havia construído uma sólida reputação de moderador confiável em diversas questões globais – da não proliferação nuclear às negociações climáticas –, viu sua credibilidade nesse papel diminuir significativamente. A postura polarizadora adotada em temas como a crise venezuelana, o conflito israelo-palestino e as negociações sobre mudanças climáticas contrastavam agudamente com a tradicional capacidade brasileira de construir pontes entre posições divergentes, limitando sua relevância como ator diplomático em momentos críticos.

Os custos acumulados para a credibilidade e o prestígio internacional do país foram consideráveis e mensuráveis. O Brasil experimentou um declínio significativo em rankings de *soft power* e em pesquisas sobre percepção internacional, refletindo a erosão acelerada de sua imagem como potência emergente construtiva e responsável. A perda de posições de liderança em organismos internacionais e a diminuição visível da capacidade de articular coalizões eficazes em fóruns multilaterais evidenciaram esse enfraquecimento estratégico, comprometendo décadas de investimento na construção de capital reputacional.

Entre as manifestações práticas da ruptura com tradições diplomáticas, a questão ambiental emerge como caso particularmente emblemático e revelador. Desde a Conferência do Rio em 1992, o Brasil havia consolidado uma posição de protagonismo nos regimes internacionais de meio ambiente, equilibrando de maneira hábil a defesa da soberania sobre seus recursos naturais com o compromisso com o desenvolvimento sustentável. Essa postura garantiu ao país capital diplomático significativo e credibilidade única como interlocutor entre países desenvolvidos e em desenvolvimento nas complexas negociações climáticas globais.

A mudança radical na postura sobre proteção ambiental e mudanças climáticas implementada a partir de 2019 representou, portanto, uma descontinuidade particularmente profunda. O relaxamento ostensivo de mecanismos de fiscalização ambiental, o aumento documentado do desmatamento na Amazônia, o questionamento público de dados científicos produzidos por instituições nacionais respeitadas, como o Instituto Nacional de Pesquisas Espaciais (Inpe), e a retórica agressiva sobre "soberania" dissociada de responsabilidades ambientais marcaram uma inflexão sem precedentes na postura internacional brasileira. O ceticismo em relação às mudanças climáticas, manifestado em diversas declarações oficiais, contrastava dramaticamente com a tradicional posição brasileira de liderança construtiva nessa agenda estratégica.

As reações internacionais a essa mudança de postura foram imediatas e de intensidade inédita. Líderes europeus como o presidente da França, Emmanuel Macron, e a chanceler da Alemanha, Angela Merkel, expressaram publicamente preocupação e chegaram a ameaçar medidas econômicas concretas. Mecanismos de financiamento internacional, como o Fundo Amazônia, tiveram suas atividades suspensas. Investidores globais manifestaram formalmente apreensão quanto ao risco reputacional de manter ativos no Brasil. A imagem internacional do país, fortemente associada ao protagonismo na agenda ambiental desde a Rio-92, sofreu deterioração acelerada, comprometendo um ativo diplomático construído meticulosamente ao longo de décadas.

Essas rupturas com o corpo de práticas que se convencionou denominar "tradição diplomática" não ocorreram, contudo, sem resistências institucionais significativas que merecem análise. O corpo diplomático profissional brasileiro, que é historicamente reconhecido como defensor da tradição de continuidade e alta previsibilidade da atuação internacional do Brasil, reagiu de formas variadas e significativas às novas diretrizes políticas. Documentos internos eventualmente vazados à imprensa revelaram preocupações de diplomatas de carreira com o impacto potencialmente duradouro das novas posições para a credibilidade internacional do país. Episódios de tensão entre a orientação política emanada do Ministério e a implementação técnica conduzida pelos diplomatas nas representações tornaram-se mais frequentes e visíveis que o usual.

As resistências institucionais do Itamaraty à ruptura com tradições diplomáticas manifestaram-se através de estratégias diversas. Alguns diplomatas optaram por posições de discrição estratégica, buscando minimizar danos às relações estabelecidas mesmo sob as orientações conflitantes. Outros procuraram manter canais de diálogo técnico, ainda que em contextos de tensão política evidente. Casos documentados de pedidos de exoneração ou remoção de funções revelaram o desconforto profissional de parte do corpo diplomático com diretrizes consideradas excessivamente ideológicas ou contraditórias com o acúmulo histórico institucional.

As disputas internas sobre a implementação de novas diretrizes terminaram por expor fraturas na própria corporação diplomática, tradicionalmente caracterizada por elevada coesão institucional. O Itamaraty vivenciou, assim, divisões mais explícitas do que o habitual, com grupos alinhados às novas orientações e outros mais identificados com a tradição diplomática histórica. Essa polarização interna refletia, em escala institucional, a própria polarização da sociedade brasileira mais ampla, demonstrando como a intensa politização da política externa conseguiu penetrar até mesmo em instituições historicamente caracterizadas por relativa autonomia em relação às flutuações políticas conjunturais.

No plano da representação de alto nível, a diplomacia presidencial – tradicional ativo do Itamaraty para amplificar voz e influência brasileiras – sofreu forte retração entre 2019 e 2022. A conjugação de três fatores foi decisiva: (i) a viragem ideológica do Palácio do Planalto, que privilegiou alinhamentos identitários a agendas funcionais; (ii) o acentuado isolamento externo resultante de divergências sobre meio ambiente, direitos humanos e saúde pública; e (iii) a própria pandemia de covid-19, que eliminou o espaço para a projeção simbólica proporcionada por viagens presidenciais. Fóruns antes centrais para *networking* pessoal – G20, Assembleia Geral da ONU, COPs climáticas – migraram para formatos virtuais, neutralizando o capital político derivado do contato presencial e expondo a delegação brasileira à recepção protocolar fria ou a protestos digitais.

Esse colapso da diplomacia presidencial teve efeitos sistêmicos. No eixo regional, a capacidade de mediação brasileira encolheu, abrindo espaço para iniciativas paralelas lideradas por Argentina, Chile ou Colômbia, e para maior penetração de China e Rússia no Cone Sul. No tabuleiro multilateral, a ausência física do chefe de Estado comprometeu o poder de barganha do Brasil em pautas críticas – reforma da OMS, distribuição equitativa de vacinas, financiamento climático pós-Paris –, gerando custos reputacionais duradouros. Como se verá na seção "Tentativas recentes de reposicionamento e reconstrução de pontes (2023-5)", o esforço de reengajamento lançado em 2023 enfrenta agora um ambiente mais competitivo, fragmentado e cético quanto à capacidade brasileira de oferecer bens diplomáticos coletivos.

A política externa como elemento de clivagem e disputa partidária interna (2016-25)

Os governos que se sucederam a partir de 2016 refletiram e, em graus variados, instrumentalizaram essa politização da política externa. O governo de Michel Temer (2016-8), assumindo em meio à turbulência do *impeachment*, buscou sinalizar uma ruptura com a gestão anterior, sob o lema de uma "desideologização" da política externa e um retorno a uma suposta normalidade pragmática. Essa abordagem, contudo, encobria sua própria orientação ideológica: a priorização das relações com parceiros tradicionais do Ocidente, a revisão da atuação em fóruns, como Brics e Ibas, e a reorientação da política regional com distanciamento de governos progressistas representavam, em si, escolhas ideológicas alinhadas ao novo contexto político interno.

O Ministério das Relações Exteriores, sob José Serra e depois Aloysio Nunes Ferreira, tentou implementar uma agenda mais voltada para acordos comerciais e atração de investimentos, buscando reverter o que consideravam um excessivo viés "Sul-Sul" e "ideológico" da era petista. A ênfase na dimensão econômica da política externa refletia o próprio programa de reformas liberalizantes no plano doméstico. No entanto, a fragilidade política do governo Temer, sua baixa popularidade e a própria continuidade da crise interna limitaram o alcance e a profundidade dessas mudanças. Episódios como a participação do Brasil na suspensão da Venezuela do Mercosul sinalizavam a nova orientação, mas sem completar uma redefinição estratégica abrangente. A estratégia internacional então desenhada foi, assim, mais uma tentativa de distanciamento retórico e pontual do legado imediato do que uma redefinição estratégica completa, permanecendo como um governo de transição nesse aspecto.

O governo de Jair Bolsonaro (2019-22) representou uma ruptura muito mais radical e profunda. A política externa tornou-se, talvez como nunca antes, um instrumento direto de sua agenda ideológica conservadora, nacionalista e antiglobalista, bem como um elemento central para mobilizar sua base de apoio doméstica. Alinhando-se explicitamente ao governo de Donald Trump nos Estados Unidos, Bolsonaro e o diplomata de carreira que exerceu o cargo de ministro das Relações Exteriores na primeira parte do mandato, Ernesto Araújo, promoveram uma revisão drástica dos pilares tradicionais da atuação internacional brasileira. O multilateralismo foi abertamente criticado como "globalismo", visto como uma ameaça à soberania nacional e aos valores "ocidentais e cristãos". Houve um ceticismo inicial e, por vezes, hostilidade em relação à China, principal parceiro comercial do Brasil, e tensões explícitas com parceiros importantes, como Argentina, França e Alemanha.

A agenda ambiental foi flexibilizada, gerando críticas internacionais e colocando em risco acordos comerciais, como o da União Europeia-Mercosul. Em contrapartida, buscaram-se alinhamentos com governos ideologicamente afins, como os de Israel (sob Netanyahu), Hungria e Polônia. A política externa bolsonarista redefiniu prioridades e alienou o país de seu apoio histórico a instituições multilaterais, subordinando a inserção internacional a um projeto político doméstico autoritário e conservador. Essa abordagem, embora eficaz para galvanizar sua base eleitoral interna, minou severamente a credibilidade internacional do Brasil, isolou o país em diversos fóruns e, na prática, reduziu sua capacidade relacional e sua margem de manobra – um movimento contrário à busca por Autonomia Estratégica como entendida tradicionalmente.

A instrumentalização da política externa como elemento de mobilização da base política interna atingiu seu ápice nesse período. Temas internacionais eram frequentemente abordados não a partir de uma análise estratégica dos interesses nacionais, mas de seu potencial para gerar engajamento nas redes sociais e sinalizar posicionamentos ideológicos para os apoiadores. O pronunciamento anual do presidente brasileiro na abertura da Assembleia Geral da ONU, tradicionalmente um momento de apresentação das prioridades diplomáticas do país, transformou-se em uma plataforma para discursos direcionados primariamente ao público doméstico, com ênfase em temas como críticas ao "globalismo", defesa de valores tradicionais e contestações a consensos internacionais sobre meio ambiente e direitos humanos.

Tentativas recentes de reposicionamento e reconstrução de pontes (2023-5)

Com a posse de Luiz Inácio Lula da Silva para seu terceiro mandato presidencial em janeiro de 2023, a política externa brasileira experimentou uma inflexão significativa em sua orientação, buscando restaurar práticas diplomáticas parcialmente abandonadas no período anterior. Sob o emblemático lema "O Brasil voltou", carregado de simbolismo político tanto para audiências domésticas quanto internacionais, o governo Lula III empreendeu um esforço deliberado de reconstrução da imagem e influência internacional do país, propondo-se a recuperar princípios considerados históricos da diplomacia brasileira.

A estratégia adotada combina elementos de continuidade com as gestões anteriores do próprio Lula (2003-10) e adaptações às novas realidades do sistema internacional, consideravelmente mais complexo e fragmentado que aquele do início do século XXI. Esse esforço de reposicionamento, contudo, enfrenta limitações estruturais, disputas narrativas internas e um cenário externo substancialmente mais desafiador, que restringem o alcance e a eficácia da projeção internacional brasileira.

A revalorização do multilateralismo constitui um dos pilares centrais da política externa do terceiro mandato de Lula. O Brasil intensificou sua participação em fóruns, como a Organização das Nações Unidas, a Organização Mundial do Comércio e instituições financeiras internacionais, defendendo reformas na governança global que ampliassem a representatividade dos países em desenvolvimento. A presidência do G20 em 2024 foi instrumentalizada como plataforma privilegiada para essa agenda, com o Brasil procurando coordenar posições em temas prioritários, como combate à fome e à pobreza, tributação internacional de super-ricos, desenvolvimento sustentável e reorganização de instituições multilaterais. A apresentação da Aliança Global contra a Fome, iniciativa brasileira durante o G20, exemplifica essa tentativa de recuperar capacidade propositiva em agendas globais. Paralelamente, a demanda por um assento permanente no Conselho de Segurança da ONU, temporariamente atenuada no governo anterior, voltou a ocupar posição de destaque no discurso diplomático, embora em um contexto de crescente ceticismo sobre as perspectivas de reforma efetiva desse órgão.

Na esfera regional, observa-se um esforço concentrado de reconstrução de laços com os vizinhos sul-americanos, priorizando inicialmente visitas presidenciais e ministeriais aos países limítrofes. As tentativas de revitalizar mecanismos de integração como o Mercosul, a reincorporação à Comunidade de Estados Latino-Americanos e Caribenhos (Celac) e discussões sobre a eventual recriação da Unasul refletem essa prioridade regional. Contudo, esse projeto de integração enfrenta obstáculos consideráveis: governos ideologicamente heterogêneos, limitações orçamentárias para projetos de infraestrutura transnacionais, além de disputas bilaterais complexas, como evidenciado nas tensões entre Venezuela e Guiana sobre a região de Essequibo. A eleição de Javier Milei na Argentina, com sua retórica fortemente crítica à integração regional e ao próprio Brasil, introduziu um desafio adicional à reconstrução de uma liderança regional brasileira, comprometendo a capacidade de articulação no principal bloco econômico regional. Mesmo assim, o pragmatismo econômico tem prevalecido, permitindo a manutenção de relações funcionais apesar das diferenças políticas.

Outro vetor de reativação diplomática concentra-se na reaproximação com a África e com o Sul Global de forma mais ampla. Multiplicaram-se viagens presidenciais e ministeriais ao continente africano, reabriram-se embaixadas fechadas na gestão anterior e reativaram-se projetos de cooperação técnica em áreas como agricultura, saúde e educação. O reengajamento com os Brics, cuja ampliação para incluir novos membros como Egito, Irã, Etiópia e Emirados Árabes Unidos foi apoiada pelo Brasil, sinaliza igualmente essa busca por diversificação de parcerias para além dos relacionamentos tradicionais com o Norte Global. O desenvolvimento de instrumentos, como o Novo Banco de Desenvolvimento (Banco dos Brics), e tentativas de ampliação do uso de moedas locais no comércio entre esses países refletem a busca de alternativas às estruturas de governança econômica global dominadas pelos países desenvolvidos.

A retomada da centralidade da agenda ambiental constitui outro elemento distintivo do atual período. Após a deterioração da imagem brasileira na temática durante o governo anterior, simbolizada pelo aumento do desmatamento e por confrontos diplomáticos com parceiros europeus, o Brasil busca reassumir protagonismo nas negociações climáticas internacionais. A escolha de Belém como sede da COP-30 em 2025, a redução significativa das taxas de desmatamento na Amazônia, a criação do Fundo Amazônia Brasil pelo BNDES para receber doações e investimentos internacionais, e o desenvolvimento do mercado de créditos de carbono exemplificam essa reorientação. Entretanto, tensões emergem entre esse discurso ambientalista e outras políticas governamentais, como os planos para exploração petrolífera na margem equatorial amazônica e os interesses em eventual adesão à Opep+ (a chamada "OPEP ampliada", que inclui países aliados como Rússia e Cazaquistão), suscitando questionamentos sobre a coerência entre retórica e prática em matéria ambiental.

Na gestão da complexa relação com as grandes potências, notadamente Estados Unidos e China, o Brasil busca manter uma posição de equidistância pragmática, evitando alinhamentos automáticos com qualquer polo de poder. Essa abordagem procura maximizar oportunidades econômicas e tecnológicas com ambos os lados, preservando autonomia decisória em um cenário de crescente rivalidade sistêmica. A postura brasileira em temas como a tecnologia 5G, em que se resistiu a pressões americanas para exclusão de empresas chinesas, e em negociações comerciais paralelas com Washington e Pequim evidencia esse "não alinhamento ativo", condizente com interpretações históricas da busca por Autonomia Estratégica. Entretanto, a intensificação da competição sino-americana, a polarização tecnológica e a crescente securitização de temas econômicos tornam cada vez mais difícil a manutenção desse equilíbrio, exigindo decisões com potenciais custos em qualquer direção escolhida.

No que concerne aos conflitos internacionais da década de 2020, particularmente a guerra na Ucrânia (iniciada em fevereiro de 2022) e a crise em Gaza (desencadeada em outubro de 2023), o Brasil tem defendido posições pautadas pela busca de diálogo, pela negociação e pela resolução pacífica, projetando-se como potencial mediador. Essa abordagem, contudo, gerou controvérsias tanto no plano interno quanto externo. Declarações presidenciais sobre "corresponsabilidades" no conflito ucraniano e críticas à operação militar israelense em Gaza, embora coerentes com os princípios de política externa reiterados pelo Brasil, causaram reações negativas de potências ocidentais e alimentaram debates domésticos polarizados. A estratégia de evitar condenações unilaterais e propor iniciativas de mediação – como o "Grupo de Paz" para a Ucrânia e a defesa do cessar-fogo em Gaza –, embora se alinhe à tradicional postura mediadora brasileira, encontra espaço reduzido de manobra em conflitos altamente polarizados e com interesses diretos de grandes potências, revelando dificuldades semelhantes às observadas em episódios anteriores, como na tentativa de mediação do acordo nuclear com o Irã em 2010 (Declaração de Teerã). Eventualmente, esses esforços esbarram na percepção externa de que o Brasil não disporia dos ativos diplomáticos ou do capital político necessários para atuar com plena credibilidade nessas agendas de alta complexidade, sendo seus movimentos limitados pela resistência e pela agenda própria dos principais atores globais.

A retomada de relações com países considerados controversos no espectro político brasileiro, como Cuba, Venezuela e Nicarágua, constitui outro ponto de tensão entre política externa e polarização doméstica. Embora a aproximação inclua críticas discretas a práticas autoritárias nesses países e defesa de processos eleitorais transparentes, setores da oposição brasileira caracterizam essas relações como alinhamento ideológico, alimentando disputas narrativas sobre os princípios norteadores da presença internacional do Brasil. A situação venezuelana, em particular, cristaliza um desafio multifacetado e de difícil gestão para a política externa brasileira em 2025. Por um lado, o Brasil mantém o objetivo tradicional de contribuir para a estabilidade regional e a eventual normalização democrática no país vizinho. Por outro, vê-se confrontado com a persistência de uma profunda crise política e econômica na Venezuela, marcada por disputas interpretativas sobre a legitimidade dos processos eleitorais e pela consequente geração de crescentes e problemáticos fluxos migratórios na fronteira norte. A notória dificuldade, ou mesmo a incapacidade, do Brasil em articular ou mediar eficazmente uma solução para a dimensão política dessa crise, especialmente no que tange às controvérsias eleitorais e às acusações de fraude, representa um enorme desafio para a tradicional política regional brasileira de estabilização e concertação. Essa limitação na esfera imediata da vizinhança levanta questionamentos sobre a efetividade da diplomacia brasileira em seu entorno e, em última análise, fragiliza a própria estratégia de reivindicação de maior protagonismo internacional: se o país encontra obstáculos significativos para influenciar positivamente a resolução de crises em sua própria região, quais seriam as bases de sua credibilidade e capacidade para atuar proativamente em complexas agendas globais?

Limitações estruturais significativas impactam a capacidade de implementação dessa agenda de reposicionamento. A grave situação fiscal brasileira, agravada por crises econômicas sucessivas e pela pandemia de covid-19, restringe substancialmente os recursos disponíveis para projetos de cooperação internacional, sustentação de representações diplomáticas e participação em operações de paz. A capacidade financeira reduzida contrasta com a ambição diplomática expressa no discurso oficial, resultando em dificuldades para operacionalizar iniciativas concretas, sobretudo aquelas que demandam investimentos mais substanciais. O próprio Ministério das Relações Exteriores enfrenta restrições orçamentárias e de pessoal, limitando sua capacidade operacional em momento de maior demanda por atuação internacional diversificada.

A reconstrução da credibilidade internacional do Brasil após um período de relativo isolamento e intensas críticas externas demanda tempo e consistência, enfrentando o ceticismo de parceiros internacionais sobre a sustentabilidade de compromissos brasileiros. Em temas ambientais, por exemplo, a reversão da percepção negativa construída no período anterior a Lula requer não apenas declarações de intenções, mas também resultados concretos e duradouros que evidenciem mudança efetiva de rumo. De forma similar, a aspiração do Brasil a um papel de mediador em conflitos internacionais depende da reconstrução de capital diplomático e de credibilidade como ator imparcial, atributos que sofreram erosão e necessitam de recomposição gradual por meio de práticas consistentes.

Por fim, a intensa polarização política doméstica brasileira constitui obstáculo adicional à construção de consensos mínimos sobre prioridades e estratégias internacionais. A politização da política externa, intensificada desde o *impeachment* de 2016, persiste no terceiro mandato de Lula, com cada iniciativa diplomática sendo imediatamente interpretada através de lentes partidárias que dificultam a legitimação interna de posições brasileiras. A política externa continua a ser um terreno de disputa intensamente politizado, com cada iniciativa do governo – em relação à Venezuela, ao conflito na Ucrânia ou aos fóruns multilaterais – sendo imediatamente interpretada por lentes partidárias e ideológicas pelos diferentes setores da sociedade brasileira. Essa dinâmica fragiliza a capacidade negociadora internacional, uma vez que parceiros externos percebem a vulnerabilidade de compromissos assumidos frente a eventuais mudanças políticas, e amplia o custo político doméstico de determinadas posições internacionais, reduzindo a flexibilidade diplomática. A construção de consensos nacionais mínimos sobre interesses estratégicos de longo prazo, essenciais para sustentabilidade de políticas externas consistentes, permanece assim um desafio central para a recuperação da capacidade de influência global brasileira em um sistema internacional crescentemente fragmentado e competitivo.

CONCLUSÃO

O sistema internacional da década de 2020 apresenta características fundamentalmente distintas daquelas do início da década de 1990. A multipolaridade emergente manifesta-se como uma configuração instável, marcada pela rivalidade estrutural entre Estados Unidos e China; pela contestação sistemática de regras multilaterais; pela fragmentação tecnológica e regulatória; e pela intensificação de conflitos regionais com repercussões globais. Essa nova realidade, descrita por alguns analistas como "anarquia administrada por blocos", impõe desafios substanciais à capacidade dos Estados de exercerem sua Autonomia Estratégica.

Nesse contexto, o Brasil enfrenta o imperativo de reconstruir sua capacidade relacional de ação estratégica após um período de intensa politização e fratura interna. A instrumentalização da política externa como elemento de mobilização político-partidária comprometeu a previsibilidade, a consistência e, consequentemente, a eficácia da atuação internacional brasileira. Cada gesto diplomático, especialmente sobre temas que estão no espectro ideológico do debate sobre política externa – como Venezuela, Cuba, Israel ou posicionamentos em organismos multilaterais –, torna-se campo de disputa doméstica imediata, minando o potencial de construção de consensos mínimos sobre interesses nacionais duradouros.

A compressão do espaço disponível para uma política externa autônoma revela-se particularmente desafiadora em um cenário de crescente pressão por alinhamentos. A intensificação da competição tecnológica, comercial e normativa entre grandes potências força escolhas em áreas estratégicas, como infraestrutura digital, padrões regulatórios e cadeias de suprimentos críticos. Manter uma posição de equidistância pragmática, historicamente valorizada pela diplomacia brasileira, torna-se progressivamente uma tarefa cada vez mais complexa em um mundo onde as próprias interdependências são securitizadas e transformadas em instrumentos de competição geopolítica.

A agenda ambiental exemplifica esses dilemas em 2025. Por um lado, o patrimônio natural brasileiro, a experiência em energias renováveis e a capacidade científica nacional oferecem oportunidades singulares de influência em negociações climáticas globais. Por outro, persistem tensões significativas entre diferentes modelos de desenvolvimento, visões sobre soberania e compromissos internacionais, como evidenciado nos debates sobre exploração petrolífera na margem equatorial amazônica ou sobre as responsabilidades diferenciadas na transição energética global.

O cenário regional impõe igualmente desafios substantivos. A heterogeneidade ideológica entre governos sul-americanos, as crises econômicas e políticas em países vizinhos, e o arrefecimento do impulso integracionista comprometem a capacidade brasileira de exercer liderança construtiva em seu entorno imediato. A revitalização de mecanismos, como o Mercosul, demandará criatividade institucional, flexibilidade negociadora e disposição para superar o ciclo de politização excessiva da integração regional.

A reconstrução da capacidade de ação estratégica exigirá avanços em três dimensões fundamentais. Primeiro, o fortalecimento institucional e orçamentário do aparato estatal responsável pela formulação e pela implementação da política externa. Um Ministério das Relações Exteriores adequadamente equipado, complementado por mecanismos eficazes de coordenação interministerial, constitui pré requisito para qualquer projeção internacional consistente.

Segundo, a ampliação do diálogo Estado-sociedade na definição de prioridades e estratégias internacionais. Uma política externa que incorpore sistematicamente as perspectivas de diferentes setores sociais, econômicos e acadêmicos ganha legitimidade interna e, consequentemente, força externa. A pluralidade de vozes, longe de enfraquecer a posição nacional, enriquece a capacidade analítica e a resiliência diplomática frente a cenários complexos.

Terceiro, e talvez mais desafiador, a reconstrução de consensos mínimos suprapartidários sobre interesses estratégicos nacionais. A despolitização relativa de temas fundamentais – como a defesa do multilateralismo, a integração regional e a promoção do desenvolvimento sustentável – criaria espaço para uma política externa mais previsível, consistente e eficaz no longo prazo, independentemente das alternâncias de poder inerentes à democracia.

O Brasil dispõe de ativos significativos para enfrentar esses desafios: uma tradição diplomática respeitada; um perfil internacional não ameaçador; uma economia diversificada; capacidades científicas e tecnológicas em setores estratégicos; e um *soft power* cultural considerável. A mobilização inteligente desses recursos, orientada por visão estratégica clara e implementada com consistência institucional, pode ampliar significativamente a capacidade relacional do país em um sistema internacional em profunda transformação.

A Autonomia Estratégica, mais que objetivo abstrato, representa a capacidade concreta de determinar o próprio destino em um mundo interdependente. Para o Brasil, significa construir as condições para exercer influência construtiva nos rumos do sistema internacional, defendendo seus interesses de forma eficaz e contribuindo para uma ordem global mais equilibrada, justa e sustentável. Esse é o desafio central que se coloca para a política externa brasileira nas próximas décadas.

CRONOLOGIA ESSENCIAL (1990-2025)

A seguir, uma listagem expandida dos principais eventos com relevância para a política externa brasileira de 1990 a 2025:

- **1990**: Posse de Fernando Collor (março); ata de Buenos Aires com Argentina (julho). (Arranque da liberalização; roteiro para o Mercosul.)
- **1991**: Tratado de Assunção cria o Mercosul (março). (Institucionalização da integração subregional.)
- **1992**: Conferência Rio-92 ou United Nations Conference on Environment and Development – Unced (junho); *impeachment* de Collor (setembro). (Afirmar liderança ambiental; teste democrático.)
- **1993**: Declaração de Santiago sobre Zopacas (outubro). (Consolidação da Zona de Paz Sul-Atlântica.)
- **1994**: Protocolo de Ouro Preto (dezembro). (Mercosul adquire personalidade jurídica.)
- **1995**: Posse de Fernando Henrique Cardoso (janeiro); Acordo de Defesa Brasil-Argentina (outubro). (Política de confiança mútua.)
- **1996**: Início das negociações da Alca (dezembro). (Reposicionamento hemisférico.)

- **1997**: Crise cambial asiática repercute no Brasil (julho). (Sensibilidade a fluxos financeiros globais.)
- **1998**: Associação Estratégica com União Europeia (junho). (Diversificação de parceiros extrarregionais.)
- **1999**: Crise do real e adoção do câmbio flutuante (janeiro). (Ajuste macro com impacto na projeção externa.)
- **2000**: Criação do Grupo de Monitoramento do Mercosul (maio); primeiro Plano de Ação Brasil-África (outubro).
- **2001**: Acrônimo "Bric" cunhado (novembro); crise energética brasileira ("apagão").
- **2002**: Eleição de Luiz Inácio Lula da Silva (outubro); Carta ao Povo Brasileiro (junho). (Sinalização de continuidade macroexterna.)
- **2003**: Posse de Lula (janeiro); lançamento do Fórum de Diálogo Índia-Brasil-África do Sul – Ibas (junho); formação do G20 Comercial na OMC (setembro). (Ativismo Sul-Sul.)
- **2004**: Brasil assume comando da MINUSTAH no Haiti (junho); parceria Brasil-EUA em biocombustíveis anunciada (novembro).
- **2005**: Criação do Fundo Ibas (março); reunião histórica do G4 sobre reforma do CSNU (setembro).
- **2006**: Acordo Brasil-Bolívia sobre gás (maio); crise do etanol com os EUA (julho).
- **2007**: Lançamento do Programa de Aceleração do Crescimento (PAC) e diplomacia de infraestrutura regional (fevereiro); Conferência COP-13 em Bali – liderança do Brasil no G77 (dezembro).
- **2008**: Tratado Constitutivo da Unasul (maio); crise financeira global atinge exportações.
- **2009**: Cúpula Bric de Ecaterimburgo (junho); acordo de transferência de tecnologia submarina com a França (dezembro).
- **2010**: Mediação Brasil-Turquia-Irã sobre programa nuclear (maio); eleição de Dilma Rousseff (outubro).
- **2011**: Posse de Dilma (janeiro); lançamento do "Science without Borders" (setembro).
- **2012**: Conferência Rio+20 (junho). (Reapropriação da agenda sustentável.)
- **2013**: Jornadas de Junho; resistência interna ao acordo UE-Mercosul (setembro).

- **2014**: Cúpula de Fortaleza cria o Novo Banco de Desenvolvimento dos Brics (julho); Operação Lava Jato vai à esfera internacional.
- **2015**: Acordo de Paris (dezembro) – Brasil se compromete com metas ambiciosas de NDC (Contribuição Nacionalmente Determinada ou Nationally Determined Contribution, na sigla em inglês).
- **2016**: *Impeachment* de Dilma (agosto); Brasil participa da Missão Multidimensional Integrada das Nações Unidas para a Estabilização da República Centro-Africana (Minusca) (outubro).
- **2017**: Reforma trabalhista atrai debate na OIT; entrada da Venezuela em crise humanitária com reflexo em Roraima (agosto).
- **2018**: Execução da Operação Acolhida para refugiados venezuelanos (fevereiro); eleição de Jair Bolsonaro (outubro).
- **2019**: Incêndios recordes na Amazônia geram críticas do G7 (agosto); retirada do Brasil da Unasul (abril) e retorno à Tiar (setembro).
- **2020**: Covid-19 alcança o Brasil (março); G20 virtual debate alívio de dívida – Brasil adota postura cautelosa (novembro).
- **2021**: Cúpula de Líderes sobre Clima convocada por Biden (abril); Brasil anuncia meta de carbono neutro 2050.
- **2022**: Eleição de Luiz Inácio Lula da Silva (outubro); guerra da Ucrânia altera fluxos de fertilizantes e alimentos (fevereiro).
- **2023**: Brasil retorna à Celac (janeiro); é lançada a Aliança Amazônica na Cúpula de Belém (agosto); conflito em Gaza exige balanço diplomático (outubro).
- **2024**: Presidência brasileira do G20 (janeiro/dezembro); proposta de imposto global para combate à fome apresentada (março).
- **2025**: COP-30 em Belém (novembro); expectativa de assinatura do acordo UE-Mercosul revisado.

Conclusão: dilemas históricos e horizontes da inserção internacional do Brasil

A presente obra percorreu mais de dois séculos de evolução da ação internacional brasileira, procurando articular analiticamente os níveis da política externa (estratégico-normativo), das relações exteriores (operacional-interativo) e da diplomacia (técnico-profissional). Adotou-se uma periodização reflexiva, consciente de sua natureza interpretativa, com o intuito de destacar não apenas continuidades estruturais e rupturas paradigmáticas, mas também os contornos societais que influenciaram a trajetória do Brasil desde 1808. Esta conclusão não almeja encerrar o debate multifacetado sobre a história das Relações Internacionais do Brasil, mas sintetizar algumas das lições fundamentais que emergem desse complexo percurso, apontando, por fim, para os desafios contemporâneos.

Verificou-se que, no estágio inaugural do Império (1808-89), a inserção internacional brasileira foi profundamente condicionada pelo legado lusitano. A singularidade da manutenção da forma monárquica, a herança de estruturas administrativas e a dependência econômica inicial de potências europeias, notadamente a Grã-Bretanha, moldaram decisivamente as primeiras décadas da política externa. O próprio processo de reconhecimento da independência, obtido a custos financeiros e diplomáticos consideráveis, expôs precocemente os limites da soberania plena, forçando o Império a desenvolver estratégias pragmáticas de negociação frente às assimetrias de poder.

O período subsequente, abrangendo a Primeira República e estendendo-se até o fim da Era Vargas e o interlúdio democrático (1889-1964), testemunhou a reconfiguração das prioridades da política externa em torno de discursos de modernização, progresso econômico e, crescentemente, de um nacionalismo desenvolvimentista. Enquanto o Estado buscava se fortalecer internamente e projetar uma nova identidade republicana, as Relações Exteriores foram marcadas por um pragmatismo que procurava diversificar parceiros e garantir mercados, ainda que oscilando entre alinhamentos conjunturais (como a aproximação inicial com os Estados Unidos ou a participação na Segunda Guerra Mundial) e tentativas de afirmação de autonomia "latente" ou "compensatória". Foi também nesse longo período que o Ministério das Relações Exteriores, o Itamaraty, consolidou seu profissionalismo e suas práticas distintivas.

A fase do regime militar (1964-90) iniciou-se com um realinhamento ideológico aos Estados Unidos, sob a égide da Doutrina de Segurança Nacional, mas evoluiu para a adoção do "Pragmatismo Responsável". Essa orientação representou uma forma de Autonomia Assertiva, caracterizada pela diversificação de parcerias (incluindo China, África e Oriente Médio); pela busca de autonomia tecnológica (como no acordo nuclear com a Alemanha); e pelo uso estratégico de instrumentos econômicos para alcançar objetivos políticos, embora a dependência financeira externa tenha se aprofundado dramaticamente. A crise da dívida externa e a pressão de organismos multilaterais nos anos finais do regime expuseram os limites dessa estratégia e a complexa interação entre segurança, desenvolvimento, condicionantes internos (repressão política, desequilíbrios fiscais) e constrangimentos externos (Guerra Fria, endividamento externo) sob um regime autoritário.

Com a redemocratização e o fim da Guerra Fria, a partir de 1990, a política externa brasileira ingressou em um ciclo de busca por "Autonomia Estratégica", marcado a princípio por um forte ativismo multilateral e regional (Mercosul), seguido por uma fase de projeção global e diversificação Sul-Sul (Brics, Ibas, Unasul), mas posteriormente confrontado por retrações decorrentes de crises internas e de um cenário internacional mais fragmentado e competitivo. As oscilações entre agendas mais liberais e outras voltadas para o desenvolvimento sustentável e a redução de desigualdades globais refletiram tanto as alternâncias políticas domésticas quanto as dificuldades em consolidar um projeto de inserção internacional estável em meio à volatilidade global.

Esse olhar histórico abrangente permite refutar a noção de uma política externa brasileira monolítica ou imutável. Convém, porém, problematizar o mito da estabilidade e da coerência contínuas, tantas vezes atribuído à política externa brasileira. Internacionalmente reconhecida pela previsibilidade de comportamentos, essa narrativa de excepcionalismo foi cultivada e difundida por diplomatas e também pela própria academia que, em seu esforço interpretativo, por vezes se prestou a emprestar uma aparente racionalidade e organicidade a movimentos e comportamentos que, na prática, poderiam ser de natureza mais elementar ou circunstancial. Superar esses mitos demanda, portanto, reconhecer que a coerência vislumbrada em retrospectiva muitas vezes correspondeu a arranjos pragmáticos e conjunturais, não necessariamente a uma estratégia uniforme e perene.

A análise histórica revela, de forma mais profunda, que a política externa do Brasil nunca se desenvolveu em um vácuo, mas sempre refletiu a interação dialética entre condicionantes internos e as limitações impostas pelo sistema internacional. Por um lado, as características da sociedade brasileira – suas profundas desigualdades socioeconômicas, suas estruturas de poder concentradoras e suas complexas dinâmicas sociais e políticas – influenciaram as prioridades e os meios da atuação externa. Por outro, as circunstâncias externas impuseram severos constrangimentos estruturais: a posição periférica ou semiperiférica do Brasil nos sistemas globais de poder e suas relações de dependência econômica, tecnológica e militar limitaram historicamente a autonomia estratégica do país. A compreensão da trajetória brasileira exige, assim, analisar simultaneamente esses condicionantes domésticos e sistêmicos.

O balanço deste longo percurso evidencia, portanto, uma trajetória marcada por tensões constantes: entre projeto estatal e heterogeneidade social; entre ambição de protagonismo e severos condicionamentos exógenos; entre continuidade institucional e rupturas políticas; entre a busca por desenvolvimento e os limites da dependência. Nenhuma fase ofereceu respostas definitivas, mas cada uma delineou alternativas possíveis – e muitas vezes conflitantes – para a ação global do país. O futuro da inserção internacional do Brasil dependerá, em grande medida, da capacidade nacional de articular seus objetivos internos de desenvolvimento sustentável e inclusivo com as exigências e as oportunidades de uma ordem internacional em profunda transformação. A História das Relações Internacionais do Brasil, com sua perspectiva integradora e sua ênfase na sensibilidade histórica crítica, oferece um arcabouço analítico indispensável para compreender esses desafios e informar, com rigor e consciência de seus condicionantes, as escolhas estratégicas que construirão o amanhã.

Sugestões de leitura

A produção científica sobre a História das Relações Internacionais do Brasil tem alcançado notável qualidade e densidade, especialmente com trabalhos mais recentes que oferecem novas perspectivas e revisões críticas. A lista que se segue visa, entretanto, apresentar apenas algumas sugestões para uma primeira aproximação a esse vasto campo, estando bem longe de esgotar a indicação de trabalhos seminais sobre as diferentes questões, agendas e períodos da História das Relações Internacionais do Brasil. Para uma visão abrangente sobre a própria evolução do campo e de seus debates historiográficos, uma obra recente e fundamental é a coletânea organizada por Gelson Fonseca Junior, que reúne contribuições de diversos especialistas sobre os caminhos da disciplina (*Política externa brasileira:* história e historiografia. Brasília: Fundação Alexandre de Gusmão, 2023).

É bem importante ressaltar que, sendo este um estudo da História do Brasil em sua dimensão externa, um conhecimento operacional sólido sobre os fundamentos da História Social, Política e Econômica do país é indispensável para uma compreensão mais rica e contextualizada das relações exteriores. Para essa base, as obras publicadas pela Editora Contexto constituem um recurso valioso, com volumes dedicados ao Império (Dolhnikoff), à Independência (Pimenta), à República até o Estado Novo (Napolitano) e ao período contemporâneo (Fico) (conferir: Miriam Dolhnikoff. *História do Brasil Império*. São Paulo: Contexto, 2017. Coleção História na universidade; João Paulo Garrido

Pimenta. *Independência do Brasil*. São Paulo: Contexto, 2022. Coleção Temas fundamentais; Marcos Napolitano. *História do Brasil República*: da queda da Monarquia ao fim do Estado Novo. São Paulo: Contexto, 2016. Coleção História na universidade; Carlos Fico. *História do Brasil contemporâneo*: da morte de Vargas aos dias atuais. 1. ed. 2. reimp. São Paulo: Contexto, 2019. Coleção História na universidade). Adicionalmente, recomenda-se a leitura da obra clássica de Boris Fausto, *História do Brasil*, cuja 15ª edição (São Paulo: Edusp, 2015) abrange a história brasileira desde o período colonial até o início do século XXI, com ênfase em aspectos políticos, econômicos e sociais, mantendo um texto acessível e atualizado para estudantes e pesquisadores, além de oferecer sínteses bem-sucedidas sobre os diferentes momentos da atuação internacional do Brasil.

Para aprofundar o conhecimento sobre períodos e temas específicos da História Econômica e das Relações Internacionais no contexto republicano, a monumental obra *História geral da civilização brasileira*, organizada por Boris Fausto, oferece contribuições fundamentais. Destacam-se, no tomo III, volume 4 (17. ed. Rio de Janeiro: Bertrand Brasil, 2010. Economia e sociedade, poder e política, 1920-1964), os capítulos de Pedro Sampaio Malan e Marcelo de Paiva Abreu. O capítulo de Malan, "Relações econômicas internacionais no Brasil (1945-1964)" (p. 51-96), analisa as políticas econômicas externas e as Relações Internacionais do Brasil no período desde o pós-Segunda Guerra Mundial até o golpe militar de 1964, abordando temas como comércio exterior, balança de pagamentos e negociações internacionais. Já o capítulo de Abreu, "A economia brasileira, 1930-1964" (p. 11-50), oferece uma análise voltada para a economia brasileira nesse período crucial de transformações.

Como obra de síntese fundamental e ponto de partida incontornável para o estudo aprofundado da História das Relações Internacionais do Brasil, destaca-se a *História da política exterior do Brasil*, de Amado Luiz Cervo e Clodoaldo Bueno, em sua edição atualizada, oferecendo uma narrativa analítica abrangente desde 1808 (6. ed. Brasília: Editora da UnB, 2022). Em perspectiva complementar, a obra de Rubens Ricupero (*A diplomacia na construção do Brasil*: 1750-2016. Rio de Janeiro: Versal, 2017) proporciona uma visão abrangente com foco distinto no papel exercido pela diplomacia na própria construção nacional, desde o período colonial tardio.

Para aprofundar o conhecimento sobre os formuladores e as ideias que moldaram a política externa ao longo de quase dois séculos, a extensa compilação organizada por José Vicente de Sá Pimentel é indispensável, apresentando o pensamento de atores-chave, diplomatas ou não (*Pensamento diplomático brasileiro*: formuladores e agentes da política externa (1750-1964). Brasília: Fundação Alexandre de Gusmão, 2013). Adentrando períodos e temas específicos, a formação da diplomacia econômica no Império, crucial para entender a inserção inicial do país, é abordada por Paulo Roberto Almeida (*Formação da diplomacia econômica no Brasil*: as relações econômicas internacionais no Império. São Paulo: Senac; Brasília: Funag, 2001).

A complexa dinâmica regional platina, incluindo a formação dos Estados e o evento definidor da Guerra do Paraguai, é analisada com profundidade historiográfica por Luís Alberto Moniz Bandeira (*A expansão do Brasil e a formação dos estados na bacia do Prata*: Argentina, Uruguai e Paraguai (da colonização à Guerra da Tríplice Aliança). Rio de Janeiro: Civilização Brasileira, 2012) e na obra referencial de Francisco Doratioto sobre o conflito (*Maldita guerra*: nova história da Guerra do Paraguai. 3. ed. São Paulo: Companhia das Letras, 2022).

A Primeira República é detalhadamente examinada em dois trabalhos de Clodoaldo Bueno, cobrindo seus momentos iniciais e de consolidação da política externa (*A República e sua política exterior (1889-1902)*. 2. ed. São Paulo: Fundação Editora Unesp, 2022; *Política externa da Primeira República*: os anos de apogeu – de 1902 a 1918. São Paulo: Paz e Terra, 2003). A inserção do Brasil na Liga das Nações e a política externa dos anos 1920, período de redefinições pós-Primeira Guerra, são temas das obras de Eugênio Vargas Garcia (*O Brasil e a Liga das Nações (1919-1926)*: vencer ou não perder. Porto Alegre: Editora da UFRGS; Brasília: Funag, 2000; *Entre a América e a Europa*: a política externa brasileira na década de 1920. Brasília: Funag/UnB, 2006).

A política externa da Era Vargas, momento de inflexão nacionalista e desenvolvimentista, é analisada por Gerson Moura em trabalhos que examinam a estratégia de "autonomia na dependência" e as relações com as grandes potências durante a Segunda Guerra Mundial (*Autonomia na dependência*: a política externa brasileira de 1935-1942. Rio de Janeiro: Nova

Fronteira, 1980; *Brazilian Foreign Relations, 1939-1950*: the Changing Nature of Brazil-United States Relations during and after the Second World War. Brasília: Fundação Alexandre de Gusmão, 2013). As complexas relações com os Estados Unidos em diferentes períodos são exploradas extensivamente por Luís Alberto Moniz Bandeira, cobrindo desde a presença norte-americana na formação do Brasil até a rivalidade emergente no pós-guerra (*Presença dos Estados Unidos no Brasil.* Rio de Janeiro: Civilização Brasileira, 2007; *Brasil-Estados Unidos*: a rivalidade emergente, 1950-1988. Rio de Janeiro: Civilização Brasileira, 2011). A política externa durante o governo João Goulart e a controversa atuação da Aliança para o Progresso no contexto da desestabilização democrática são o foco de Felipe Loureiro (*A Aliança para o Progresso e o governo João Goulart (1961-1964)*: ajuda econômica norte-americana a estados brasileiros e a desestabilização da democracia no Brasil pós-guerra. São Paulo: Unesp/Fapesp, 2020).

O regime militar é abordado por Paulo Gilberto Fagundes Vizentini, com foco na multilateralização e na construção de uma potência média (*A política externa do regime militar brasileiro*: multilateralização, desenvolvimento e construção de uma potência média, 1964-1985. Porto Alegre: Editora da UFRGS, 2004), e pela análise de Andrew Hurrell sobre a busca por autonomia nesse contexto (*The Quest for Autonomy*: the Evolution of Brazil's Role in the International System, 1964-1985. Brasília: Fundação Alexandre de Gusmão, 2014). A relação Brasil-EUA nesse período, com foco específico na era Kissinger, na dinâmica com a Argentina sob Geisel e no golpe de 1964, é examinada em detalhe por Matias Spektor (*Kissinger e o Brasil.* Rio de Janeiro: Zahar, 2009; "The United States and the 1964 Brazilian Military Coup". In: OXFORD Research Encyclopedia of Latin American History. Oxford: Oxford University Press, 2018, v. 1; "O Brasil e a Argentina entre a cordialidade oficial e o projeto de integração: a política externa do governo Ernesto Geisel (1974-1979)". *Revista Brasileira de Política Internacional*, v. 47, n. 2, 2004, pp. 117-33). A relação estratégica e por vezes tensa com a Argentina é também objeto da análise de Luís Alberto Moniz Bandeira em perspectiva de longo prazo (*Brasil, Argentina e Estados Unidos*: conflito e integração na América do Sul: da Tríplice Aliança Ao Mercosul, 1870-2001. Rio de Janeiro: Revan, 2003).

A importante e sensível dimensão nuclear da política externa brasileira é explorada por Carlo Patti em obra de 2021 (*Brazil in the Global Nuclear Order, 1945-2018*. Baltimore: Johns Hopkins University Press, 2021), enquanto as negociações comerciais multilaterais no pós-Segunda Guerra são analisadas por Rogério de Souza Farias (*O Brasil e as origens das negociações comerciais multilaterais (1946-1967)*. Campina Grande: EDUEPB, 2017). A dimensão atlântica e as relações com a África, um veio importante da diversificação brasileira, são abordadas por José Flávio Sombra Saraiva (*O lugar da África*: a dimensão atlântica da política externa brasileira, de 1946 a nossos dias. Brasília: Editora da UnB, 1996). A política externa durante a transição democrática no governo Figueiredo é vista por Túlio Sérgio Henriques Ferreira ("A ruína do consenso: a política exterior do Brasil no governo Figueiredo (de 1979 a 1985)". *Revista Brasileira de Política Internacional*, v. 49, n. 2, dez. 2006, pp. 119-36).

Para o período pós-redemocratização, a obra coletiva organizada por Henrique Altemani de Oliveira e Antônio Carlos Lessa oferece uma visão sistêmica de temas e agendas a partir dos anos 1990 (*Relações internacionais do Brasil*: temas e agendas. São Paulo: Saraiva, 2006, 2 v.), enquanto Amaury de Souza foca a interação entre política doméstica e externa de Fernando Henrique Cardoso a Luiz Inácio Lula da Silva (*A agenda internacional do Brasil*: a política externa brasileira de FHC a Lula. Rio de Janeiro: Elsevier, 2009). Por fim, a obra editada por Oliver Stuenkel e Matthew Taylor discute o papel e as opções do Brasil na ordem liberal internacional contemporânea (*Brazil on the Global Stage*: Power, Ideas, and the Liberal International Order. London: Palgrave, 2015).

Além dessas obras acadêmicas, é fundamental mencionar o papel de instituições na divulgação de fontes e análises especializadas. A Fundação Alexandre de Gusmão (Funag), criada em 1971 por lei vinculada ao Ministério das Relações Exteriores, tem por missão democratizar o acesso a fontes primárias e análises especializadas sobre política externa e Relações Internacionais do Brasil. Por meio de sua Biblioteca Digital – que disponibiliza gratuitamente centenas de títulos em coleções, como Cadernos de Política Exterior, Cadernos do CHDD, Clássicos IPRI e Curso de Altos Estudos do Instituto Rio Branco – e de programas editoriais impressos, a Funag publica monografias temáticas, coletâneas de documentos diplomáticos e estudos de referência que abrangem tratados, discursos, conferências e litígios territoriais. Esse vasto acervo, acessível on-line gratuitamente, serve de suporte tanto para a produção acadêmica quanto para a formação de diplomatas e a pesquisa de estudantes, assegurando o rigor documental e a reflexão crítica necessários à compreensão de continuidades e rupturas na diplomacia brasileira.

Agradecimentos

Expressamos a nossa sincera e profunda gratidão aos nossos estimados alunos da Universidade de Brasília (UnB) e do Instituto Rio Branco, cuja curiosidade intelectual, bem como os questionamentos perspicazes e a dedicação acadêmica, enriqueceu significativamente as nossas discussões e reflexões sobre os temas da inserção internacional do Brasil ao longo dos últimos 25 anos. Suas contribuições, muitas vezes silenciosas, mas sempre valiosas, foram fundamentais para o amadurecimento das ideias aqui apresentadas.

Estendemos o nosso reconhecimento de gratidão aos colegas do Departamento de História e do Instituto de Relações Internacionais da UnB, pela colaboração generosa, pelo diálogo crítico construtivo e pelo compartilhamento de saberes e experiências que culminaram na realização deste trabalho. O ambiente de colegialidade e rigor acadêmico que cultivamos juntos constitui terreno fértil para o desenvolvimento da pesquisa e do pensamento que sustentam esta obra.

Os autores

Antônio Carlos Lessa é professor titular de Relações Internacionais da Universidade de Brasília (UnB). No Instituto de Relações Internacionais da UnB, exerce as funções de diretor-adjunto do Centro de Estudos Globais, coordena o Grupo de Pesquisa em Política Externa Brasileira (CNPq) e ministra disciplinas nos cursos de graduação e de pós-graduação. Doutor em História pela UnB, é autor, coautor e organizador de dezenas de trabalhos, entre livros, capítulos e artigos científicos, publicados no Brasil e no exterior. Como consultor, assessora os Ministérios das Relações Exteriores, da Educação, da Ciência e Tecnologia e da Defesa, além de organizações governamentais e não governamentais, contribuindo em estratégias de governança, avaliação em educação, ciência, tecnologia e inteligência de informação. É coautor de *História das Relações Internacionais* e *Europa: integração e fragmentação*, publicados pela Contexto.

Francisco Doratioto é professor emérito da Universidade de Brasília (UnB), onde dedicou grande parte de sua carreira ao ensino e à pesquisa em História da América e História das Relações Internacionais do Brasil. Doutor em História, com ênfase em Relações Internacionais pela UnB, atua como professor colaborador no Programa de Pós-Graduação em História dessa mesma universidade. É autor de dezenas de livros e artigos publicados no Brasil e no exterior. Foi docente no Instituto Rio Branco, onde formou gerações de diplomatas, e é membro correspondente de instituições, como o Instituto Histórico e Geográfico Brasileiro, a Academia Paraguaya de la Historia, a Academia Nacional de la Historia (Argentina) e o Instituto de Geografia e História Militar do Brasil.

GRÁFICA PAYM
Tel. [11] 4392-3344
paym@graficapaym.com.br